高校德育成果文库

GaoXiao DeYu
ChengGuo WenKu

学史力行开新局　深学笃行育新人

北京建筑大学党史学习教育成果

陈刚　王震远　高蕾　主编

光明日报出版社

图书在版编目（CIP）数据

学史力行开新局　深学笃行育新人：北京建筑大学党史学习教育成果 / 陈刚，王震远，高蕾主编．-- 北京：光明日报出版社，2023.5

ISBN 978-7-5194-7199-6

Ⅰ.①学… Ⅱ.①陈… ②王… ③高… Ⅲ.①中国共产党—党史—学习参考资料 Ⅳ.①D239

中国国家版本馆 CIP 数据核字（2023）第 086404 号

学史力行开新局　深学笃行育新人：北京建筑大学党史学习教育成果

XUESHI LIXING KAI XINJU　SHENXUE DUXING YU XINREN：BEIJING JIANZHU DAXUE DANGSHI XUEXI JIAOYU CHENGGUO

主　　编：陈　刚　王震远　高　蕾

责任编辑：刘兴华　　　　责任校对：李海慧

封面设计：中联华文　　　　责任印制：曹　净

出版发行：光明日报出版社

地　　址：北京市西城区永安路 106 号，100050

电　　话：010-63169890（咨询），010-63131930（邮购）

传　　真：010-63131930

网　　址：http：//book. gmw. cn

E - mail：gmrbcbs@ gmw. cn

法律顾问：北京市兰台律师事务所龚柳方律师

印　　刷：三河市华东印刷有限公司

装　　订：三河市华东印刷有限公司

本书如有破损、缺页、装订错误，请与本社联系调换，电话：010-63131930

开　　本：170mm×240mm

字　　数：269 千字　　　　印　　张：15

版　　次：2023 年 5 月第 1 版　　　　印　　次：2023 年 5 月第 1 次印刷

书　　号：ISBN 978-7-5194-7199-6

定　　价：95.00 元

目 录

CONTENTS

前 言

党史学习教育开展以来，北京建筑大学作为一所拥有红色基因的百年老校，学校党委把党史学习教育作为贯穿全年的重大政治任务，认真落实中央、北京市委和市委教育工委工作统一部署，强化政治担当、发挥特色优势，全校171个基层党组织，3537名党员积极投入，广大群众热烈响应。中央及市级媒体推出学校党史学习教育特色做法120余篇次，向北京教育系统党史学习教育领导小组报送简报34期，全校掀起了学党史、悟思想、办实事、开新局的热潮，努力把学习教育成果转化为干事创业的强大动力，推动学校事业发展展现新面貌。

学校提高政治站位，统筹谋划，精心组织，注重质量效果，引导党员干部学深悟透；弘扬伟大建党精神，传承红色基因，践行立德树人，厚植师生爱党、爱国、爱社会主义情感。学校将党史学习教育与推动中心工作结合起来，坚持立德树人，构建党史学习教育常态化长效化机制；坚持问题导向，致力于为师生办实事解决急难愁盼；坚持服务首都，为北京城乡建设培养“三师”人才；坚持特色引领，以扎实成效推动学校事业高质量发展。

学校紧紧抓住立德树人根本任务，创新开展“学党史、优教风、严学风、强作风”专项行动，强化“严管厚爱、潜心育人”的教育理念，形成“严谨治学、从严执教”的良好教风；把学风建设深度融入党史学习教育和日常思想教育工作之中，形成“严于律己、勤奋好学”的优良学风氛围；在全校干部中持续开展“转作风、强责任、重担当”作风建设行动，努力打造一支讲政治、守纪律、顾大局的干部队伍，形成“求真务实、担当作为”的良好作风。实施一年多来，整体学风明显改善、良好教风得以强化、科研工作取得突破、干部作风焕然一新，引领学校教风、学风、作风明显提升，展现出推动学校事业发展的强劲动力。该项创新实践得到北京市委领导的高度肯定和认可，在全市高校作为经验推广。

本书收录了北京建筑大学各二级单位党组织和“学党史、优教风、严学风、强作风”专项行动各个专项工作组成果总结、创新案例以及重要媒体报道。以期进一步巩固拓展党史学习教育成果，形成长效机制，把推动党史学习教育常态化长效化同做好学校中心工作结合起来，把党史学习教育成效转化为干事创业的动力、举措和成效，满怀信心奋进新征程、建功新时代！

第一部分 01

党史学习教育成果总结

弘扬伟大建党精神　推动学校高质量发展 北京建筑大学扎实推进党史学习教育走深走实

魏楚元　高　蕾　卫　巍

党史学习教育开展以来，作为一所拥有红色基因的百年老校，北京建筑大学党委把党史学习教育作为贯穿全年的重大政治任务，认真落实中央、市委、市教育工委工作统一部署，强化政治担当，加强组织领导，发挥特色优势，高标准高质量开展党史学习教育，努力把学习教育成果转化为干事创业的强大动力，推动学校各项工作取得了突出成绩，学校事业发展展现出新面貌。

一、做法成效

（一）提高政治站位，统筹谋划，精心组织，注重质量效果，引导党员干部学深悟透

一是加强组织领导。学校召开 14 次党委常委会和书记专题会、8 次理论学习中心组学习会、4 次党史学习教育专题推进工作会及党史学习教育动员部署会，及时研究安排部署党史学习教育工作。党委第一时间成立党史学习教育领导小组，及时制定印发《党史学习教育实施方案》《庆祝建党 100 周年系列活动实施方案》，对全年党史学习教育作出了顶层谋划和系统性部署，从“学党史悟思想”“学党史办实事”“学党史开新局”三个板块，分为 20 项大任务，100 余项具体举措，一体化推进党史学习教育。各二级党组织通过多种形式进行再动员再部署，进一步明确任务单、时间表、路线图，层层压实责任，成立党史学习教育巡回指导组，及时推动党史学习教育扎实有效开展。

二是坚持“五学联动”。组织全校深入学习宣传贯彻习近平总书记在党史学习教育动员大会上的重要讲话精神、中国共产党成立 100 周年庆祝大会上重要讲话和在纪念辛亥革命 110 周年大会上的重要讲话精神，探索形成“领学、督学、促学、深学、自学”机制。**校领导以上率下“领学”。**坚持一级带着一级

学，通过专题读书班沉下心研读原著原文。邀请中央宣讲团、中共中央党校、党史研究室等专家学者做辅导报告。校领导深入到各学院、联系单位通过讲授专题思政课、参加主题党日活动等形式进行政策宣讲。**校内巡回指导组“督学”**。6个巡回指导组督导学习过程，压实工作责任、发掘工作亮点、协调工作难点。把学习教育情况纳入年度考核、“书记抓党建”述职评议考核内容。举办党史学习教育处级干部专题读书班、党的十九届六中全会干部培训班、二级学院党组织书记政治能力提升专题培训班。**二级党组织“促学”**。将党史学习教育作为组织生活、“三会一课”、主题党日的重要内容，全校16个二级党组织采取“学、讲、唱、做”等方式开展了1183次学习教育活动。**师生党支部“深学”**。全年举办专家辅导报告15场，师生宣讲团累计开展宣讲60多场；举办学生党支部微党课展示评比大赛。**党员个人主动“自学”**。党员们有的开展“党史百年天天读”活动；有的建立每天自学1小时制度，明确个人读书进度；有的突出某一方面问题深入思考研究。

三是打造重要阵地。创建市属高校首个“基层党组织政治建设实训基地”，将其打造成党史学习教育的重要阵地和生动课堂。截至目前，已有143个党支部在实训基地通过理论学习、交流研讨、主讲主问、主题党日、讲授党课等形式开展党史学习教育活动，覆盖4600余人次。

（二）弘扬伟大建党精神，传承红色基因，践行立德树人，厚植师生爱党爱国爱社会主义的情感

一是挖掘“百年红色校史”。1946年学校建立地下党支部，是首都高校中最早的党支部之一。办学114年来，一代代北建大人始终与党和国家同呼吸、共奋进。学校以党史学习教育为契机，积极开展“百年党史引领下的百年校史”宣传教育活动。从追溯红色校史入手，通过亲历者讲述、实地走访原校址、拍摄专题短片等方式，全面梳理百年校史，深刻阐释百年老校的历史底蕴，升级重张的校史馆成为传承家国情怀、传播校史文化的重要基地。从回顾学校服务首都城乡建设发展史入手，举办“新中国首都国庆十大建筑”专家研讨会，“百年党史中的百年校史”专题讲座，举办“分享入党故事”“向党说句心里话”主题活动20余次，寻访百名校友开设“我们建设首都”专访，阅读受众达上万人次，激励师生积极投身首都城乡建设。从思政课程与课程思政入手，组织学生前往北大红楼、李大钊纪念馆等爱国主义教育基地。将党史学习教育融入专业课程，举办《红色建筑印迹——庆祝建党100周年艺术作品展》《“艺心向党，画说百年”课程作品展》。七一前夕，北建大受邀参加“北京市庆祝中国共产党

成立100周年”教育事业发展专场新闻发布会并作主题发言。

二是实施“百团行动计划”。组织开展“永远跟党走 服务首都行”——北京建筑大学师生服务首都“四个中心”功能建设“百团行动”计划，成立101支学生实践团队，组织1031名北建大学生，在276名指导老师的带领下，将专业优势延伸到北京市16个区，143个街道、乡镇，形成调研报告及方案60篇，推进36项科研成果应用到实际生活中，解决服务城市更新、街区治理、党史学习、冬奥会等多个领域的30个实际问题。

三是上好“万人思政大课”。在天安门广场，400余名师生发出“请党放心，强国有我”的铿锵誓言；在学生毕业典礼、新生开学典礼仪式上，3000余名师生同唱《没有共产党就没有新中国》，表达爱党爱国之情；在新生引航思政课、毕业主题党课、疫情防控专题党课、开学第一课上，书记、校长带领全体学生重温百年党史引领下的百年校史，表达北建大人在新时代承担更重要历史使命的坚强决心。

四是百年建大筑梦冬奥。在北京2022年冬奥会中，学校党委把组织师生高质量完成冬奥科技研发和服务保障任务作为进一步弘扬伟大建党精神、厚植师生爱党爱国情怀、展现北建大人的使命与担当的重要契机。全校约有450名师生投身冬奥服务保障工作，其中，230余人承担27项与冬奥相关的科技研发和文化创意设计项目，142名师生参与冬奥志愿服务，65人参加冬残奥会闭幕式和标兵工作。

（三）创新实践“学党史 优教风 严学风 强作风”专项行动，真正让师生员工看到变化得到实惠

为了回应学校发展之所需和广大师生之所盼，学校创新实践“学党史 优教风 严学风 强作风”专项行动，旨在形成“严谨治学、从严执教”的良好教风、“严于律己、勤奋好学”的优良学风、“求真务实、担当作为”的良好作风，为高水平特色型大学建设提供坚强保障。

一是优教风。抓课堂教学能力，实施每日课堂教学质量抽查通报制度、新入职教师教学基本能力达标考核制度。教学过程和教学管理的全环节融入课程思政建设要求和标准，充分保证课程思政“全覆盖”“有亮点”。抓教学创新能力，引入行业“三师”上讲台、拓展数字化教学资源、大力推行课堂翻转。抓三全育人，129名党政干部直接联系班级，“全国五一劳动奖章获得者”马新建等12名优秀校友受聘为“成长导师”。

二是严学风。共建文明课堂，学生自觉发起学风建设“十要”“十不要”

倡议，383 名学风志愿者和全体党员骨干亮身份、做表率。激发学习动力，帮助学生量身定制学业发展规划，80 名朋辈导师开展学业辅导 800 余次。

三是强作风。大兴学习之风，组织两批次干部参加高质量专题培训班，调训两批次干部参加市委党校中青年干部培训班。大兴下沉一线之风，坚持“书记抓、抓书记”，校领导班子成员和二级党组织书记每人深度调研 1-2 个学院和党组织，“四不两直”下沉到教室、实验室和宿舍，了解情况、解决问题。

（四）坚持贯通融合，奋力开创学校事业发展新局面

学校切实把开展党史学习教育同编制实施“十四五”规划结合起来，同推动学校内涵发展、特色发展、高质量发展结合起来，同推进全面从严治党结合起来，教育引导广大党员干部齐心协力推动“十四五”开好局、起好步。

一是制定“十四五”规划，描绘发展新蓝图。实施“党建领校”和“创新发展”两大战略，将统筹推进党的建设领航工程、人才培养质量全面提升工程、一流学科专业建设工程、千人师资队伍内涵建设工程等十项工程，创新实践思想政治工作铸魂行动计划、基层党组织争先创优计划、建设“三师”摇篮计划等八项计划。

二是广聚天下英才，学科建设稳步推进。实施“高端智力汇聚工程”“双塔计划”，大力加强人才引培力度，完善青年教师培养支持计划，持续深化绩效工资分配制度改革。新引进 95 名专任教师，新增 4 名海外高层次人才。获批全市高校首个院士专家工作站。学校新增 11 个国家级和北京市级一流本科专业建设点。土木工程学科在北京高校高精尖学科建设中期考核评估中获评优秀，新增法律、电子信息 2 个专业学位硕士授权点。

三是打造高层次科研平台，培育高水平成果。高质量推进北京未来城市设计高精尖创新中心建设，推动城市大数据应用研究中心建设共享公用数据平台，建设城市更新研究院、建筑大脑研究院、碳中和联合创新中心，成立全市首个“北京老城保护更新基地”，牵头建设的城市基础设施与建筑绿色低碳技术北京市工程研究中心正式获批。作为第一个完成单位主持完成的项目“高性能隔震建筑系列关键技术与工程应用”喜获 2020 年度国家科学技术进步奖二等奖；年度省部级及以上成果获奖数量首次突破 30 项，国家自然科学基金获准资助项目 40 项，创历史新高。

四是发挥特色优势，服务首都高质量发展。2021 年，学校先后与 10 个区、18 个委办局、47 家行业龙头企业开展深入合作，共计开展科技交流对接 117 次，签署合作协议共 19 份。在学校服务首都功能定位领导小组的统筹下，依托

科发院、国发院、文发院三大新型机构，深入实施《服务首都功能定位行动方案（2021-2025）》。参与实施的“小空间 大生活——百姓身边微空间改造系列行动计划”8个项目均已竣工。深度参与城市更新立法工作，新承接服务首都项目35个。15名教师当选为各区县新一届区人大代表和区政协委员。

五是全面加强党的领导，推动治理体系和治理能力现代化。以政治生态的绿水青山激发创新生态的百花齐放。切实将党的领导贯穿办学治校全过程。严格执行请示报告制度。向上级单位请示报告重大事项58件。各二级单位党组织、职能部门向学校党委请示报告38次。进一步调整优化议事协调机构，科学调整二级单位领导班子分工。召开学校警示教育大会，加强对二级单位“一把手”和领导班子的监督，党委书记严格执行监督谈话和批评谈话制度。

二、特色亮点

学校开展“学党史，优教风，严学风，强作风”专项行动特色突出，促进学校教风、学风、作风明显提升；扎实开展“为师生办实事”效果显著，打造校园“接诉即办”师生服务平台，多举措解决师生“急难愁盼”问题，切实增强师生的获得感、幸福感、安全感。

一是解决了一批师生关心的难事。针对师生最关心最直接最现实的利益问题分两批整理出“为师生办实事”项目清单，共计5方面47条内容，截至12月31日已经全部完成。建设可信电子学业证明系统、构建智慧财务系统、增设研讨室、公共办公空间及135个研究生工位；顺利推进第四期硕博公寓周转房工作，解决了300余名教师临时住房困难。

二是建设一个“接诉即办”师生服务平台。着力打造“一口受理、分拣转办、实时监督、一体考核”的师生服务平台。自6月23日运行以来，已经初步形成以“诉求汇到专线”“干部扑到一线”“部门串联成线”“考核进入视线”“破题找到引线”为主要特征的“为群众办实事”成果。服务平台共收到各类合理诉求7575件。整体响应率为100%，办结率为99.93%，满意率为99.49%。

三是学风教风呈现一番新面貌。专项行动开展以来，学生的升学率、就业率、申请入党人数和红旗宿舍覆盖率均有明显提升。入选全国高校“百个研究生样板党支部”“百名研究生党员标兵”“中国大学生自强之星”“北京高校十佳班集体”，连续四年获评“北京市优秀退役大学生士兵”。学生就业率位居北京高校前列，获批全国普通高校毕业生就业创业工作100个典型案例之一，并首批挂牌北京高校市级就业指导名师工作室。学生在国家级和省部级各类竞赛中获得奖项297项。学校教师荣获“北京市优秀共产党员”“最美科技工作者”

“首都劳动奖章”“北京学者”、北京高校青年教师教学基本功比赛一等奖、“北京高校优秀本科育人团队”等多项荣誉；4名教授入选全球前2%顶尖科学家榜单，2名教授入选2020“中国高被引学者”榜单。

四是干部作风焕然一新，干事创业劲头十足。加强日常考核、“四不两直”检查机关作风、实行“双约谈”制防微杜渐、深化督查督办体制机制、加强信息沟通和协调联动。各级干部在疫情防控中主动作为，团结带领师生接种疫苗，全员疫苗接种率96.22%，排在市属高校第一位。提升干部素养的“日新”沙龙、机关强作风建设亮牌服务和“八要八不准”的行为示范行动，北建大干部干事创业精气神显著提升。

三、长效机制

学校党委立足“学党史、干实事、解难事、谋大事、创新事、长本事”，将党史学习扎实落实到行动中，构建了“五个体系”和“三个机制”的长效机制，即疫情防控常态化工作体系，校内“接诉即办”服务师生工作体系，“1+5+10+N”的抓安全稳定管理体系，“日常督查、重点调度、季度点评”的抓落实工作体系，全时多维信息工作体系和创新意识形态会商研判机制，机关干部下沉学院实践锻炼机制，干部“能上能下”动态管理机制。持续有效地推动学校各项事业取得更大的进步。

面向未来，学校党委将认真总结党史学习教育的成功经验，把伟大的建党精神转化为干事创业的强大动力，深入贯彻中央政治局常委、中央书记处书记蔡奇来校调研讲话精神，牢牢把握“新规划、新城建、新需求”三大机遇，着力服务好中央批复北京市的三个规划高质量落地实施，培养更多未来建筑师、设计师、规划师，以昂扬姿态奋力开启高水平特色型大学建设新征程。

作者信息：

魏楚元，党委宣传部、网络信息管理服务中心，机关党委宣传网信党支部，1977年5月，副教授，党委宣传部副部长（主持工作）、网络信息管理服务中心主任

高蕾，党委宣传部，机关党委宣传网信党支部，1978年4月，副研究员，党委宣传部副部长兼新闻中心副主任、校报编辑部主任

卫巍，党政办公室，机关党委团委党支部，1983年6月，讲师，校团委书记、党政办公室副主任（兼）

筑牢理想信念根基 留下无悔奋斗足迹

——建筑与城市规划学院党委党史学习教育成果

何立新 杨 举

根据北建大党发〔2020〕76号文《北京建筑大学开展“网上重走长征路”暨推动“四史”学习教育工作方案》，建筑与城市规划学院扎扎实实有效推进党史学习教育活动，落实好“学党史 悟思想 办实事 开新局”的目标要求，认真落实在“不忘初心 牢记使命”主题教育中所提出的长效目标，坚持以“坚持不懈做好事，持之以恒办实事，真心真意解难事”为服务宗旨，在全院开展“我为师生办实事”实践活动，加强思想文化建设，推动学院文化高质量发展，加快形成“优教风 严学风 强作风”的文化软实力。

建筑学院党委共有18个党支部，其中在职教工党支部6个，学生党支部11个，退休党支部1个，目前有教工党员87人，学生党员308人，退休党员15人。一年以来，建筑学院党委层面开展学习交流活动11次，党支部开展学习、交流、参观等活动50余次，团支部开展活动60余次，达到师生党员、群团组织全覆盖。

一、做法成效

（一）党委统筹谋划 做好引领示范

3月24日，建筑与城市规划学院党委召开党委理论学习中心组学习扩大会，专题开展党史教育。学院党委书记何立新传达了习近平总书记在党史学习教育动员大会上的重要讲话，党委委员充分发言，会上确定了本年度建筑学院党史学习教育活动的主题和方向。

建筑学院党委和研究生院、校产、继续教育学院等部门开展党委理论中心组学习活动，认真学习了习近平《论中国共产党历史》等党史学习教材，充分沟通交流党史学习经验，总结并运用到日常工作中。

在西城校区各部门党委理论中心组党史学习专题会上，建筑学院党委书记何立新以《学党史　悟思想　办实事　开新局》为题谈了自己的学习心得。何立新认为，欲知大道，必先知史。学史者不茫，知史者不迷，用史者不乱。学好党史，用好党史对一名高校党务教育工作者具有重要意义。何立新从“为什么要学党史、党史学什么、党史怎么学”三个问题出发谈自己的理解和感悟，对标党史学习教育要求，紧贴学校和学院事业发展实际，把党史教育活动抓紧抓实抓细，确保党史学习教育的质量和实效，着力抓好学习教育，坚持立足本职工作，问计于师生，注重向师生学习、向实践学习，深入调查研究，寻找科学方法，提高工作效率。

（二）行走四史教育　夯实党员作风

4 月初开始，陆续开展“行走的四史教育”活动，确定了“传承红色基因”“革命烈士爱情观”和“重走爱国之路”三个主题，通过清明节烈士陵园祭扫和参观活动，探访时评梅墓并祭奠，探索革命烈士爱情观，挖掘香山附近的红色革命文化，重走一二·九运动发起地、双清别墅、香山革命纪念馆等边走边学的方式，让建筑学院师生感悟党的历史，在行走中“优教风　严学风　强作风”。

学院党委还组织教工党支部参观“伟大征程——庆祝中国共产党成立 100 周年特展”，党员们在首都博物馆重温了百年红色历程，百年征程波澜壮阔，百年初心历久弥坚，从上海石库门到嘉兴南湖，一艘小小红船承载着人民的重托、民族的希望，越过急流险滩，穿过惊涛骇浪，成为领航中国行稳致远的巍巍巨轮。中国共产党胸怀千秋伟业，恰是百年风华。

（三）开展网课学习，汲取奋进力量

从 3 月份开始，学院党委组织建筑学院党员陆续观看了“首都百万师生同上一堂党史课”网络公开课第一讲到第十一讲的内容，并要求师生开展了主题研讨活动，党员们纷纷发表了学习心得并形成文字材料。通过网络课程学习，党员们一起从百年党史中坚定信念、汲取智慧、凝聚力量。

（四）重视党员仪式感，为党员发放寄言卡

建党 100 周年之际，为深入学习贯彻习近平新时代中国特色社会主义思想，提升党支部的政治功能和组织力，强化党员仪式感，激励建筑与城市规划学院学生党员勇敢担当作为，将党史教育入脑入心，经院党委研究，推出“学生正式（预备）党员寄言卡”。根据预备党员和正式党员在权利、义务等方面的区别，学院党委专门准备了对预备党员和正式党员的寄言，并制作成卡。让学生党员常思“当初为什么入党，如今在党做什么，今后为党奉献什么”。寄言卡发放至学院所有学生预备党员和正式党员，以一种庄严的“仪式感”让学生党员牢记入党志愿、坚定理想信念，牢记初心和使命，激发学生党员的责任与担当，切实发挥学生党员的先锋模范带头作用。

颁发党员寄言卡，是建筑学院党史教育的组成部分，要求建筑学院党员要时刻牢记党的宗旨，即全心全意为人民服务，这也是党的最高价值取向。是否实现人民的利益和得到广大人民群众的拥护，是衡量我们党的路线、方针和政策是否正确的最高标准。不忘初心、牢记使命，是一名共产党员的基本素质和修养。不断锤炼党性修养，始终保持共产党员的先进性和纯洁性，是共产党员一生的追求。

（五）举办“红心向党，致敬百年”演讲比赛

为缅怀革命先辈，继承红色基因，重温党的光辉历程，歌颂党的伟大成就，让广大青年大学生深刻铭记中国共产党百年奋斗的光辉历程，深刻认识中国共产党为国家和民族作出的伟大贡献，深刻感悟中国共产党始终不渝为人民的初心宗旨，建筑学院于 5 月 25 日举办了“红心向党，致敬百年”演讲比赛。参赛选手字字铿锵有力，句句激情昂扬，他们用饱含深情的话语，歌颂着党的丰功伟绩，由衷地赞美了党，用身边优秀人物和事迹诠释着什么才是新时代好青年，用自信的声音表达了对中国共产党的热爱，表达了对“红心向党”的坚定信念，也表达了对美好未来的憧憬。

（六）学习“四史”精神　书绘红色篇章

为更好地将“四史”学习与专业进行结合，4 月初至 6 月中旬，建筑学院举办“学习‘四史’精神　书绘红色篇章”的活动，希望借此机会让大家更好地学习四史、校史，并且在建党 100 周年之际，为党献礼。学生手绘的展现百年党史的艺术作品在大兴、西城两校区展览，吸引了大量的师生参观，北京卫视等多家媒体进行了报道。

（七）加强课堂思政建设，献礼党的百岁生日

作为建筑学院课堂思政建设的一部分，为庆祝党的百年华诞，进一步推进党史学习，建筑学院举办“艺”心向党、“画”说百年为主题的美术课程思政

教学作品展，展示中国共产党带领人民筚路蓝缕、艰苦奋斗，开辟中国特色社会主义道路的光辉历程。美术部结合课程思政教学，传承红色基因，厚植爱国主义情怀，让革命薪火代代传承，把“立德树人”工作落到实处。参与此次活动的是建筑学院一、二年级学生，大家通过自己的画笔，用充满情感的艺术作品讲好一个个故事，话百年党史，颂民族复兴。

为献礼中国共产党建党100周年，今年的城市设计细部专题以“红色核心区：重走五四路”为主题。徐跃家、李煜、刘平浩3位老师带领建183的21名同学，详细回顾和学习了五四运动和中国共产党早期组织的历史，在首都核心区重现了五四运动路线图。通过现场详细测绘、建模和实景渲染，完成了以北大红楼为起点，途经京师大学堂旧址等重要纪念地的街道、公共空间和建筑的数字孪生模型。在此基础上，制作了1：50的实体细部模型。评图现场，嘉宾和同学通过VR漫游重走五四路，将历史课本上的党史知识与鲜活的首都核心区城市空间时空对接。

（八）召开全院党员大会，庆祝中国共产党百年华诞

6月25日，中国共产党百年华诞来临之际，建筑与城市规划学院在西城校区大学生活动中心召开全体党员大会。建筑学院全体党委委员、专职组织员、全体教工和退休党员、学生党员及入党积极分子500余人参加大会。建筑学院党委书记何立新做了题为《高质量党建推动高质量发展》的党课。

站在建党100周年的这个历史门槛上，我们眺望“两个一百年”的奋斗目标，我们离这些目标是如此触手可及，脱贫攻坚战的全面胜利，也充分说明了只要我们坚持党的领导、坚定走中国特色社会主义道路，就一定能够办成更多像脱贫攻坚这样的大事难事，不断从胜利走向新的胜利。这也更加阐明了一个真理：坚定不移地坚持高质量党建，必然能推动高质量发展。

（九）缅怀革命先烈，弘扬爱国精神

为加强党史学习教育，深切缅怀革命先烈，弘扬爱国主义精神，结合学校“学党史·优教风·严学风·强作风”专项行动要求，持续加强新生爱国主义思想教育。10月19日，建筑学院组织部分学生党员观看爱国主义影片《长津湖》。在丰富学生课余生活的同时，扎实推进党史学习教育，引导、激励学生传承发扬伟大的抗美援朝精神，增强学生党员爱国情怀。

（十）学习百年党史，汲取智慧力量

为教育引导学生党员从党的百年伟大奋斗历程中汲取继续前进的智慧力量，切实做到学党史、悟思想、办实事、开新局，9 月 17 日，建筑学院组织 90 名学生党员参观“不忘初心　牢记使命”中国共产党历史展览馆。近百位学生党员怀着激动的心情观看了展览，鉴往知来，向史而新，中国共产党历史展览馆这一崭新的红色地标，已成为展示建党百年历程的精神殿堂，教育引领广大党员群众赓续红色血脉、发扬光荣传统，从党的奋斗历史、党的宝贵经验中汲取前进力量。

二、特色亮点

强化党史学习，旨在优教风、严学风、强作风，重在“为师生办实事”。通过扎实开展党史学习教育，建筑学院推出了一系列“优教风·严学风·强作风”落地举措。优教风方面，开展课程思政示范课，报道优秀教学教师，组织 6 校 14 组北京设计周营造大集，加强教师评图工作，使得教师深刻体会了面对新时代的大学生应该“教什么、怎么教”；严学风方面，推出课堂“十要”“十不要”，辐射的包括班级的及格率、优秀率、四六级率、科技竞赛获奖、专利获取、难点课程学习、早晚自习、创建优秀学风宿舍、就业情况等学风建设活动。召开主题班会研讨“为谁学、学什么、怎么学”的问题。全体学生签订了学风建设倡议书、考试诚信承诺书，将学风建设落实落细。面向全院开展学风建设主体海报展示比赛，并在西城校区进行布置展览，学生明白了“为谁学、学什么、怎么学”；强作风方面，注重党的使命教育，发挥思想领航作用。坚持以“坚持不懈做好事、持之以恒办实事，真心真意解难事”为服务宗旨，在全院开展“我为师生办实事”实践活动，将每周三定为院领导接待日，解决师生的实际问题；调整内部资源，为学生开放两间公共自习室，并进行了精心布置，供学生日常学习使用；党委带队到家中和敬老院看望、拜访退休老党员，深入沟通交流；举办了 12 次集体生日会，党委为 135 名教工送去生日贺卡及生日祝福；建立“传帮带”机制，充分发挥具有深厚学术造诣、教学科研能力突出的中老年教师的“传、帮、带”作用，加大对青年教师的培养力度。注重师德师风建设，发挥品德铸魂引领作用。动员教师参与学院民主管理，激发教师主人翁意识；加强对新入职教师的思想政治状况审查；坚持不懈抓好疫情防控工作，确保科研教学等工作顺利开展。党委班子根据疫情情况及时召开会议，出台疫情防控文件、签订承诺书，发放抗疫物资多次，师生齐心合力，确保了学院教学、科研、社会服务等工作正常开展。

三、长效机制

把开展“四史”学习教育作为贯彻习近平新时代中国特色社会主义思想、坚持正确办学方向的内在要求，作为落实立德树人根本任务、培养新时代“四有”好老师的实践需求，加强组织领导，注重协调联动，突出载体创新，引导广大师生知史爱党、知史爱国、厚植教育报国情怀，努力成长为担当民族复兴大任的时代新人。党的“四史”学习教育要有广度、有深度、有热度、有效果，要经常学，常常学，融入教学内容、学生实践、学风建设等各个环节，使其成为事业向前发展的内在动力和必要环节。

建筑学院始终坚持“立德树人”这一根本工作原则，深入开展以学党史为重点的“四史”学习教育活动，引导党员干部、师生员工学史明理、学史增信、学史崇德、学史力行，切实做到学党史、悟思想、办实事、开新局。把庆祝建党100周年、“永远跟党走”等教育活动与党史学习教育紧密结合起来，学院党委充分谋划布置，党支部积极响应，建筑学院通过40余项党史学习教育活动，将全面优化教师教风，严格学生学风，强化党员作风，为学校提档、加速、冲A、晋级做出贡献，为建党100周年献礼。

作者信息：

何立新，建筑与城市规划学院，风景园林教工党支部，1967年12月，副研究员，建筑与城市规划学院党委书记

杨举，建筑与城市规划学院，本科生第四党支部书记，1982年11月，讲师，建筑学院专职组织员

学党史 抓三风 促发展

——土木与交通工程学院党委党史学习教育成果

赵翠英

根据《中共北京建筑大学委员会关于开展党史学习教育的实施方案》，土木学院党委坚持以习近平新时代中国特色社会主义思想为指导，深入学习贯彻党的十九大和十九届二中、三中、四中、五中、六中全会精神，以党史学习为重点，与学习新中国史、改革开放史、社会主义发展史相贯通，与系统回顾党创办和领导中国特色高等教育事业发展历程相结合，教育引导党员干部师生学史明理、学史增信、学史崇德、学史力行，增强“四个意识”、坚定“四个自信”、做到“两个维护”，不断提高政治判断力、政治领悟力、政治执行力；教育引导党员干部师生从党的百年伟大奋斗历程中汲取继续前进的智慧和力量，切实做到学党史、悟思想、办实事、开新局。

自学校召开党史学习教育动员大会以来，土木学院认真组织全体党员和全院师生开展丰富多彩的党史学习教育活动，深入学习贯彻习近平总书记在2月20日党史学习教育动员大会上的重要讲话精神和蔡奇在全市党史学习教育动员大会上的讲话精神，深刻领会开展党史学习教育的重大意义，引导党员自觉把思想统一到习近平总书记重要讲话精神上来。

一、做法成效

（一）党委精心部署，分类分层组织开展党史学习教育

为开展好党史学习教育活动，土木学院党委研究部署召开全体教职工大会、党支部书记党建工作例会，将党史学习教育活动要求传达部署到全体党员和全院师生，要求各党支部带头，联合各系部、各班级共同开展学习，形成全院师生全覆盖学习的良好局面。学院理论中心组、各党支部、各系部分层分类组织开展党史学习教育。学院还将党史学习教育分别纳入《土木学院党委理论学习

中心组2021年学习计划》《土木学院2021年教职工理论学习工作计划》《土木学院2021年党员教育培训计划》《土木学院2021年宣传思想工作计划》，坚持党建引领，把党史学习教育作为全年一以贯之的重要学习内容融入日常工作中。

（二）创新学习形式，将党史学习教育融入日常工作

在学习《中国共产党简史》《论中国共产党历史》《习近平新时代中国特色社会主义思想学习问答》等理论书籍的同时，学院党委要求各教师党支部、各系部紧密围绕学院“十四五”发展规划建设目标和当前学院发展中存在的重大问题开展研讨，旨在通过党史学习教育凝聚人心、激发奋斗力量、解决实际问题。

党史“学起来”：学院党委组织广大学生党员积极参与全国大学生党史竞答大赛、“永远跟党走”党史知识竞赛、“首都百万师生同上一堂党史课”网络公开课；参观首都博物馆“伟大征程——庆祝中国共产党成立100周年特展”，引导广大学生党员更好学党史；组织学生观看《觉醒年代》电视剧，目前已经播放8集，观看人次200余人；召开党史学习主题党日活动、主题团日活动、主题班会，确保党史学习教育全覆盖、无遗漏。

党史“讲起来”：举办“永远跟党走——峥嵘岁月·百年辉煌”学生党员讲微党课展示评比活动，每名党员上台讲微党课，广大学生党员在精心准备一次党课的过程中重温党的奋斗史，更加深刻领会青年学生的使命与担当；成立“讲党史”微党课宣讲团，深入党支部、团支部、班级展开生动宣讲。

党史“唱起来”：以“青春交响　百年乐章”为主题举办“青春心向党”合唱展演活动，400余名师生唱响庆祝中国共产党百年华诞赞歌，用音乐讲述党史、用旋律牢记初心使命，进一步推动党史学习教育入脑入心、走深走实；拍摄庆祝建党100周年献礼视频，学院全体领导干部、师生党支部代表、学生代表唱响赞歌。

党史“做起来”：为促进学风建设，校院两级领导深入班级，为同学们讲党史、严学风、谈理想、促成长；举办土木学院庆祝中国共产党成立100周年党建巡礼展，展示学院党委近年来党建引领成果；学院学工团队开展“六进”行动，全方位加强学生思想政治引领和学风建设；学生党支部以“每天锻炼一小时，为党工作50年为主题”带领师生强身健体；学生党员发挥先锋模范作用，开展“学霸联盟”系列活动，助力学风建设。

（三）推动党史学习教育与“优教风、严学风、强作风”专项行动紧密结合，加强党史学习教育成果转化

学院党委切实落实“学党史、优教风、严学风、强作风”专项行动工作方案，针对学院实际问题制定学院细化方案，着重解决在教风、学风及作风中存在的突出问题，通过实施“学党史、优教风、严学风、强作风”专项行动，努力将党史学习教育成果转化为知行合一、立德树人、履职尽责的工作实效。

“优教风”：学院通过强化教师课堂管理意识，完善学院课堂教学评价体系、加强对课堂教学改进效果的检验等多举措培育严谨治学、从严执教的良好教风。形成学院教学质量整改报告定期上报制；落实青年教师工程实践制和导师制；加强研究生培养过程管理与导师队伍管理，提升研究生培养质量。

学院组织召开青年教师座谈会，围绕青年教师教学能力培养及工程实践能力提高进行交流研讨；组织青年教师教学资料批阅规范化辅导，邀请学院督导组组长张新天老师，详细讲解试卷、课程设计、实习报告、毕业设计的批阅标准、规范及注意事项；组织学院全体教师参加《高校教师课程思政教学能力培训》学习，各系部组织交流与研讨；严格监考职责、强化监考纪律、优化排考规则、修订学院监考要求和规程；暑假期间召开教务工作答疑会，分析上半年学生关于教务工作中出现的问题，提出解决方法，说明学位授予及课程学习要求；召开学业预警学生家长会，讲述学业预警和学位授予政策，促进家校合作，家长督促学生的学习情况；召开毕设动员会，布置毕业实习、毕业设计要求等任务。

“严学风”：为明确学风建设责任，增强学风建设工作实效，在全院学生中形成“严于律己、勤奋好学”的良好学习风气，学院以立德树人为根本任务，以教师为主导，以学生为主体，以制度为保证，以激励为牵引，将学风建设融入党史学习教育和日常思想教育工作之中。

主要举措包括：1. 实施思想培育学风计划，激发学生内在学习动力，加强对学生的自我学习素质的培优；2. 实施制度保障学风计划，构建学风建设责任体系，全面拔高学生个人素养；3. 实施管理塑造学风计划，严抓纪律，规范学生日常行为；4. 实施环境涵养学风计划，营造浓郁校园学风氛围，跳出学风抓学风；5. 实施榜样引领学风计划，加大优秀群体示范带动力度，表彰先进树立榜样，全面促进学生高素质发展；6. 实施学业提升学风计划，辅导员深入学生课业与生活，学霸朋辈践行学风行动；7. 实施科技实践助力学风计划，科技竞赛助推学风建设，增强学风建设协同效应，科创学习协同发展；8. 实施队伍引

导学风计划，明确学风发展方向，提升学风建设实效；9. 实施骨干带动学风计划，提升学生自我管理、自我教育的效果；10. 实施奖惩结合调动学风计划，促进学风建设良性发展，以行动优化学生素质。

“强作风”：学院通过加强二级理论中心组学习，组织全体处级干部从自身出发，学习党的光辉历史、光荣传统和优良作风；以“带头承诺做表率”为主题组织处级干部专题研讨会，深刻剖析班子和个人在作风建设以及日常工作中存在的问题，提出改进措施，带头做出承诺，发挥领导干部示范作用，以上率下转变干部作风；组织全体处级干部走进班级、深入课堂；组织全体处级干部每人负责联系 1 个学生班级，开展调查研究、协助班级工作开展、挖掘经验和改进作风；立足本职工作，经常性“走进师生听意见”，了解实际工作中存在的不足和难点问题；严守纪律正风气，严格执行领导干部请假制度，严格遵守《中层领导干部手册》，明确领导干部行为规范。

（四）“我为群众办实事”实践活动

学院坚持问题导向，抓实抓细解难题。结合党史学习教育“我为群众办实事”实践活动，学院制定了《党史学习教育“学党史、优教风、严学风、强作风”专项行动“为师生办实事”项目清单》。根据学校 2021 年工作要点和为师生办实事工作方案，重点办好师生所急、所需、所盼的十件大事、难事、实事，切实解决师生的操心事、烦心事、揪心事。

围绕青年教师住房和落户、解决研究生在大兴校区的研修空间、积极推进岩土实验室和建材实验室的用电改造、为研修室及办公室老师更换插线板、开展教职工心理辅导、组织审阅提升基金申请书质量、开展学业就业帮扶、为退休教职工送温暖等诸多师生关注的急难愁盼问题，扎实为师生服务、办实事，切实增强师生的获得感、幸福感、安全感。

学院坚持“捧出一颗真心”的服务理念，建立师生诉求快速响应机制，及时回应和解决学生在学习生活中遇到的各类问题，建立学校与师生之间的“连心桥”，不断提高管理效率和管理效能。

二、特色亮点

（一）学习覆盖面广、学习形式多样、活动内容丰富

学院充分调动广大师生党史学习教育的积极性和主动性，引导广大师生积极参与党史学习教育各类学习活动和实践活动。学生积极参与“方圆引领·

‘四史’阅读”线上打卡活动，累计打卡460人次；学院推出“中国共产党精神谱系及其探析”等系列推送，累计发出相关推送6篇，阅读量达1096人次；学院组织的微党课评比，要求全体学生党员必须参加，通过准备竞赛学生党员更加深化了党史学习，取得良好效果；通过学习强国积分竞赛，激励师生党员持续学习活动。

（二）以党史学习为引领，促学院“三风建设”新发展

学院注重把党史学习教育与学院“三风建设”紧密融合，构建起教师、学生、管理干部三位一体的学习维度，充分发挥好不同群体的模范带头作用，加强理论学习和工作实践的相互促进提升，形成良性互动的学习格局。

（三）党史学习教育系列活动取得良好成效和热烈反响

学院组织举办的“青春心向党”合唱展演活动获得学校领导高度肯定；学院师生共同拍摄的主题视频MV《在灿烂阳光下》，用旋律表达初心，用歌声诉说热爱，以党之光指引奋进之路，致敬中国共产党百年华诞；学院党委组织的“灯光秀”活动在学生中引起热烈反响，并在互联网上广泛传播；学院党委和2个党支部荣获学校先进党组织称号；5名师生荣获学校优秀共产党员称号；2名教师荣获学校优秀教育工作者称号；结构工程研究生第一党支部王晓娇同学代表学院参加学校微党课评比并荣获二等奖。

三、长效机制

（一）以党史学习教育为契机，建立师生党员理论学习教育长效机制

学院形成了学院理论中心组、各党支部、各系部、师生党员、教职工、学生“六位一体”的党史学习教育模式，结合主题党日、专题党课、集中学习、个人自学等多种学习方式，各类学习平台和线上线下融合开展各类学习，坚定不移贯彻习近平新时代中国特色社会主义思想，坚持把党史学习教育与庆祝建党100周年、十九届六中全会等重要精神学习有机结合，不断强化师生理论武装，坚定理想信念。

（二）形成了党建统领学院各项事业发展、互育共促运行机制

学院注重把党史教育融入工作日常，坚持党建工作与业务工作同谋划、同推进。结合党史学习教育，认真谋划学院“十四五”发展规划，努力拓展各项

事业发展，激励全院师生齐头奋进，共同开创学院各项事业发展新局面。学院以党建工作为抓手，全面从严管党治党，统筹推进教学、科研和学科等各项建设。

（三）把党史学习教育与“优教风、严学风、强作风”专项行动有机结合，持续推进“三风”专项行动

为促进党史学习教育成果落地见效，学院以立德树人为根本，把党史学习教育融入专业教学，加强课程思政建设；以学生为主体，多举措培育引导提升学风成长；认真落实教师党史学习教育和师德师风建设，引导教师努力做“四有”好老师、“四个引路人”；进一步转变领导干部工作作风，加强领导干部深入课堂和班级，引领学风建设。

2021 年土木学院认真落实党史学习教育活动各项要求，扎实开展党史学习教育工作，下一步全院广大师生将在校院两级党委的坚强领导下，以全面提高人才培养能力为重点，以培养担当民族复兴大任的时代新人为目标，为在全院范围内营造“严谨治学、从严执教”的良好教风、“严于律己、勤奋好学”的良好学风、“求真务实、担当作为”的良好作风而共同努力，切实做到将党史学习教育的成果转化为推动学院高质量内涵发展的强大动力，推动学院“十四五”规划高质量开局，推进学校各项事业发展再上新台阶。

作者信息：

赵翠英，土木与交通工程学院，建筑工程方向本科生党支部，1979 年 3 月副研究员，专职组织员

聚焦“学、落、帮”三维度 推动党史学习教育环境“热”起来、师生“动”起来、人心“暖”起来

——环境与能源工程学院党委党史学习教育成果

冯宏岳 赵 亮

按照学校党委党史学习教育工作统一部署和要求，环能学院党委着力聚焦“学、落、帮”三个维度，即学在“点”上，让学习环境“热”起来；落在“实”上，让师生“动”起来；帮在“需”上，让全院人心“暖”起来，迅速掀起学史明理、学史增信、学史崇德、学史力行的热潮，推动党史学习教育成果与学院事业发展产生“化学反应”，释放“红色动能”，用党史学习教育为头脑“植树造林”“减污降碳”，达到党员思想“碳中和”“碳达峰”。

环能学院党委全年共开展党史学习主题教育80余次，其中，开展红色实践活动30余次，覆盖全院3000余人次，让广大师生在党史学习中培根铸魂、补钙壮骨、滋润初心，切实将党史学习教育成果巩固拓展，转化为推动学院“十四五”党建和思想政治工作、人才培养、人才队伍建设、教学科研、学科建设和社会服务等各项工作高质量内涵发展的持久动力，奋力书写新时期“环能学院新答卷”。

一、主要做法

（一）学在“点”上，让学习环境“热”起来

自党史学习教育启动以来，学院党委高度重视并认真制定工作方案，第一时间传达学习，第一时间动员部署，统筹抓好顶层设计，早谋划细安排将党史学习教育贯穿学院发展全过程，坚持学在“点”上，持续在理论学习新观点、“三风”专项行动结合点、人才培养需求点等方面原原本本学、不折不扣学，让

“红色党建思想、绿色专业特色、蓝色创新实践”相互融合、相得益彰，在全院营造热烈学习氛围。

学院党委以上率下、率先垂范，通过自学、二级理论中心组集中学、校专题培训班等形式，深入学习《论中国共产党历史》《习近平新时代中国特色社会主义思想学习问答》《中国共产党简史》四本党史学习教育“指定书目”以及十九届六中全会精神和“双碳”重要论述。全院各级组织和党员师生100%参与到党史学习教育，邀请校领导为师生讲专题党课，希望“00”后用生态文明思想破解未来城乡可持续发展的痛点难点，做学以致用、知行合一的环保人。

13个党支部利用“三会一课”、主题党日活动，将学习党的历史作为“第一议题”，原汁原味学、带着问题学，努力做到学懂弄通做实；注重可视化学习，通过一大批党史讲座、影视如《党课开讲啦》《1921》等展映展播，形成了党史“天天见”“时时见”“处处见”的景象。

（二）落在“实”上，让师生党员“动”起来

“实”字当头，“动”字为先。学院党委将党史学习与学校“三风”专项行动紧密结合起来。学院各党支部以“弘扬建党精神　勇担复兴使命”为主题，集中全覆盖开展党史学习教育专题组织生活会。学院班子成员以普通党员身份分别参加所在支部的组织生活会，带头开展批评与自我批评。

疫情常态化防控时期，教师结合线上教学方式，创新教学理念，加强课堂管理，保证教学质量。加强思政课程与课程思政建设，将习近平生态文明建设思想、建党百年、冬奥等重大历史课题和事件融入课堂教学，“三全育人”工作取得显著实效。

学院环境工程教工党支部开展“我为群众办实事 · 和谐劲松，最美社区——党建引领微更新　科普惠民公益行”主题党日活动，调研学习劲松北社区改造先进经验，开展科学知识普及宣传工作，推动科技创新引领绿色低碳生活。市政工程系教工党支部联合环境工程系教工党支部、市政研究生党支部到北京排水集团的槐房再生水厂开展主题党日活动，参观“党建长廊”、走访厂房基地，感悟生态建设，了解行业发展。建筑热能工程系教师党支部组织教师党员前往大兴国际机场动力能源中心交流调研，参观大兴国际机场动力能源公司并就党建合作、业务协同进行交流。党支部还走进北燃实业集团开展社会实践、科技服务、专业建设等交流，切实将“红绿蓝”融入支部共建中。学院还组织党员师生参观红色历史遗址和博物馆，教育引导党员通过亲身感受党和国家的变化和发展成就，自觉弘扬和践行爱国奋斗精神。

（三）帮在“需”上，让全院人心“暖”起来

以干促帮，解决需求，聚力推进“办实事”开花结果。学院党委将党史学习教育同“我为师生办实事”“接诉即办”紧密结合起来，着力纾解师生工作、学习和生活中的难点堵点，让师生心间暖起来。学院党委严格执行疫情防控要求，着力破解师生安全需求，召开28次疫情防控领导小组会、10次全体教职工大会，落实市委和学校党委疫情防控工作要求。实行集体领导、分时分区、专人专区的协调推进工作机制，积极应对疫情防控“组合拳”，截至目前，疫苗加强针接种学生占完成两针接种学生的比率为93.43%，占全部学生的比率为92.53%，有效为师生筑牢疫情防控安全屏障。

统筹推进两校区功能布局，着力满足师生科研需求。学院先后召开党政联席会（扩大）5次、教师代表座谈会3次、全体教职工大会4次，征求师生意见和建议40余人次，对两校区空间布局、实验用房调整、平台共享、房屋改造等进行部署安排。根据学院发展规划和实际情况，统筹教师办公和研究生工位，利用暑期改造学B用房，增加面积550平方米。

调整学院关工委新一届委员会，组织离退休教职工座谈会，观看《党课开讲啦》、开展“学党史 唱红歌”主题党日活动。在建党百年前夕，为5位“光荣在党50年”的老党员登门送上奖牌。组织开展“迎重阳，送温暖”活动，为退休教师发放口罩，消毒湿巾等防疫物资，让离退休教职工切实感受学院大家庭的温暖。

二、特色亮点

打造载体“讲起来”。制定《关于开展“学习百年党史、赓续百年初心”党员讲微党课主题党日活动的通知》，各党支部制定计划，精心安排。学院建筑热能工程系教工党支部与热能与动力工程教工党支部联合举办了党员讲微党课主题党日活动，学院领导以普通党员身份参加支部活动，以“三尺讲台守初心，立德树人勇担当”为题开展微党课活动。其他老师分别结合自己家乡、革命老区、学习体会讲了微党课。

动人红歌“唱起来”。学院以歌咏活动、文艺表演等形式讴歌共产党、礼赞新时代，组织师生党支部拍摄《唱支山歌给党听》MV视频，并通过微信公众号、网站进行广泛宣传。精心举办“喜迎建党百年 传承红色经典”主题党日活动，学院300余名党员师生和入党积极分子齐声唱响对党和国家的深情祝福，用歌声表达永远跟党走的坚定信念。

主题实践“做起来”。学院以参观调研、社会实践、志愿服务、参与学校活动以及主题参观体验等形式表达爱党爱国之情。学院开展以学党史为重点的学“四史”主题实践活动以来，成立了“重走长征路、感悟生态美”实践团，坚持学起来、写起来、讲起来，坚持校内与校外相结合、线上线下相统一，利用各种学习载体，拓展活动领域，丰富活动内容，提升活动成效。实践团通过重走长征路线、查历史文献、观革命遗址、讲心得体会、悟生态变化，努力让红色资源火起来，红色人物亮起来，红色基因传下来。活动开展45天，遍布10座城市，录制10堂微党课，制作25期视频，拍摄五百余张图片，形成2万余字调研纪实，实践成果获“互联网+”大赛北京赛区三等奖、“挑战杯”北京市二等奖。

学院还开展了“学‘四史’担使命”主题征文活动，各支部结合自身经历或研究成果抒发了所亲历的党史、校史、院史、学科发展史、专业建设史等，以个人经历的“小四史”反映学校发展、国家建设的“大四史”。学院依托微信公众号“环能之声”和学校、学院网站等宣传阵地，推送党史学习教育和主题党日活动的持续报道50多次。前线客户端专题报道了我院“‘学思践悟’让‘四史’教育有声有色”活动。

学风建设“抓起来”。构建“学风1+X”工作机制，强化思想引领，组织各学生党团支部开展学风建设大研讨主题党团日活动50余场，覆盖1600余人次；完善组织建设，构建“联系班级处级干部+班主任+辅导员+研究生学业导师+朋辈辅导员+‘聚能·环’学业导师”的学业帮扶团队；加强学院团学品牌建设，发挥学院在社会实践、科技竞赛的方面优势，“以学促赛、以赛促学、赛教结合”；发挥榜样引领作用，加强学生党员、学生干部与学风建设工作有机结合考核，广泛宣传优秀学生典型先进事迹，以主旋律宣传教育为导向，发挥先进集体和个人的示范引领作用。

三、长效机制

习近平总书记强调，要认真总结这次党史学习教育的成功经验，建立常态化、长效化制度机制，不断巩固拓展党史学习教育成果，学院党委将在全院内再动员、再部署、再学习。

一是深刻认识开展党史学习教育的重大意义。党的历史是最生动、最有说服力的教科书。在全院开展党史学习教育是践行初心使命、推进学院高质量内涵发展的重要契机，是锻造师德师风、激发全院师生干事创业精气神的强大动力。将“一人讲”与“大家谈”相结合，打造“领导讲党课”“党员读书班”

“党员微党课”等创新载体，通过丰富多样的主题党课，增强党员的参与感，长期坚持，让党史学习教育更富有吸引力和感召力。

二是进一步压实党史学习教育的领导责任。学院党委切实承担起学院党史学习教育主体责任，结合“学党史三风”专项行动，真正形成“学院党委书记亲自抓、分管领导统筹抓、各党支部具体抓”的学习教育格局。党史学习教育同中心工作相结合，真正成为带动全院发展的动力引擎。

三是完善党史学习教育成果转化机制。结合主题实践、主题党日活动、教职工考核等探索建立更加完善的学习教育成效检验机制。找准服务路径、锚定服务方位、突出自身特色，更加“接地气”的党史学习教育品牌，确保学习教育成果转化应用更精准更有效。

四是将“课程思政”“思政课程”深入融合，推动体验式、沉浸式学习。充分利用学院自身优势和专业特色，就地取材、量体裁衣，深度挖掘环境学科、水污染治理学科等课程中的思政元素，统筹现场讲学、学员研讨、成果转化等环节，实现教学相长。以“课程思政”为催化剂，同“思政课程”产生氧化反应、化合反应，让党史学习教育与环保教育相得益彰。

环能学院党委将继续坚持党建引领、党政协同、齐抓共管、培育增效的工作原则，围绕学懂弄通做实党的创新理论和思想，深入开展以学党史为重点的活动，引导党员干部、师生员工“明理、增信、崇德、力行”，切实把党史学习教育同学院“三风”专项活动等紧密结合起来，将学习教育成效转化为落实立德树人根本任务的动力和源泉，转化为干事创业的勇气和魄力，转化为服务师生发展的能力和本领，推动学院工作持续健康发展。

作者信息：

冯宏岳，环境与能源工程学院，建筑热能教工系党支部，1975 年 12 月，高级政工师，环境与能源工程学院党委书记

赵亮，环境与能源工程学院，环工教师党支部，1984 年 1 月，讲师，专职组织员

学党史共促学院发展　强三风合力立德树人

——电气与信息工程学院党委党史学习教育成果

丁建峰

党史学习教育工作开展以来，电气与信息工程学院坚持以习近平新时代中国特色社会主义思想为指引，深刻把握习近平总书记在党史学习教育动员大会上的重要讲话精神，贯彻落实中央、北京市委及校党委关于党史学习教育工作安排，将党史学习教育作为一项重要的政治任务，按照“学史明理、学史增信、学史崇德、学史力行”的要求，精心组织，把党史学习教育与推进学院高质量党建相结合，与学院“十四五”规划编制相结合，与全面落实立德树人根本任务相结合，有力有序推进学院党史学习教育走深走实，把党史学习教育成效转化为推动学院高质量发展的强大动力。

学院党委加强顶层设计，通过组织内容丰富、形式多样的党史学习教育活动，切实增强“四个意识”、坚定“四个自信”、做到“两个维护”，不断提高党员领导干部政治判断力、政治领悟力和政治执行力；学院党委坚持党史学习教育全覆盖，教育引导全院师生从党的百年伟大奋斗历程中汲取智慧和力量，切实做到学党史、悟思想、办实事、开新局。

一、做法成效

（一）统筹推进，扎实开展“永远跟党走”系列活动

学院将庆祝中国共产党成立100周年、学好党史作为学院思想政治工作的主题主线，制定“永远跟党走”主题教育活动实施方案，在全院范围内开展以“唱起来”“讲起来”“做起来”为主要方式的系列教育活动。

唱起来——唱响爱党主旋律　讴歌百年光辉路。学院组织开展“锐E前行·永远跟党走”主题晚会暨“歌颂我心中的党”合唱比赛，200余名师生参加合唱比赛，通过一首首耳熟能详的红色歌曲，透过激昂振奋的旋律，全院师

生唱出爱党爱国心声，讴歌党的百年光辉历程。

讲起来——聆听百岁心声 感悟奋进力量。为弘扬优秀共产党员李英姿教授的“英姿风范”，学院成立宣讲团，为新入职教工、新生、校友宣讲，并与马院马克思主义原理党支部开展“英姿风范”学习交流座谈，做好“李英姿师德事迹宣讲”师德课程建设，在全院各学生班级召开学习“英姿风范”主题班会；组织师生集中学习“名师大家讲党史”系列网络公开课；开展“永远跟党走”老党员访谈，寻访学院参加抗美援朝优秀党员和光荣在党 50 年老党员；学习习近平总书记“七一”重要讲话精神，遴选成绩优秀学生参与“北京建筑大学党史学习教育宣讲团”，深入学院、支部、班级开展党史专题和习近平总书记“七一”重要讲话精神宣讲活动。

做起来——服务国家城乡建设 青春绽放绚丽之花。学院本研学生共计 40 余人参与服务保障庆祝建党 100 周年庆祝、北京冬奥会和北京冬残奥会等重大活动；院内组建 13 支师生团队，紧扣乡村振兴、冬奥建设、街区治理、绿色环保等方向，参加服务首都城乡建设“百团行动”计划，并推荐 3 支团队参加学校百团优秀团队评比；汇集师生力量，设计制作“党的诞生地——一大会址”建筑智能化声光电展示模型，在学校红色印迹展览上展出，获得校领导一致好评；在全院各党支部开展“微党课”设计评比，学院共展示微党课 18 项，选送优秀作品参加学校微党课展示评比，获得二等奖；开展寻访“我身边的优秀共产党员”社会实践活动，征集老党员故事百余篇，选送 12 件参访作品推荐到学校参加评比；开展“党在我心中”主题诗歌、书法、摄影作品竞赛，收集作品 30 余件参加学院展出。

（二）持续深入，推进“学党史·优教风·严学风·强作风”专项行动

1. 教风方面。在教师中开展“学党史、强三风、共奋进”主题活动。围绕“为谁教、教什么、怎么教”开展教学大讨论；围绕专项行动，开展教风学风联动学生信息员座谈会 10 次、教师座谈会 8 次。

2. 学风方面。推进“思想培育引学风—制度管理树学风—氛围营造榜样示范促学风—帮扶解困、科创研学强学风”四位一体“严学风”实施计划。将“诚信教育”“学术道德与学术规范”纳入学生日常教育管理活动，完成思想引领相关活动 30 余项；选树典型 40 人次，在学院公众号推送“电信榜样”；举办并组织参加学生科技竞赛 50 余场，辐射学生近 500 人次，近百人次获得省部级、国家级奖项。

3. 作风方面。制定电信学院领导接待日制度，优化调整接诉即办工作组人

员构成，将工作重心前移，做好师生服务工作。领导班子与师生深入谈话累计超过200次，班子成员组织召开师生座谈会10余次；收到校内接诉即办4件，响应率、解决率、满意率均达100%。

（三）开展“我为群众办实事”实践活动，为师生办实事

学院党委严格按照党史学习教育和庆祝建党百年活动实施方案要求，认真组织开展“我为群众办实事”实践活动，引导党员、干部发扬党的优良传统，聚焦重点领域和群体，积极为学院师生排忧解难。

全覆盖服务学生。落实双导师制度，名师教授本科生授课率100%。开展跨专业、跨学校联合毕业设计，真题率大于80%，获市级优秀本科毕业设计2项，校级12项；2021年研究所开展学术交流10次，学校“研究生创新项目”获批13项，其中重点项目3项；邀请学院教授、行业专家、企业高管等做讲座，以“锐E充电站”系列活动为载体，举办充电讲堂70余次，心理活动10余场，为110余名学生申请助学金和临时困难补助；持续推进新疆籍等少数民族学生服务工作，重点开展“点对点”帮扶、“面对面”全覆盖指导、寒暑假“云家访”等活动；多措并举“保就业”这一事关民生问题，学院本研签约率94.81%，位居学校第一，就业率95.93%，获评学校就业先进集体。

全维度助力教师。强化按照学科方向布局人才队伍建设，大力加强师资引进接收力度，新进教师到岗工作5人，并为青年教师选配导师，实施学院青年教师教学能力提升计划；推荐7名教师参加年度专业技术职务晋升工作，1人获评为博士生导师；选派1名教师赴法国访学交流；组织青年教师进行国基金申报培训，其中1名教师获批国家自然科学基金面上项目，3名教师获批国家自然科学基金青年项目；3名教师获得教学优秀奖，1名教师获得青年教师基本功比赛二等奖。

全方位关心退休教师。组织开展端午安康慰问、重阳节座谈、为退休教师购买电影券等活动。走访慰问退休人员4人次，困难帮扶2人次，上门慰问光荣在党50年的3名老党员，举办学院班子成员与退休党员座谈会，倾听教师心声，收集学校和学院发展建议。

二、特色亮点

（一）党史学习教育与推动基层党建高质量发展深入融合

学院党委以党支部为单位将“学史明理、学史增信、学史崇德、学史力行”

的要求贯穿党史学习教育的全过程，切实引导广大党员师生从党的历史中感悟思想伟力。带着思考学，坚定理想信念；带着责任学，增强使命担当；带着感情学，传承红色基因；带着行动学，牢记育人初心。

各党支部组织开展“学党史 强三风”、传承“红船精神”“学习百年党史，汲取奋斗力量”“读原著，学原文”“学习百年党史、赓续百年初心”“百年党史·薪火相传”红色经典诵读、重温入党誓词、党史学习教育专题组织生活会、中国共产党历史展览现场参观和线上观看教育视频等各类主题活动上百次。

以“求实、务实、扎实”为原则，在学院内部深入开展党史学习教育系列活动，使广大党员、干部受到了一次全面、系统、深刻的政治教育，并努力转化为推动事业发展的强大动力。学院向学校报送基层党组织优秀案例5个、党史学习教育创新案例2件。

（二）党史学习教育与全面落实立德树人根本任务深入融合

学院将党史学习教育活动与课程思政建设充分结合，挖掘党史人物中的优秀典型，结合学院专业特点，在课程和实践环节中充分融入创新精神、工匠精神、敬业精神等思政元素，实现课程思政全覆盖。按照学校“突出建大特色，讲好建大故事”要求，将弘扬“英姿风范”融入党史学习教育活动。获批1门校级课程思政建设重点项目，1门2021年北京高校课程思政示范课程。

结合学校“学党史·优教风·严学风·强作风”专项工作，学院于2021年5月召开专项行动推进会暨锐E科技文化节开幕式，进一步结合专项行动推进学院学科竞赛体系内涵式发展，总结并展示学院前期学科竞赛成果，进一步完善竞赛师生队伍建设、加强创新团队培育、加强人才库、竞赛信息库建设，孕育良好的学院创新人才培养氛围。2021年，举办院级竞赛、参加省赛、国赛近50场次，覆盖学生500余人次，获得省部级、国家级奖项近百人次。在智能车、智能制造、蓝桥杯、国际大学生程序设计大赛等多项赛事中，均取得了历史性突破。

学院党委在党史学习教育中，牢记“为党育人、为国育才”使命，把推动高质量就业作为重点工作，以促进学生成长成才为目标，学院上下齐抓共管、多措并举、扎实推进就业工作，积极应对疫情影响，最终实现考研考博48人、二学位22人、出国深造14人，实现本研合计就业率95.93%，比2020年提高6个百分点。其中签约率94.81%，排名全校第一，获得校级就业先进集体。

（三）党史学习教育与创新服务首都建设深入融合

围绕首都乡村振兴，学院建电系本科生党支部与北京市房山区下寺村党支部，计算机系本科生党支部与北京市大兴区巴园子村党支部开展红色“1+1”共建活动。其中1项活动项目获校级红色“1+1”活动二等奖并被推到北京市参评北京市红色“1+1”示范活动。

结合党史学习教育，更加奋发有为地推动首都、国家建设新发展。学院组织教师参与城市基础设施与建筑绿色低碳技术北京市工程研究中心建设，承担北京市“未来城市设计”高精尖中心开放课题和大型振动台实验室开放课题。郭茂祖教授等2人承担国家重点研发计划“科技冬奥”专项项目课题1项、子课题1项。

三、长效机制

（一）加强顶层设计，精心安排部署，建立党史学习教育立体运行体系

党史学习教育启动以来，学院党委高度重视，加强统筹部署，制定以习近平总书记重要讲话为主的学习计划和党史学习教育阶段学习推进计划，建立了由上到下的立体学习体系。一是学院党委深入领会党史学习教育的重大意义，对党史学习教育工作进行了系统安排，切实把党史学习教育与学院日常工作同部署、同安排、同落实，统筹协调推进。二是按照“统分结合科学谋划、上下联动狠抓落实”的总思路，紧盯党委委员、支部书记、党员三支队伍，加强组织领导，明确工作职责。三是将党史学习教育纳入党团班主题活动、党课中，纳入学院日常工作及学生活动中。

（二）聚焦理论武装，班子成员坚持带头学，建立党史学习全覆盖教育机制

学院党委理论中心组第一时间召开学习会，深入学习习近平总书记在党史学习教育动员大会上的重要讲话精神，以及市委书记蔡奇在全市党史学习教育动员会的讲话精神和学校党委关于党史学习教育工作的总体要求。班子成员积极参加学校党史学习教育读书班，通过读原著、学原文、悟原理，坚持不懈用习近平新时代中国特色社会主义思想武装头脑，不断提高政治“三力”，切实增强“四个意识”、坚定“四个自信”、做到“两个维护”，树牢“铁一般”的理想信念，扛稳“铁一般”的责任担当。

通过主题党日专题党课、主题团日专题团课等形式组织师生党员开展学习、

培训、研讨；将党史知识融入师德师风建设中、学生党员集中培训中，初级党课以及积极分子、发展对象的日常教育中，高标准高质量完成学习教育各项任务，强化理论武装。

学院党委委员讲授“光辉的历程”等专题党课5次；专职组织员围绕党史为新生开展入党启蒙教育；师生党支部通过“学习百年党史、传承红色经典”等主题扎实推进党史学习教育；以“学党史、强信念、跟党走”为主题组织召开主题团日活动，引导广大青年坚定不移听党话、跟党走，实现党史学习教育全覆盖。

学院“十四五”规划实施即将进入更加关键的时期，学院将继续认真总结党史学习教育的成功经验，依托常态化、长效化制度机制，持续聚焦学习贯彻党的十九届六中全会精神，继续学深悟透党的创新理论，弘扬伟大建党精神，不断巩固拓展党史学习教育成果，团结带领学院师生以高质量党建加快推动学院高质量发展！

作者信息：

丁建峰，电气与信息工程学院，实验中心教工党支部，1977年11月，助理研究员，专职组织员

以史为鉴砺初心　踔厉奋进新征程

——城市经济与管理学院党委党史学习教育成果

曾祥渭

为贯彻落实好市委和学校党委关于组织开展党史学习教育活动相关通知的要求，经管学院党委给予高度重视，结合学校党史学习教育活动工作方案，组织骨干力量成立了学院党史学习教育专题工作小组，围绕党史学习、建党百年和“三风”专项行动等制定了多项配套活动方案，并通过召开党委会进行谋划部署，召开党建工作例会定期推动督导，确保学校党委的各项要求得到贯彻落实，引导和带领全院师生将党史学习教育走深走实，切实做到学史明理、学史增信、学史崇德、学史力行。一年来，累计开展各类活动250余次，覆盖全院1800余名师生。

一、做法成效

（一）强化部署，让党史学习教育“动起来”

高度重视、精心谋划。党史学习教育是贯穿2021年全年的重要工作，也是经管学院党委全年的重大政治任务。一是学院第一时间召开党委会，成立了以党委书记为组长，党委副书记为副组长，学院其他党委委员、班子其他成员、学院党政办主任、专职组织员、团委书记以及各党支部书记为成员的党史学习活动专项工作组，为活动有效开展提供了组织保障。在党委书记的带领下，工作组迅速统一了思想，提高了站位。二是系统谋划学院党史学习教育活动。学院党委在深入学习领会上级文件精神及相关决策部署后，结合学院实际，将上级党委对党史学习教育的要求和目标进行细化，先后制定了《城市经济与管理学院关于开展党史学习教育的实施方案》（经管2021党字11号），《城市经济与管理学院纪念建党100周年系列活动实施方案》（经管2021党字12号），《城市经济与管理学院“学党史、优教风、严学风、强作风”专项行动方案》（经管

2021 党字 16 号）等活动实施方案和重点工作台账，明确了全体党员“七个一”任务清单和“五个起来”学习目标，设定了时间表，确保任务到事、责任到人、时间到天。

梯次推进，全面铺开。一是组织全院党员召开党史学习教育动员大会。围绕习近平总书记党史学习动员讲话和学校党委相关文件精神，进行了集中学习和思想发动，详细解读学院党史学习教育活动相关方案，确保全体党员本年集中精力投入党史学习教育活动。二是党政领导示范学。学院党政班子带头开展党史学习，将党史学习的有关内容作为党委会、中心组理论学习第一议题，带头学原文、读经典、唱红歌、做实事，以普通党员身份参加支部学习活动，将学校要求传导至各系、党支部和团支部，形成学习链条。三是全体支部比着学。指导全院 16 个党支部制定支部学习活动方案，将党史学习贯穿于支部的“三会一课”“主题党日活动”当中，并通过每月党建工作例会进行部署、督导和推进，每月统计各支部开展活动次数，通报和总结学习成果，宣传先进事迹，推广典型经验，激励各支部创新学习形式和载体比着学，真正做到全院范围内让党史学习教育“动起来”。

（二）营造氛围，让党史学习教育“热起来”

融媒传播，打造矩阵。充分利用学院的“展板、液晶屏、公告栏、公众号、网站”等全媒体传播手段，做好协同，形成矩阵效应，确保党史学习教育宣传贯穿全年和保持热度。一是制作“中共一大”到“十九大”系列知识展板，共 2 期累计 40 块，在学院楼 A 座一层师生往来密集区域进行展示，吸引师生驻足观看、学习和研讨，做到党史学习“入眼入脑入心”。二是在学院楼 A 东门液晶显示屏长期展示“学党史、悟思想、办实事、开新局”，在楼内教师办公区显示屏循环宣传党史学习教育和建党百年的热点词汇，营造良好党史知识学习氛围。三是在楼道墙壁上的公告栏中，开辟“党史学习”专栏，及时传递党史学习理论、政策和动态，先后粘贴相关宣传海报共计 20 余张。四是在“北建经管”公众号开展党史学习“双百”行动——“百年奋进路”党史知识系列宣传，倒计时 100 天党史知识“百天百学”，对 1921 年以来党史、新中国史、改革开放史、社会主义发展史进行了系统介绍，将百年党史沧海中值得被铭记的事件传播到师生之间，为“四史”学习营造良好的网络环境，做到融入师生党员“润物无声”。五是将各支部开展的党史学习活动及时在学院网站发布，做到树典型、扬经验、共奋进。

建好平台，上下联动。建好线上“1000 道党史知识题库”和线下“经管党建之家”等平台。一是建好线上学习平台。聚焦党史基础知识，每名党员结合所学提供10道单项选择题，建立了基于“学习通”的“1000道党史知识题库”；组织全体党员利用碎片化时间，进平台开展“自学自测”“党史知识竞赛”“党史学习打卡分享”，并借助平台强大的统计功能，督促党员常态化“自学”。二是建好线下学习场地。将学院“党员之家”升级改造，购置经典党史知识书籍200余册，建成“经管学院党史学习资料专架”；安装多媒体设备1套，为师生党员更好开展党史学习提供固定场所和完备设施。通过线上线下联动，为全院师生营造浓厚的党史学习氛围，形成党史学习教育热潮。

（三）发挥优势，让党史学习教育“实起来”

深入基层，广泛宣讲。一是组织学生党员开展“重走长征路”“行走四季·领悟践行”等主题活动，以及“走街串巷——寻找百年红色记忆”线上vlog活动等活动20余次。顺应学生特点，以vlog或摄影作品的形式展现学习成果，使同学们在趣味与走访中了解革命英雄事迹，继承革命传统，传承革命精神。二是师生携手深入乡村讲党史。发挥管理、法学和社工专业特长，师生携手深入房山区水峪村、大兴区赵庄子村、延庆区后黑龙王庙村和密云区汤河口村等京郊农村一线开展支部共建，进行党史知识宣讲20余次，让师生在党史宣讲中汲取力量、坚定信念、鼓舞斗志。三是开展“点灯人”云支教宣讲。学生支部制作完成95段视频，通过在线讲解方式，向四川省大凉山昭觉县民族重点寄宿制小学的小朋友讲述革命故事、英雄事迹、领袖故事，重温党的征程，回顾百年奋斗史，学习长征精神。四是深入社区宣讲。学生支部开展守护小红花——双职工家庭儿童成长活动，先后深入海子角社区、兴政中里社区等开展儿童课后安全课堂和线上红色故事课堂。

策划专题，学深学精。一是“七一”前夕开展“七个一”专项行动。组织全体师生党员以“七个一”为抓手，开展“讲一次党课、读一本经典著作、唱一首红歌、完成一次参观实践、参加一次党史知识竞赛、办一件实事、参加一次党员宣誓”系列活动，引导党员师生滋养初心、淬炼灵魂，从党史中汲取信仰力量、查找党性差距、校准前进方向。二是高质量开展党史学习主题党/团日活动。精心谋划、细致准备，先后组织各支部开展“从党史中汲取奋斗力量”等主题党日活动40次；组织全体团支部开展“请党放心，强国有我”等主题团日活动60余次，引导青年学生做到听党话、感党恩、跟党走，普及党史知识，弘扬红色文化，赓续红色血脉。三是邀请高水平专家进行党史知识宣讲。先后邀请清华大学马克思主义学院金哲博士、新华社马新刚老师为师生开展党史知识专题讲座，鼓励师生将党史学习思考与疑惑同专家“面对面”“键对键”交流，使得全院师生更加深刻认识党的理论的深厚历史根基和鲜明时代品格，不断增进理论认同、实践认同和情感认同。

（四）注重实践，让党史学习教育“做起来”

激发参与，因势利导。一是全院师生携手共唱红歌，制作“党旗飘扬的方向”MV，通过学校公众号、校园电视等渠道向全校师生进行推送，激励全体师生积极响应党的号召。二是师生共同观看党史电影。以党领导下的工人运动发展史为切入点，师生党员共同学习《中国工会史》，观看经典党史电影30余部，并剪辑经典片段制作《辑经典电影、学工会历史、庆建党百年》视频，在校工会教代会换届大会上播放。三是组织党史主题演出活动。举办“2021年经管学院青年恰是风华正茂”主题晚会，弘扬青年学子精神风貌，丰富北建大人文气息；举办“石榴花开——永远跟党走”第三届民族风情文化节，通过民族红色记忆分享等丰富多彩的活动，向同学们展现了各民族在党的领导下百年发展历程，引导同学们筑牢思想根基，传承好红色基因，进一步坚定了各民族同学感党恩、听党话、跟党走的信心与决心。

办好实事，助推发展。学史力行，把党史学习教育与推进学院中心工作、与服务师生紧密结合，以推进“三风”专项行动为抓手，将党史学习教育成果转化为学院发展的实际成效。一是组织开展“学党史、抓三风、促发展”系列活动。先后联合人资处共同开展青年教师教学科研技能提升，联合教务处开展教学和专业建设研讨和培训；针对新学院成立教师交流融合需要进一步提升的情况，学院党委组织全院教职员工开展了团建活动，团建活动将党史学习贯穿始终，通过轻松的游戏，打破教师之间的交流壁垒，有力促进学院教师的沟通融合。二是组织教工支部学史力行，大力推进学科专业建设。推进法学专业与中国政法大学的合作，成功申报法学专业双培计划，组织申报并获批法律专业学位硕士点；完成工程造价国家一流、工商管理北京市一流专业申报；组织设置工程管理实验班；组织申报社会工作专业第二学士学位教育。三是积极拓展学生校外实践教学基地。组织签署大兴区魏善庄人民政府、首都医科大学附属儿童医院、住总集团总承包部、愿景明德（北京）控股集团等8家校外实践教学基地。四是帮助教师解决教学科研活动中的急难愁盼。多轮次邀请校外专家指导和把关基金申报书，获批国家自然科学基金2项，北京市社科基金2项，北京市自然科学基金1项；新增纵向到校经费240万元；新增横向项目17项，合同金额155万元；发表标准规范2项；发表论文80篇，出版著作11部。五是推进“三全育人”，学生培养效果显著。全员参与抓就业，学院就业率创历史新高，工商和法学两个专业就业率100%，学院平均就业率97%；学生获得“挑战杯”北京市一等奖1项，并成功入围全国总决赛；承办第十三届全国房地产策划大赛，获全国一等奖1项；城181班获全国活力团支部称号；本科生第一党支部参评北京市红色“1+1”示范活动。

二、特色亮点

（一）创新形式，凝练学生党史学习教育的“三联三进”模式

学院致力打造“学习型学院”，紧扣党史学习教育要点，不断创新学习形式和载体，构建了学生党史教育“三联三进”多元学习模式，有力调动了学生的能动性，形成党史学习“求明理、强实践、重力行”的生动局面。三联：“讲堂问答联动”，学生明初心；“师生结对联动”，学生知使命；“党支部—班团结对联动”，学生同进步。三进：进平台，学生自学；进红色基地，学生践学；进共建支部，党员互学。

（二）多元协同，总结形成教工支部“校—企—会—政”联学联做模式

注重师生支部、校企支部开展共建联学联做，共同分享各自资源，提升党史学习效果。如，工程管理系师生党支部、法学系师生党支部、社工系师生党支部等分别开展了师生支部共建，邀请退休老教师返校共同学习系史，分享党员教师在专业发展中的奋斗历程；工程管理系党支部与北京三建、钓鱼台国宾馆开展支部共建，共同学习党史和北京城市建设史；公共管理系支部与北京市城管委共建，共同学习党史并有效解决学生暑期实习难题。

（三）注重利用新媒体创新学习形式，量化学习效果

引导党员在党史学习的过程中共同出题，并基于“学习通”平台构建了“1000道党史知识题库”，该题库的随机测验、学习过程管理等，被用于检验党员党史学习的实际效果和学生预备党员的选拔结果，为高质量完成学院学生党员发展任务，高标准落实党史学习效果提供了有力工具。

（四）将党史学习效果转化为服务乡村振兴的实际行动

学史力行，党员师生响应乡村振兴战略号召，发挥专长主动参与京郊乡村引智帮扶，助力延庆区后黑龙庙村、房山区水峪村脱贫攻坚，构建了“以党建共建为引领，党史学习为贯穿，产业规划为重点，共同缔造为助力，法律援助

为支撑”的美丽乡村建设经管方案。

三、长效机制

（一）打造了理论学习“三级”学习链条：党政班子示范学，支部书记跟进学，党员联手积极分子共同学。

（二）建立了实践活动党员轮值制：党性实践活动和校外主题党日活动，实行轮值“导游”制、轮值“讲解员”制，充分调动党员的主体意识和责任感。

（三）构建了理论水平和学习效果检验的标尺：形成“党员学习后围绕学习内容出题——动态补充到“学习通”题库——党员理论学习效果检验、党员发展对象选拔题库测验”制。

作者信息：

曾祥渭，城市与经济管理学院，本科生第一党支部，1980 年 1 月，讲师，专职组织员、党委秘书

党史与专业相融合，学以致用开展各项工作

——测绘与城市空间信息学院党委党史学习教育成果

聂跃梅　谷天硕　李　鹏

在建党百年暨“十四五”开局之年，测绘学院班子成员深刻认识学习党史的重大意义，按照上级及学校部署积极开展党史教育活动，组织全体师生掀起学习热潮。师生们以党支部为单位广泛开展各种形式党史学习活动，通过学习大家知古今、明大义、续荣光，在学习中砺初心、守信念、明方向、强担当、勇作为，总结历史经验、把握历史规律，增强开拓前进的勇气和力量。

测绘学院党委及九个党支部组织开展了各类丰富特色活动，截至目前共组织 98 次活动，参加师生合计 14849 人次。现将活动总结如下：

一、做法成效

（一）开展党史学习活动，提高党性认知

1. 结合“四史”开展学习，勇担历史使命。学院党委组织理论中心组先后学习了《习近平关于北京工作论述摘编》《中国共产党组织建设一百年》《中华人民共和国简史》《社会主义发展简史》《改革开放简史》以及习近平总书记七一重要讲话、教育法等。

2. 紧跟新时代步伐，开展主题微党课评比。2021 年 4 月至 6 月，学院党委指导各党支部开展了“永远跟党走—峥嵘岁月 · 百年辉煌”主题微党课展示评比活动。通过微党课重温党的百年历程、讴歌党的丰功伟绩、弘扬党的优良传统，以小见大，生动讲解党的故事。紧密结合新时代，引导学生坚定理想信念、锐意进取，做有作为有担当的新时代青年。

3. 组织观看电影及宣传片，感悟红色精神传承。2021 年 9 月至 10 月，学院党委组织师生党员观看了百年党史中的《无名英雄》《大先生》微视频以及电

影《革命者》《我和我的父辈》。观影后师生书写自己与父辈的故事，通过“家与国”的视角，深刻感悟中国人的血脉相连和精神传承，再现父辈努力拼搏的时代记忆。

4. 开展“百题知识竞赛学党史”主题活动，回顾中国共产党波澜壮阔的历史岁月。通过深入学习党的百年历程中各个时期的里程碑事件，加深党性学习，提升党性觉悟，使教师党员真正做到“学习党史，以史鉴今”，把学习成效更好地转化为教书育人、人才培养工作的坚定信念和强大动力。

5. 举办党史学习教育主题读书交流会，打造“书香测绘”学院文化。各学生党支部举办“历史是最好的教科书”党史学习教育主题读书交流会。读书交流会上，每个人的精神都接受了洗礼，每名同学结合所读书目《中国共产党简史》《苦难辉煌》《浴血荣光》《中国共产党的光影记忆》《中国共产党百人百事》等，分享读书心得，展示党史学习成果。

6. 各党支部组织开展了习近平总书记视察清华大学讲话精神学习，以“心怀国之大者，追求一流永无止境”为主题开展活动。以视频学习和讨论的方式，深入交流，探讨学院一流专业的建设与申报、认证等工作的开展。

7. 测绘学院建筑遗产数字化研究所党支部在校图书馆基层党组织政治建设实训基地开展主题为“党史学习与研究生三风建设”的主题党日活动，号召大家牢记全心全意为人民服务的宗旨，通过倍加努力地学习、工作，充分发挥党员的先锋模范作用，努力成长为国家需要的栋梁之材。

（二）开展特色实践，推动党建与专业深度融合

1. 参观名人故居，丰富党史学习活动。2021 年 8 月，正值建党一百周年、鲁迅先生 140 周年诞辰之际，学院党委组织全体师生党员开展了“参观鲁迅故居—感受党史故事”党员暑期读书学习实践活动。

2. 结合专业特点，开展“数字北京红色地标”实践活动。学院成立“数字北京红色地标”实践团，组建 50 人实践团队，通过对代表性北京红色地标的数据采集与处理，以及资料收集、网页制作、程序设计等工作，完成红色地标的三维全景集成展示。用文字、声音等元素呈现红色地标承载的深邃价值和蕴含的丰富内涵。

3. 以党史学习教育为重要契机，结合学生专业特点和优势积极打造支部特色品牌建设。建筑遗产数字化研究所党支部结合“学党史 · 优教风 · 严学风 · 强作风”专项行动开展主题为“建筑遗产数字化与党史”的党日活动。支部书记危双丰以“建筑遗产数字化与党史”为题做主题分享，支部党员结合自身的

专业和研究方向进行逐一交流发言。

（三）围绕党史学习，扎实开展“三风”建设

1. 依托党史教育学习，拓展教学经验交流。2021 年 5 月至 6 月，学院党委以“学党史 · 优教风”为主题，召开教师教学经验系列交流活动。开展课堂教学经验分享、小班研讨课程和线上线下混合课程建设等经验交流分享会。

2. 引思政入课堂，开展翻转课堂。2021 年 7 月，学院党委组织全体教师开展了“思政翻转课堂”活动——学生给老师讲授微党课。同学声情并茂的演讲，让在场每一位教师在加强党史学习和教育的同时，对如何将思政引入专业课教学、把课程思政建设成为学生“真心喜欢、终身受益”的课程起到了启发作用。

3. 开展支部共建，研讨复合型人才培养。遥感教工党支部联合土木学院教工党支部和研究生党支部，开展主题为“支部共建，协同创新，共同创造新的未来—党建引领下新时代跨专业复合型人才培养模式研讨”的党建活动。探讨新时代跨专业复合型人才培养的重要意义，探索党建工作和复合型人才培养的模式方法。

4. 利用校史资源，开展讲党史故事活动。地信教工党支部在校史馆开展“永远跟党走，铭记历史，砥砺前行”讲党史故事活动。重温校史馆，认真学习回顾北京建筑大学永远跟党走的光荣传统。帮助教师党员提升党性政治觉悟，潜心投入教学和科研工作中去，将党史的学习成果融入课程思政等教育工作中去。

5. 党员坚持传帮带，帮助新入职教师快速成长。遥感工程系以学习党史为契机，将新入职教师培训与工程认证申报、培养方案修订、课程思政建设有机融合。地信教工党支部组织新入职教师开展课程培训，促进新入职教师专业知识和技能的提高。

6. 强化班级、宿舍阵地建设。开展“我的班级我的家"为主题的班级文化节。增强班级凝聚力，推动学院班级文化建设，调动同学积极性，增进力量整合和相互交流，促进班级建设水平进一步提升。加大宿舍建设和激励力度，大力选树优良学风宿舍榜样并进行表彰、奖励和宣传。

7. 发扬榜样力量，召开表彰大会。各学生党支部在大兴校区学 E 报告厅召开“学党史 · 树榜样 · 见行动”主题教育活动暨五四表彰会。通过榜样引领，带动学风持续向好。

（四）学有所为，不断提高服务群众的水平和能力

测绘学院坚持把党史学习教育成果应用于日常服务社会的实践中。坚持“四为”原则，即为师生办实事，为学院办实事，为学校办实事，为社会办实事。

1. 强化保障，为师生办实事。学院调整用房，增设研修室 2 间，落实增幅学生的学习桌椅 50 套，申请增设或调整较大功率空调。开辟新的校外测量实习基地，扩展校外实习区域，布设增加控制点，优化完善实习控制网，改善校外实习环境。

组织物理学业结对帮扶小组 12 支，开设“智诚讲堂”物理版块，共同帮助学生克服困难，提升学业成效。地理信息系成立教师学生“一对一”的帮扶制度，对学习困难学生进行心理疏导和学业指导；遥感教工党支部“帮助就业困难学生”，通过各种方式拓展就业渠道，与用人单位进行多方联系，帮助困难学生顺利就业；建筑遗产数字化研究所党支部举行主题为“毕业工作答疑”的培训活动，由教师、毕业年级同学、已就职同学分别对在校学生提出的疑惑进行解答；地信教工党支部建立青年导师制，对青年教师在学术论文撰写、科研方向进行全方位指导。

2. 准确把握，为学院办实事。遥感科学与技术系以工程认证申请工作为契机，全面梳理遥感科学与技术系教学工作中所出现的问题。在测绘工程专业的工程教育认证中期检查、国家级一流专业建设中，全面梳理测绘工程系教学工作中存在的问题，帮助全系教师改变教学理念、改革教学方法、加强教学过程管理。为学院机房安装机房预警设备、安装楼宇厕所门帘、打扫学院风雨试验场露台。

3. 不负重托，为学校办实事。地信教工党支部与研究生党支部协助文发院，将学校举办的红色建筑印迹展扫描做成 VR 全景影像线上展；成立“数字北京红色地标”团队，通过数据采集、资料收集、网页制作、系统开发等，实现代表性北京红色地标数字化、集成化，把红色地标全景导览合成到一张地图上、一个系统中，可供全校师生浏览观看体验，并向社会发布。

4. 紧扣重点，为社会办实事。城市信息化研究所党支部调研乡村基本情况和探索乡村振兴发展之路。走访调查乡村的基本情况并分析每个乡村目前存在的共性和典型性问题，依托篱笆樵公益平台为乡村提供可落地实施方案并能长期进行信息化帮扶。

二、特色亮点

（一）坚持党建引领、专业依托，创新开展党史学习

学院成立“数字北京红色地标”实践团，组建50人实践团队，开展了“数字北京红色地标”实践活动。有力挖掘北京红色地标中蕴含的丰富内涵，充分发挥红色地标的育人功能，紧密结合测绘类专业特色和优势促进北京红色地标数字化建设，增强学生实践锻炼能力；开展以“铭党史·忆长征·悟思想·健体魄”为主题的网络健步党史学习竞赛活动，通过“长征健步竞赛”微信小程序设置健步竞赛赛事，传承伟大长征精神，明晰奋斗目标，以更加健康的体魄和饱满的干劲投身到学习、工作与科研中；成立“北京东西城老城区门墩普查及数字化保护实践团”，以发扬北京老城文化为宗旨，以传统四合院门墩儿为展示对象，以在线地图为主要载体，将传统文化与现代科技相结合，开展了一系列的实践调研活动。

（二）汲取红色力量，提升党员服务群众能力

测绘学院遵循“要切实为群众办实事解难题”的原则，牢记习近平总书记“把学习党史同总结经验、观照现实、推动工作结合起来，同解决实际问题结合起来”的嘱咐，开展好“我为群众办实事”实践活动，开展好党史学习教育。从细微处入手，在宏观处设计。着力于改善师生教育学习环境，为院校发展提供更多的智力支持、人才储备，为社会热点问题提供北建大方案。

转变观念，创新理念。牢固树立群众事情无小事的理念。充分认识到为群众办实事是解决发展问题，营造的是良好的发展氛围。有利于学院的学科建设、人才培养、教育教学的改进和提高。党员要高站位看待问题，弯下身解决问题。要牢固树立服务意识，对于师生急难愁盼的问题要主动关心了解，第一时间解决。

（三）围绕中心工作，党史学习与“三风”建设有机融合

围绕党史学习教育，狠抓三风行动的落地实施。在学风方面，实施学生党员“五个一”，即每名党员每学期“联系一名入党积极分子，帮扶一名困难同学，在宿舍做一个示范，为班级、团支部做一份贡献，参加一项服务社会的实践活动”，并纳入述学测评之中，作为必述必评内容。完善“党建带团建促班建”工作，优化学生党员结对帮扶机制，学生党员广泛担任“学习小帮手”

“考研小导师”“朋辈辅导员”等工作，有效带动了整个学院的学习风气。积极培育、大力树立、广泛宣传学生党员中的优秀典型、先进事迹，让社会主义核心价值观成为校园中更加鲜明的价值导向和准则，让“爱国、励志、求真、力行”“勤学、修德、明辨、笃行”蔚然成风，促进学院本科生成绩优良率、升学率、参加科技活动与获奖率等进一步提升。在教风方面，开展“翻转课堂”，组织学生为老师讲微党课。教师支部积极组织新教工开展入职培训、课程展示，帮助新教工迅速转变身份，快速成长。教师支部组织跨院跨专业研讨，共商复合型人才的培养意义，探讨新时代跨专业复合型人才培养办法，不断提高人才培养质量和水平。在作风方面，遥感系教工党支部积极对接科发院和国发院，为学院教师在“专利材料审批改革”“横向项目管理费比例调整”等科研和国际会议、暑期国际学校及共享计划、海外大学交流等国际交流方面为学院师生提供帮助。建筑遗产数字化研究所党支部针举行为“毕业工作答疑”的培训活动，由教师、毕业年级同学、已就职同学对毕业生就相关就业问题答疑解惑。增设研修室 2 间，落实增幅学生的学习桌椅 50 套，为新入校研究生提供良好学习环境，同时为老生更新破损椅子 20 余把。

三、长效机制

测绘学院党委将在前阶段良好成效的基础上一以贯之落实党史学习教育工作安排，继续将党史学习教育作为贯穿全年的一项政治任务抓实抓细抓好，切实增强政治责任感和历史使命感，深刻把握党史学习教育重大意义。

持续高标准高质量推进党史学习教育，在务求实效上下功夫。将党史融入专业课程，发挥课程思政培根铸魂、启智增慧的功效，彰显课堂教学主渠道作用；将党史融入思想政治工作主阵地，完善“新生引航”“开学第一课”等系列品牌教育活动；将党史纳入研学社会实践主平台，组织党员干部、青年学生瞻仰革命遗址，参观博物馆、纪念馆，举办主题诗颂会、英烈故事展演等。通过党史学习教育，教育引导干部师生特别是青年大学生知史爱校、知史爱党、知史爱国、知史爱社会主义。

完善加强组织领导、强化督导指导，在巩固学习教育成效上下功夫。推进宣传引导、强化问题导向、主动查找差距，立足实际，突出高质高效，牢牢把握“提高党性认知”这一基点、“开展特色专业实践”这一着力点、“扎实开展三风建设”这一重点、“我为群众办实事”这一根本点，与学校“学党史·优教风·严学风·强作风”专项行动紧密融合，确保党史学习教育和事业发展相互促进、相辅相成，让广大党员学有收获、学有感悟、学有效果，共同把党史学习教育这项政治任务高标准高质量完成好，为学校提档、加速、冲 A、晋级做出贡献，为建党一百周年交出一张优异的成绩单。

作者信息：

聂跃梅，测绘与城市空间信息学院，测绘工程系党支部，1975 年 1 月，助理研究员，测绘与城市空间信息学院党委书记

谷天硕，测绘与城市空间信息学院，本科生党支部，1987 年 6 月，讲师，测绘与城市空间信息学院党委副书记

李鹏，测绘与城市空间信息学院，本科生第二党支部，1980 年 6 月，助理研究员，专职组织员

党史教育凝人心　党建引领促发展

——机电与车辆工程学院党委党史学习教育成果

李大伟　张　岩

2021年，是建党100周年，是“十四五”起步之年。在全党开展党史学习教育，是党中央立足百年党史新起点、着眼开创事业发展新局面作出的一项重大战略决策。一年来，机电学院党委认真贯彻党中央、市委、学校党委部署，按照学史明理、学史增信、学史崇德、学史力行的要求，精心组织实施、有力有序推进，围绕学校、学院中心工作，以学生成长成才和教师队伍发展为根本任务，分层分类、多措并举开展各项活动，进一步推动党史学习教育走深走实，学院各项事业稳步推进，“十四五”规划落地见效。

一、做法成效

（一）加强理论武装，围绕中心工作，开展党史学习教育

学院党委始终坚持以习近平新时代中国特色社会主义思想为指导，组织党员深入学习党的十九届五中、六中全会精神，习近平总书记关于教育工作的重要论述和全国教育大会精神，通过党委理论中心组学习会、党委会等形式，专题学习习近平总书记在建党百年大会、党史学习教育动员会、辛亥革命110周年大会、视察清华大学等重要讲话精神和市委书记蔡奇调研学校讲话精神，全年召开党委理论学习中心组学习16次，党委会18次。

2021年，学校开展“严学风·优教风·强作风”专项活动，学院党委把党史学习教育与三风建设有机结合。在学风建设方面，通过建立“日查—周报—月评”学风大检查机制，以优良班风、舍风推动学风建设；制定《关于进一步加强和改进学风建设的实施方案》，对疫情防控期间出现的抬头率低、佩戴口罩率低、出勤率低的现象进行集中整治。在教风建设方面，构建“一二三四”的教风建设保障机制优教风，教风建设与师德师风建设同步抓，同步提升。学院

成立教风建设工作组，每学期召开一次专题会议，着力解决教育教学、教师队伍、师德师风等问题；每学期党政联席会至少两次专题研究教学工作；每学期做好“期初—期中—期末”三阶段教学检查，做到严格管理教师教学过程、严把考试关、严把毕业出口关；建立青年教师教学导师制、课程教学团队管理机制、一人一门院级精品课、本科生学业导师制等四个工作机制，确保人才培养质量不断提升。在作风建设方面，以为师生办实事为契机，切实转作风，为师生解决各方面困难。针对学生考研需求，成立考研帮扶小组；针对学业困难学生，建立学生一对一帮扶台账；针对研修室条件差的问题，及时联系学校相关部门对研修室环境进行了改善；积极开展文体活动，加强教师之间沟通交流，增强组织凝聚力；开展办实事工程，为师生解决16项实事。

（二）强化党建引领，推动“十四五”事业稳步发展

党史学习教育开展以来，党员干部以史为鉴，汲取奋斗力量，干事创业激情进一步激发，党性修养进一步加强，攻坚克难能力进一步提升，先锋模范作用进一步凸显。在学院党委的坚强领导下，党员干部结合工作实际，带领师生员工，统一思想，凝聚共识，科学绘制学院“十四五”规划蓝图，脚踏实地推动“十四五”各项工作落地见效。

学院党委、车辆工程系党支部分别获评校级先进党组织和先进党支部称号，4名党员获评校级优秀共产党员和优秀党务工作者称号。专业内涵建设不断深化，车辆工程和机械电子工程获批国家级一流本科专业建设点，车辆工程、机械电子工程、工业工程三个专业获批北京市一流专业；课程改革有序推进，2部教材获北京市优质本科教材课件，2门课程获北京市优质本科课程，2门课程经北京市遴选，推荐参评国家一流本科课程，1门课程获北京高校课程思政示范课程，1门课程获得校重点课程思政建设项目立项；教学成果不断突破，2022年获北京市教学成果奖一等奖2项，二等奖1项；科研成果丰硕多产，荣获北京市科学技术奖二等奖等省部级奖励10余项；2021年累计到校经费569万元；2021年度获发明专利授权19项、国际专利4件；发表学术论文84篇，SCI收录26篇，EI收录12篇；专著4部；在学生工作方面，获评“北京高校示范基层组织（个人）”荣誉称号，城轨191团支部获评北京市“十佳团支部”，两个班集体获校级先进班集体称号，两间学生宿舍获评校级优良学风文明宿舍，五个团支部获校级优秀团支部称号，两项团日活动获评校级优秀团日活动，2支团队获校级“百团行动团队”优秀实践团队称号，2021届本科毕业生就业率为96.53%，研究生就业率100%，学院整体就业率98.27%，较上年提高2.88个百

分点，创历史新高。

二、特色亮点

学院党委坚持党建工作和行政工作同谋划同部署同落实，通过党建引领，统一思想、凝聚人心，党员干部带领广大师生，不畏困难，切实解决事业发展中存在的问题。通过开展党史学习教育，党员干部汲取了经验智慧，提高了能力素养，增进了适应新形势、战胜新挑战、取得新胜利的历史自信，党员先锋模范作用得到进一步凸显。

（一）分层分类开展党史学习教育，扩大学习覆盖面

学院分层分类、多措并举，围绕学生成长成才、教师队伍发展等核心任务开展各项工作。党史学习教育求实、务实、扎实，党员干部受到了一次全面深刻的政治教育、思想淬炼、精神洗礼，党组织的创造力、凝聚力、战斗力大大提升，达到了学党史、悟思想、办实事、开新局的目的。

学院党委召开理论学习中心组会、党委会、党支部书记工作例会、党员大会，通过理论学习、社会实践、调研走访、专题党课等形式，组织党员干部开展主题教育活动。党支部召开党员大会、支委会，通过主题党日活动、党支部书记讲党课、“主讲主问制”理论学习、党史学习教育专题组织生活会等形式，教工党支部围绕教学、科研、学科建设、人才培养，学生党支部围绕学生成长成才、学风建设等开展活动。党员干部通过阅读习近平总书记原著、党史学习书目，登录学习强国等平台开展自主学习，提升党员意识和党性修养。除党员学习外，学院党委注重在学生入党积极分子中开展党史学习，提升入党积极分子理论水平。在入党启蒙教育、党的理论知识选修课、入党积极分子、发展对象培训中，增加党史知识和党的百年成就等内容，形成从入党申请人—入党积极分子—发展对象—中共党员开展党史学习教育的良好局面，切实扩大了学习覆盖面。

（二）党史学习教育与学生成长成才深度融合，坚持问题导向扎实开展各项活动

学校人才培养根本目标是立德树人，培养品学兼优的学生。学院党委通过调研，摸清学生现状、主要问题和面临困境，坚持问题导向，结合学校“三规”落地、“三师”培养、“三风”建设、“我为师生办实事”等活动，在党史学习教育中，深入开展“五寻”行动，助力学生成长成才。寻迹百年党史，组织学

生参观实践学党史；寻悟初心使命，讲述时代故事、分享入党初心；寻访榜样事迹，挖掘身边人身边事，以榜样力量引领向上风气；寻根中国精神，打造“党史学习·故事汇”，做到党员人人讲党课、悟思想、谈体会；寻忆发展沿革，优秀校友返校交流，回溯学院发展历程，知来路，明方向。党史学习教育开展以来，学生党员充分发挥先锋模范作用，百分之百参加志愿服务、社会实践及学业帮扶活动，党员、发展对象、积极分子在新中国成立70周年、北京2022年冬奥会、中国共产党成立100周年、疫情防控工作推进等重大活动中很好地发挥了带头作用，1名同学获评北京2022年冬奥会、冬残奥会先进个人，11名学生获学校表彰，涌现了一批坚定自信、素质过硬的青年榜样。班团建设方面，机电171班团支部获评2020-2021年度首都大学、中职院校“先锋杯”优秀团支部，50余个班级、团支部获评校级荣誉称号。

（三）党史学习教育与教师队伍发展深度融合，搭建平台务实开展各项工作

学院党委坚持党管人才，在学科带头人、青年教师引进过程中严把政治关、思想关。在学科带头人方面做到引培并举，注重内部挖潜。青年教师发展是学院事业发展的主要力量之一，也是事业持续发展的重要力量。党史学习教育开展以来，学院党委搭建平台，助力青年教师发展。通过建立导师制，开展传帮带，为青年教师事业发展保驾护航；召开座谈会，真实了解、切实解决青年教师事业发展困惑和生活困难；举办教学基本功比赛，提高青年教师教学能力；召开国基金申报培训和答辩会，提高青年教师申报质量和水平；鼓励青年教师融入科研团队，在服务首都、学科交叉等科研工作中建功立业。

三、工作机制

学院党委注重总结经验、巩固拓展党史学习教育成果，凝练工作机制，推动工作科学有序发展。

（一）抓好关键少数，发挥领导干部引领示范作用

严格落实党委理论中心组学习、领导干部讲党课等制度，营造领导干部带头学习良好氛围，切实推动学院领导班子、领导干部带头学党史、经常学党史。通过抓住“关键少数”，层层抓落实，引导领导干部发挥引领示范作用，对学院全体党员的学习形成“风向标”和“排头兵”效应。在开展党史学习教育活动中，学院党委多次召开党委会和党支部书记工作例会，全面部署和系统推进党史学习教育，统一思想，提高认识，切实增强领导干部的责任感和使命感。党

委理论学习中心组两次专题学习习近平总书记在党史学习教育动员大会和庆祝中国共产党成立100周年大会上重要讲话精神。党员领导干部按照分工，分别联系对应党支部开展专题学习活动，采取党员领导干部讲党课、支部书记领学、集中研讨、观看宣传片等方式，弘扬伟大建党精神，引导党员深刻认识建党百年取得的伟大成就，坚持“两个确立”，做到“两个维护”。在学院党委周密部署、党员领导干部率先垂范、党支部书记精心策划、党员积极参与下，教工党支部围绕学院“十四五”规划和系部发展实际，主动聚焦科技创新、学科建设、专业发展、人才培养、服务社会，学生党支部围绕学生成长成才，聚焦学风建设、班级建设开展支部活动，取得良好效果。

（二）党史学习教育与课程思政改革有机融合，构建大思政格局

学院党委从党和国家事业“后继有人”这个根本大计出发，坚持教育方针和立德树人根本任务，坚持以学生为中心，开展思政育人。通过调研青年学生的兴趣和需求，积极探索丰富生动、学生喜闻乐见的形式，将党史学习教育与课程思政改革有机结合，将思政元素和专业课堂相互融合，让专业教育和思政教育同向同行，让课堂出现更多有温度有情怀的专业课，引导学生在专业学习中增强理想信念，切实提升思政教育实效，形成全员育人的大思政格局。党史学习教育开展以来，学院党委召开课程思政改革座谈会，提高站位，凝聚共识，把思政育人作为学生成长成才的重要环节和手段，积极引导专业教师结合课程特点和工作实际，将党的百年历史、伟大成就、建党精神与社会主义核心价值观、理想信念有机融入专业课的讲解中，让学生在课程中掌握专业知识，提高专业认知，汲取奋斗力量，受到思想洗礼，教师的使命感和学生的获得感进一步增强，学院学风教风持续向好，工业工程系教师尹静讲授的《系统工程》被评为北京市课程思政示范课程。下一步，学院将进一步推动党的历史进课堂、进头脑，更好地教育引导学生学史明理、学史增信、学史崇德、学史力行，厚植青年学生爱国爱党爱社会主义的情感，赓续红色血脉，争做时代新人。

（三）建立1+N青年教师发展支持体系，助力青年教师健康发展

加强体系机制制度建设，确保青年教师发展政策举措落地见效。学院党委坚持以习近平新时代中国特色社会主义思想为指导，落实立德树人根本任务，聚焦学院内涵式发展，以教师发展为主线，以强化教师思想政治素质和师德师风建设为首要任务，以提高青年教师专业素质能力为关键，坚持问题导向和目标导向，遵循教育规律和教师成长发展规律，摸索建立1+N青年教师发展支持

体系，即1个全力保障青年教师发展，由学院党委领导、党政领导分工负责，党支部具体落实，以提高青年教师思想水平、业务能力、育人水平、创新能力为目的的工作机制，N个配合该工作机制形成的配套制度和经验做法。建立1+N体系以来，学院形成了领导联系青年教师制度，协助青年教师制定职业生涯规划，确保青年教师将精力放在教学科研上，党委书记与全体青年教师完成了1对1谈话交流，用真心解决青年教师的后顾之忧；建立重大活动表彰激励制度，鼓励青年教师在教学评估、专业认证、学科建设等学院中心工作中主动作为，为学院事业发展添砖加瓦，用真情鼓励教师立足岗位创先争优；形成干事创业良好氛围，对优秀事迹加大宣传力度，树立典型榜样，用真意讲述身边榜样故事；发挥工会、教代会作用，组织青年教师参加各种心理健康讲座和读书沙龙活动，开展学院趣味运动会，用真爱关心青年教师身心健康。党史学习教育开展以来，学院持续引进的16名高水平青年教师思想政治素质、业务能力、育人水平、创新能力得到显著提升。

机电学院党委将认真总结这次党史学习教育的经验，建立常态化、长效化制度机制，不断巩固拓展党史学习教育成果。在开启新征程的重点时期，学院党委将继续深入学习贯彻党的十九届六中全会精神，团结带领全院师生员工满怀信心奋进新征程、建功新时代。

作者信息：

李大伟，机电与车辆工程学院，实验中心党支部，1977年9月，副研究员，机电与车辆工程学院党委书记

张岩，机电与车辆工程学院，研究生第一党支部书记，1981年8月，高级政工师，专职组织员

传承校史文化，传播红色文化，落实岗位职责

——文发院/人文学院党总支党史学习教育成果

孙冬梅　李守玉　林　青

文发院/人文学院党总支认真贯彻落实《中共北京建筑大学委员会关于开展党史学习教育的实施方案》《北京建筑大学开展“网上重走长征路”暨推动“四史”学习教育工作方案》《北京建筑大学“学党史·优教风·严学风·强作风”专项行动工作方案》中的各项任务，在党史学习教育中做实规定动作，创新自选动作，形成党史学习教育与传承百年校史文化相结合、与传播红色文化相结合、与落实岗位职责相结合的党史学习教育特点。

一、做法成效

一是通过丰富多彩的学习方式，推动党员和广大教职工深入学习贯彻习近平新时代中国特色社会主义思想，引导党员群众从党的历史中汲取砥砺奋进的精神力量，增强“四个意识”、坚定“四个自信”、做到“两个维护”。组织党史学习教育主题党日活动 12 次，其中专题报告 3 次，微党课 8 堂，专题党课 3 堂，实践活动 4 次，专题研讨学习 4 次，此外组织文体活动 2 次，组织展览 1 场，全年累计参与活动 883 人次。开展“百年党史中的百年校史”讲座 5 场；积极参加长城文化节活动，联合北京市文物局，北京长城文化研究院、校团委，密云区古北口镇人民政府共同举办“追忆百年红色历史　传承新时代长城精神”主题党日活动；同时围绕红色文化、建筑文化举办系列学术研讨会。围绕庆祝建党百年，组织了一次主题报告、一次集中收看、一堂专题党课、一次文体活动、一次实践活动、一场集体宣誓、一次主题党日、一次诗歌沙龙等“八个一”活动。

二是注重发挥党总支和党支部在学党史“三风”专项行动中的政治功能。党总支书记带头深入教学一线听课 34 人，及时了解和掌握课堂情况、师生的思想动态和诉求。督促班子成员认真实施“进课堂专项行动”，处级干部在“带头

承诺做表率”主题活动中查找的9个问题均已整改并将长期坚持。外语部党支部聚焦提高“到课率”“抬头率”“四六级通过率”，组织教师召开教风建设专题研讨会、集体备课会、线上线下答疑活动等，持续推动教风学风联动。越来越多外语课堂到课率达到100%。文发院党支部高质量完成校史馆升级改造、“红色建筑印迹——致敬中国共产党百年华诞艺术作品展”等校史文化、红色文化传播工作，推动校园景观提升工作，启动《建大百年校史》编撰工作，努力构建师生校友的精神家园。在“三风”专项行动中，文发院/人文学院党总支“为师生办实事”14件，完成接诉即办3条。

二、特色亮点

（一）将党史学习教育与传承百年校史文化相结合

深入开展学习“校史”主题活动，在“党史”中感悟“校史”，在“校史”中体悟“党史”。一是组织开展系列“百年党史中的校史”宣讲活动，特聘院长孙希磊教授为理学院、马院、人文学院以及毕业生、新生做专题报告5场。二是与支部书记讲党课相结合，文发院党支部书记李守玉以“王大明——第一个地下党支部的建立者”为题讲授了党史中的校史。三是与主题党日活动相结合，邀请民革成员贾荣香教授参加“七一”主题党日活动，介绍创作诗歌《百年肩并肩》的体会，诗歌融合了党史和校史的两个百年，全体党员一起进行了诵读。四是立足百年校史，完成校史馆升级改造。经过6个多月的准备，1个多月的施工，校史馆升级改造完工，9月28日顺利开馆。本次改造在节约成本、绿色环保的前提下保持校史馆现有空间格局不变，突出百年校史和科技化展陈效果，共撰写文字5万余字，展出图片300余幅，征集实物200余件，彰显百年老校深厚的文化底蕴。截至12月30日，新校史馆接待约5000余人次参观，充分发挥育人功能。

（二）将党史学习教育与传播红色文化相结合

在推进党史学习教育的过程中，通过形式多样的活动，将党史学习教育与发扬红色传统、传承红色基因相结合，赓续共产党人精神血脉，鼓起迈进新征程、奋进新时代的精气神。

一是通过专题报告强化理论武装。组织专题报告3次，邀请马院肖建杰教授做“守望黎明的灯塔”专题报告、党总支书记孙冬梅做“中国共产党为什么能”专题党课报告、邀请纪检监察办公室副主任张瑶宁做“学党史、知敬畏、守底线”专题报告，组织学习观看《百年“纪”忆——新中国成立之初的反腐败斗争》《〈《论共产党员的修养〉提纲在这里提出》等党风廉政文化短片。

二是开展主题活动实践传承红色基因和优良作风。文发院/人文学院党总支和北京长城文化研究院策划了“追忆百年红色历史　传承新时代长城精神”活动，进行长城红色文化宣传教育，校内外近百人参加了活动。6 月 11 日—10 月 11 日，由文发院党支部策划组织的“红色建筑印迹——致敬中国共产党百年华诞艺术作品展”在北京建筑大学艺术馆展出。截至 2021 年 10 月 20 日，共计有 6000 余人次参观，观众在“红色建筑印迹”中重温党史，感受文化与科技融合带来的全新体验。文发院/人文学院党总支组织各支部开展“红色建筑印迹”党史学习教育主题党日实践活动并组织党员参与党史知识竞赛答题活动。

三是建立流动读书角营造读史学史氛围。用院长基金和党费购买了党史学习的拓展读物，建立起流动读书角，进一步促进老师们一边从党史学习中汲取方法、经验、智慧和精神力量，一边落实到“优教风、严学风、强作风”的行动中。

四是开展文体活动忆建党精神锻炼身心。党史学习应重点突出“英雄”主题，用好英雄事迹和英雄精神这一“教科书”。5 月 13 日，结合党史学习教育组织开展“轻羽飞扬贺百年”趣味羽毛球比赛。通过“雄关漫道真如铁”“而今迈步从头越”“双手联动开新局”三个部分的活动，以运动方式学党史。老师们感慨建党百年一路走来的不易，从筚路蓝缕的奋斗中感悟到信念意志，从建设国家的伟业中感悟到奋斗豪情。9 月 10 日正值教师节，党总支组织全体教职工集中观看红色电影《革命者》，号召老师们“传承革命者精神，做新时代追梦人”。10 月 14 日，文发院党支部组织了“重阳忆故人”主题党日活动，观看了“无名英雄”系列微视频，激发感恩先辈，一棒接着一棒干，砥砺奋进新时代长征路的热情。

（三）将党史学习教育与落实岗位职责相结合

党史学习教育要同总结经验、观照现实、推动工作结合起来。一是开展“学习百年党史　赓续百年初心”党员讲微党课主题党日活动，共有 8 位党员将党史与自己的工作或研究方向、兴趣爱好相结合，讲授了 8 堂微党课。通过分享第一书记的挂职经历、介绍红色歌曲《没有共产党就没有新中国》诞生故事、赏析木刻版画《到前线去》等党员群众喜闻乐见的形式，讲述党的优良传统，讲述党的百年历程中感人的小故事，讲述党员不变的为民服务的初心与新时代的使命担当。

二是拍摄英语微课加强课程思政建设。外语部教工党支部录制了六集微党课“建党百年——英语话红色建筑中的党史”，引导学生坚定理想信念、传承红色精神。6月15日，宋会存、陈素红两位老师在主题党日实践活动中分别介绍了其以北大红楼、双清别墅为内容制作课程思政微课的学习体会。此外，外语部党支部还策划组织了12门红色地标英语微课，将在2022年的工作中落实。

三是开展推动师德师能建设的实践活动和专题培训，立足岗位，通过主题党日活动，落实“学党史、严学风、优教风、强作风”专项行动。文发院党支部牵头组织李英姿教授塑像创作及落成工作，为开展师德教育活动提供了应用场景。外语部党支部组织参观基层党组织政治建设实训基地、观看西南联大纪录片，学习习近平总书记视察清华大学重要讲话精神。文发院/人文学院党总支组织全体党员观看“大先生”系列视频、举办学习李英姿精神宣讲分享会，大力倡导“严管厚爱”的教风，全方位推进“三风”行动。

四是着重聚焦优教风，采取系列措施。1. 在谈心谈话中交流课堂管理的经验体会。2. 落实青年教师导师培养计划，选派师德师风模范作为青年教师导师，培养成效明显。3. 通过召开专题研讨会、座谈会、填写调查问卷等方式开展广泛的专题调研，开展批评与自我批评，主动从自身出发谈优教风，从教学对象出发谈严学风，并提出相应整改措施。调研活动增进了师生沟通交流，了解了师生诉求，达成了共识。4. 积极反馈查课情况，做到学生出勤情况心中有数，并主动联系学工，提升学风教风联动效果。5. 积极为师生办实事，开展假期线上集中答疑活动，建设3个答疑课堂，持续开展在线学习辅导300余人次。

五是形式多样的学习载体使党群活动受众广泛。协助云水音文化工作室组织“诗咏百年　盛世华章——‘建筑与诗歌的对话’诗歌沙龙”征集了二十余首庆祝建党百年的诗歌作品，党员群众二十余人进行了诵读。在《守望黎明的灯塔》主题报告的学习后，学院收到了教职工们的学习感悟书面材料，从教授、副教授、助教，从老中青三代老师，从专任教师到行政教辅人员，从党员、民主党派人士到群众，教职工们对专题报告感受深刻，对为谁培养人，培养什么人，如何培养人有了深入的思考，收到了明理、崇德、增信的良好效果。在“红色建筑印迹”展的实践学习中，非党员老师也积极参与。主题报告、专题研讨、基地走访、观影观展、文化实践、运动锻炼、品读诵读，形式多样的党史学习教育载体吸引了更多的老师参与，吸引了追求进步的青年，提升了党群互动与联系。

三、长效机制

在党史学习教育中，形成了“一融三带”工作法。“一融”是指融入党建和课程思政，“三带”是指支部引领带动党员，党员示范带动群众和民主党派教师，教师影响带动学生，共同提高，共同发展。

在“三风”建设中，形成了优教风长效举措，一是加强教学过程的管理和监督。认真落实院领导、系部主任、院督导听课制度，并作好听课后和教师的沟通交流工作，切实提高教师教学水平。二是定期组织集体备课和教学研讨，不断丰富教学内容，改进教学方法，增强课堂师生互动，提高学生上课抬头率。三是教师加强对学生课堂纪律、出勤和听课情况的管理，课前进行点名，课后给学生答疑。形成了“学习不停歇，答疑不打烊”，因时因地，机动灵活解决学生困扰的实际问题的工作模式，营造出“严管厚爱、潜心育人”的教学氛围。

作者信息：

孙冬梅，文发院/人文学院，文发院党支部，1968 年 1 月，研究员，学校党委常委、文发院/人文学院党总支书记

李守玉，文发院/人文学院，文发院党支部，1982 年 3 月，副研究员，文发院/人文学院副院长、文发院党支部书记

林青，文发院/人文学院，文发院党支部，1984 年 3 月，助理研究员，通识教育中心办公室主任，文发院/人文学院党总支组织兼青年委员、文发院党支部组织委员

学党史守初心　谋发展见行动

——理学院党委党史学习教育成果

白　羽　郑环环

自2021年3月以来，理学院党委按照《中共北京建筑大学委员会关于开展党史学习教育的实施方案》，把开展党史学习教育作为一项重大政治任务，紧紧围绕“学史明理、学史增信、学史崇德、学史力行”和“学党史、悟思想、办实事、开新局”的目标要求，聚焦学院2021年工作计划，从党的百年伟大奋斗历程中汲取继续前进的智慧和力量，切实把学习教育成效转化为干事创业的强大动力。

一、做法成效

（一）强组织重学习　工作落实细　理论学习深

一是加强组织领导，制定工作方案。自学校党史学习教育动员部署会后，理学院第一时间组织党委理论学习中心组学习传达中央及北京市相关精神，并组建了由学院党委书记、副书记、专职组织员和各党支部书记组成的工作专班，确保学习活动组织有力。确定了学院党委主导、党支部主责、广大党员普遍参与的工作机制。经充分研究，形成了理学院党史学习教育活动方案，在学校规定动作基础上，突出做好学院特色品牌活动，明确党史学习教育的学习对象、学习阶段、学习内容、学习形式、学习要求，形成既有丰富学习内容，又有灵活学习形式的学习体系，为有力推进党史学习教育工作提供根本遵循。

二是强化理论学习，提高政治能力。理论学习中心组带头学，及时学习上级重大部署和讲话精神，一年来中心组学习12次。领导班子和党支部书记积极参加学校组织的培训和辅导报告，持续深入研读指定学习材料和延伸阅读材料。各党支部及时跟进学习习近平总书记关于党史学习教育的最新重要论述。为便于师生学习，为各党支部配发《中国共产党简史》《中华人民共和国简史》《改革开放简史》《社会主义发展简史》《在庆祝中国共产党成立100周年大会上的讲话》《习近平新时代中国特色社会主义思想学习问答》《习近平与大学生朋友们》等10余种书籍，同时为每一位党员发放“学习笔记本”用于记录理论学习情况，学懂弄通做实党的创新理论。各党支部依托“三会一课”、组织生活会、主题党日等形式，利用“学习强国”“理论学习”“永远跟党走”等理论学习平台，开展形式多样的学习，比如邀请北建大宣讲团成员孙希磊教授为全体教师党员讲授题为《百年校史中的红色印迹》专题党课，参加“网上重走长征路”“永远跟党走”知识竞赛，参与“首都百万师生　同上一堂党史课”，组织全体师生观看十九届六中全会精神新闻发布会，观看红色电影、《党课开讲啦》，开展“推动‘四史’学习　评选2021年学习之星活动”等活动，不断将党史学习教育引向更深层次。根据学校统一安排，各党支部全部召开专题组织生活会，领导班子成员全部参加所在党支部专题组织生活会。两位学院领导班子成员参加了学校2021年处级干部第二期延安培训班，两位系主任参加了学校2021年暑期中青年骨干教师（延安）培训班，在工作中认真学习和传承延安精神，学思践悟，细照笃行。这些学习强化了师生政治意识，提高了政治站位，确保了师生牢固树立“四个意识”，坚定“四个自信”，坚决做到“两个维护”，勇于担当作为，自觉用党的创新理论武装头脑、指导实践、推动工作。

（二）广宣传全覆盖　学院氛围浓　主题活动新

一是加强动员宣传，做到学院师生全覆盖。通过学院公众号、学院网站、教师微信群和学生微信群发布各类党史学习教育的宣传语、主题知识、重要文章、相关新闻等。学院网站发布新闻60余条，学院公众号推送50余条，营造了浓厚的党史学习教育氛围，做到了学院师生全覆盖。

二是开展形式多样的主题党日活动。学院和支部开展“学习百年党史、汲取奋斗力量”“学习百年党史、赓续百年初心”党员讲微党课，“永远跟党走”党史学习读书征文活动等学校部署的学习任务。开展“百年峥嵘岁月　弘扬优良传统”“寻红色足迹，向国旗敬礼；不忘抗战英雄，向纪念碑默哀”等近10个主题党日特色活动。比如“打卡红色教育基地　传承红色革命精神”主题党日活动，在一个多月的时间里师生党员239人利用休息时间参观了26个红色教育基地，缅怀革命先烈，追随前辈足迹，重温革命历史，传承红色革命精神；“接种新冠疫苗　共筑免疫长城”主题党团日活动，学生两针接种率达100%，教师两针接种率近85%，师生加强针接种率均超95%；开展14期“学红色家书、悟初心使命”系列主题活动，通过“学家书、读家书、悟家书、谈心得”

的方式，教师党员作为诵读者设身处地、深情诵读革命家书，让学生置身于革命场景之中，深切体会革命先烈为实现共产主义理想，救民族于水火舍生取义、前赴后继的豪情，对学生坚定理想信念、激发斗争精神起到了很好效果。

（三）优教风严学风　教师提升快　学生受益真

一是结合党史学习教育，推进师德师风和教风建设。教师通过网络直播方式观看《榜样6》学习“七一勋章”获得者和全国“两优一先”表彰对象的典型事迹，广大党员充分结合自身学习工作实际进行了深入思考并展开了热烈讨论。学院开展“强师德　优教风　促学绩　严学风”模范之星选树活动，评选出24位模范教师，以“百变考勤”“用心答疑”“精彩板书”三个模块陆续推送宣传。其中学校微信公众号推送“百变考勤，让你的学习充满乐趣”，教师工作部微信公众号推送黎芳老师、张蒙老师、白会娟老师、卢崇煜老师等先进事迹。通过学“四史”、树模范，将学习教育成果进行转化，掀起对标学习、争当先进的热潮。举办“榜样展风采·引领促成长”青年教师沙龙、优秀青年教师教学主题分享会、期中教学座谈会、新入职教师培训等活动，切实提高青年教师教学基本功，强化教师站好三尺讲台意识，提升课堂教学经验，增强教师教书育人的责任感和使命感。

二是针对学生持续开展“四史”学习，不断加强学生思想政治教育。在学生党支部开展“讲微党课”比拼活动。每名学生党员“走上讲台”用PPT展示党史、新中国史、改革开放史和社会主义发展史的过程，大家一起学“四史”，用实际行动继承革命传统、传承革命精神。以“乐学—辅学—督学—优学—勤学—导学”工作体系和“党—团—班—宿舍”全覆盖联动机制加强学风建设。打造“青春向阳　理应有你”的小葵花课堂朋辈学业辅导品牌。召开学生期中教学座谈会、2022届本科生考研经验交流会，建立落实2021级新生晚自习制度，完成课堂督学检查，班子成员进课堂听课、到班级特别是毕业班开展座谈、进宿舍开展安全和卫生检查等加强学风建设。学院领导、辅导员、班主任和导师持续深入学生课堂监督检查，与个别未按要求佩戴口罩的学生逐一谈话。以“学党史·优教风·严学风　强数理·夯基础·育三师”为主题，举办北京建筑大学第七届数理文化节。

（四）强作风细谋划　服务师生实　学院发展稳

一是加强管理人员作风建设。领导班子带头开展“带头承诺做表率”，深入开展“为师生办实事”活动，征集师生意见27条，有效意见8条，上报学校4

条，学院层面解决 4 条。比如为教师购买无尘粉笔，减少普通粉笔灰尘损害；为毕业班学生提供就业手续邮寄，切实解决学生离校后就业手续办理消耗时间问题；为部分高考未选考物理科目的学生加授《普通物理》课程并专门辅导等。学院还为退休教师订购报纸或购买图书，发放防疫包；为因疫情隔离在家的教师在教室里搭建线上授课环境，保质保量完成教学任务等。

二是结合党史学习教育，科学制定学院“十四五”发展规划。明确教学型学院的办学定位，坚持“夯实基础教学是立院之本，学科交叉融合是强院之路”的发展思路，多方调研，多次征求意见，坚持稳中求进工作总基调，科学谋划学院“十四五”事业发展目标，以期推进公共基础课教学的纵深改革，找准数学、力学、物理学等与学校特色学科的交叉融合，在人才培养和科学研究方面积极发挥理学基础支撑作用。针对电子科学与技术专业停招后专业教师的妥善安置问题，信息与计算科学专业后续建设问题，学院经过充分调研、广泛征求意见、深入和审慎研究，在 4 月份将应用物理系和物理与光电实验中心合并为“大学物理与实验教学中心”，在 10 月份将数学系和信息与计算科学系合并为“数学与数据科学系”。两个机构的调整将对加强物理学科资源优化配置、深化物理教学和实验室建设，优化数学学科资源配置、促进学科专业融合，拓宽教师发展空间具有重要的积极意义。

二、特色亮点

（一）“三风行动”见实效

一是教师教学成果丰硕，获奖教师 95%以上为党员。党员教师崔慧娟代表学校参加北京高校第十二届（2021 年）青年教师教学基本功比赛，获得理科类 B 组一等奖第二名，包揽最佳教案、最受学生欢迎、最佳教学反思、最佳现场展示和优秀指导教师等全部 5 项单项奖。在第六届全国高等学校教师图学与机械课程示范教学与创新教学法观摩竞赛中获得图学类二等奖。在首届北京高校大学数学课程教学创新示范交流活动中 2 人获一等奖，1 人获二等奖。《普通物理》获批 2021 年北京高校“优质本科教材课件”建设项目，获批 2021 年北京高等教育“本科教学改革创新项目”重点项目 1 项。获批 2021 年中国建设教育协会教育教学科研立项课题 3 项。在第十三届校青年教师教学基本功比赛中 3 人获得一等奖。在第十三届校级教学优秀奖评选中，分别有 1 人获一等奖、二等奖和三等奖。在 2015-2020 年度教学成果奖评选中，获得 2 项一等奖，1 项二等奖。19 门课程通过校混合式课程建设验收。获批 2021 年北京建筑大学课程思政重点培育项目 2 项。6 位新入职教师教学能力考核合格，优秀 3 人。教师面向全校指导学生获得学科竞赛国际二等奖 3 项，国家一等奖 2 项，二等奖 10 项，北京市一等奖 7 项，二等奖 8 项。

二是学生学习效果明显改善。发展学生党员 46 人。学生毕业率、学位率为 100%。本科生就业率 94.8%，升学率 25.8%，连续三年稳步提升，再创历年新高。信计专业、研究生升学率分别为 36.36%、6.67%。研究生就业率、签约率为 100%。四级通过率为 58.5%。学生获“挑战杯”首都大学生课外学术科技作品竞赛“红色实践”专项赛特等奖 1 项，中国国际“互联网+”大学生创新创业大赛（北京赛区）三等奖 1 项，获评校优秀团支部 2 个，优秀团员标兵 2 人，优秀学生干部 10 人，优秀团员 15 人，十佳学生干部 1 人，诚信演讲比赛一等奖 1 人，十佳优良学风宿舍 1 个，“我的班级我的家”优秀班集体二等奖 1 个。

（二）主题活动聚人心

一是举办“建党百年·理应有你”系列工会活动 5 次。在丰富教职工工作生活的同时，增强师生对国家、对民族的自豪感和向心力。举办“喜迎建党百年·理应有你有我”活动，通过照片展示、才艺表演、“四史”知识竞答等迎接建党百年。“七一”主题党日活动包含了收看建党百年庆祝大会盛况，聆听党委书记讲党史专题党课，为 30 年党龄在职党员庆祝政治生日，热议大会盛况，重温入党誓词，共唱《没有共产党就没有新中国》等六个环节，师生深深感受到伟大祖国的繁荣富强，激发了广大师生爱国、爱校、爱院的热情，坚定了在新时代新征程的实践中不懈努力、奋勇前进的信念。

二是利用党史学习教育推进课程思政建设。充分挖掘课程中的“四史”思政元素，依托理学院课程思政教学研究中心，以“课程门门有思政，教师人人讲育人”为目标，完成了课程思政进教学大纲，规范了课程思政教学材料的撰写，开展了课程思政教学资料检查、课程思政示范教学资料评选和课程思政示范教学案例评选，实现了课程思政全覆盖。另外，与北京建筑大学附属中学以“物理教学课程思政研讨与交流”为主题开展党支部共建活动，双方就大学物理和中学物理中的课程思政元素进行了共同挖掘，探讨了课堂育人的有效途径，有信心通过努力建成可复制可推广的课程思政教学。

三是组织学生融入社会实践与志愿服务。理学院依托信计和电子学科专业，利用暑假到昌平区流村镇白羊城村开展“青年服务国家”社会实践活动。旨在引导大学生在服务首都基层治理、建设美丽乡村等“第二课堂”中服务首都、服务基层、服务农村，洞悉国情、社情、民情，理论联系实践、勇肩历史使命，将专业学习的所知所学转为基层治理的良策良谋，大处着墨、小处建功，在祖国大地留下北建大学子的青春烙印。同时，学生发扬“党有号召、团有行动”的优良传统，志愿参与扫码入楼，共计60余名学生参与服务200余次。

三、长效机制

理学院将深入学习贯彻党的十九届六中全会精神，持续深化专题学习，加强宣传培训，强化长效机制，推进党史学习教育走深走实，将党史学习教育制度化、常态化，将持续把党史学习教育成果转化为着力建设高水平特色型大学、推动学校“十四五”高质量发展的强大动力，在学党史、悟思想、办实事、开新局上持续取得新成效。

（一）形成党史学习教育的长效制度

一是将党史学习教育列入学院政治理论学习必学内容。用好党委理论学习中心组制度，推动领导班子、领导干部带头学党史、经常学党史。党支部集中学习每年必学。切实加强组织领导，指导和督促检查基层党支部落实党史学习教育长效机制建设情况，把取得的实际效果作为基层党支部考核的重要指标。

二是将党史学习教育收入党内政治生活日常内容。按照“党史学习教育深入群众、深入基层、深入人心”的基本要求，将“四史”教育、红色传统、红色基地、红色网站等红色资源融入学习内容，丰富入党仪式、政治生日等元素，强化党史学习教育意义。将党史学习教育作为党组织生活会、主题党日活动的重要内容。

（二）坚持开展党史学习教育主题活动

一是长期坚持“我为师生办实事”实践活动。建立学院领导联系基层党支部、联系基层单位和联系班级长效机制，与师生广泛开展谈心谈话，切实了解和熟悉师生状况，了解师生诉求与需要，推动各级党组织和广大党员满腔热情为师生办实事、解难事，走好新时代党的群众路线。

二是将党史学习教育融入课堂教学和社会实践。教师发掘各学科党史学习教育资源，将我们党在百年奋斗中形成的重大理论成果、伟大精神与宝贵经验融入课堂教学，不断增强课堂教学的思想性、理论性和亲和力、针对性。学生深化党史学习教育主题社会实践活动，面向社会开展“学史力行”志愿服务，常态化开展志愿公益活动。

三是选树党史学习典型榜样示范。发掘身边好人好事，选树党史学习表现突出的教师、学生楷模，通过张贴海报、学院网站、微信公众号等形式，大力宣传党史学习先进，产生可敬可学的示范效应，营造“明理增信、崇德力行”的浓厚氛围。

作者信息：

白羽，理学院，数学与数据科学系教工党支部，1979 年 7 月，教授，理学院党委书记（主持行政工作）

郑环环，理学院，研究生第二党支部，1982 年 4 月，政工师，专职组织员

学习百年党史 贡献青马火炬力量

——马克思主义学院党委党史学习教育成果

孙景仙 吴 菁

党史学习教育开展以来，马克思主义学院党委深入学习贯彻习近平总书记在党史学习教育动员大会上的重要讲话精神，积极响应学校“学党史·优教风·严学风·强作风”专项行动的工作部署，持续在学党史、悟思想、办实事、开新局上下功夫，布局谋划“青年马克思主义者火炬行动计划”，以创新组织架构、融合党政工团学多方合力为体制机制保障，以顶层设计和周密安排为行动纲领，扎实开展党史学习教育工作。

一、做法成效

为进一步学好、用好、宣传好百年党史，马院党委以“青年马克思主义者火炬行动计划”为纲，从“持续在学党史上下功夫”“持续在悟思想上下功夫”和“持续在办实事上下功夫”三个方面入手加强方案设计，共计完成22项子任务，现将主要做法与成效梳理如下：

（一）持续在学党史上下功夫，坚持原原本本学，结合实际学，突出特色学

1. 主办“四史伴假期”系列主题活动

在2021年寒假期间学院党组织开展了“四史伴假期”系列主题活动。通过形式多元、主题鲜明的“家乡鉴征程”短视频活动、“电影直播间”观影活动和“考考是法宝”有奖竞答活动，有效提升了马院学子对“四史”的全面认识，号召学生深入家乡实际，寻找红色印记，通过镜头展示家乡红色基因，通过红色影片重温重要历史片段，引导其在百年传奇中深切感悟“初心”和“使命”，不断汲取精神力量。活动共征集短视频作品24个，发表马院官微宣传帖18篇。

2. 参加北京市学生“四史”学习知识竞赛

在北京市学生“四史”学习知识竞赛中，马院学生马桂彪、药宇、刘金代表北京建筑大学前往首都经济贸易大学，参加“知史爱党，知史爱国”——北京市学生“四史”学习知识竞赛团队赛（高校组复赛）并获三等奖。

3. 举办“青年马克思主义者火炬行动之传承传递——红色影视直播间”观影活动

4 月 16 日下午，马克思主义学院举办了“青年马克思主义者火炬行动之传承传递——红色影视直播间”观影活动。本次观影活动选用的影片为《觉醒年代》。

7 月 13 日下午，马克思主义学院举行“弘扬建党精神，勇担复兴伟业”主题团日活动，组织观看建党百年献礼影片《革命者》，引导学生以实际行动践行“请党放心，强国有我”的青春誓言，让红色基因、革命薪火代代相传。

4. 制作习近平总书记系列重要讲话精神学习墙

5 月，为学习贯彻习近平总书记在清华大学考察时的重要讲话精神，马克思主义学院制作了内容为习近平总书记在清华大学考察时的重要讲话精神的学习墙，此学习墙围绕高等教育发展、改革和高校青年、师德、党建五个单元梳理了重要学习内容。

7 月，为学习贯彻习近平总书记在庆祝中国共产党成立 100 周年大会上的重要讲话精神，马克思主义学院制作了内容为学习“七一”重要讲话精神的学习墙，此学习墙围绕“庄严宣告”彰显伟大功绩、未来属于青年希望寄予青年、伟大建党精神赓续红色血脉、牢记初心使命响应伟大号召、把握“九个必须”开创美好未来五个单元，梳理了重要学习内容。

10 月，为深入学习宣传贯彻党的教育方针，马克思主义学院制作了内容为“深入学习贯彻党的教育方针”的学习墙，此学习墙围绕“新时代党的教育方针的总要求和丰富内涵”与“新时代正确贯彻党的教育方针”两部分内容，从“知”与“行”的两个角度深入展开。

11 月，为深入学习十九届六中全会精神，马克思主义学院制作了内容为“八个数字解读十九届六中全会公报”的学习墙，此学习墙围绕三个“需要”、两个“确立”、五大“历史意义”、十个“坚持”、牢记一个“根本问题”、四个“必须”、一次“十分重要的代表大会”、一个“号召”八个单元，深度解读了十九届六中全会公报。

5. 教工党支部开展微党课讲授主题党日活动

思修党支部莫医铭老师主讲微党课《弘扬中国精神》，各位党员教师就“中国精神”的相关问题进行研讨。支部将微党课主题党日活动与集体备课活动相结合，既达到了学习交流目的，又将学习成果迅速转化为课堂教学资源，使得党建工作与教学工作双促进双提高。

6. 组织全体教工党员到基层党组织政治建设实训基地和思政 VR 实验室开展党史学习教育实践活动

6 月 8 日下午，马院组织全体教工党员到基层党组织政治建设实训基地和思政 VR 实验室参观。马院书记孙景仙讲解了基地的成立背景，介绍了基地的展陈情况。随后，马院教工来到思政 VR 实验室继续参观，实验室主任吕天石向大家介绍了实验室的建设情况，实验室采购了十余种 VR 体验课程，通过 VR 技术可亲身体验红军战士爬雪山、过草地等三维历史场景，这种全方位的交互式体验形式，加深了全体教工党员对中国共产党百年奋斗历程的理解。

7. 召开庆祝中国共产党成立 100 周年主题党日活动

6 月 30 日，马克思主义学院党总支召开了庆祝中国共产党成立 100 周年主题党日活动。马院书记孙景仙讲了题为《用习近平新时代中国特色社会主义思想铸魂育人》的党课。重温了入党誓词，并为 7 月 1 日之前入党的 21 名师生党员集体过政治生日，全院高唱《没有共产党就没有新中国》，孙景仙书记为师生党员一一赠送“政治生日纪念册”。

8. 举办受邀参加中国共产党成立 100 周年大会感悟分享会

7 月 15 日，马院师生齐聚云端，召开“受邀参加中国共产党成立 100 周年大会感悟分享会”，肖建杰教授、秦红岭教授、王妍同学依次发言，分享现场感受、学习感悟，并对习近平总书记“七一”重要讲话的内涵进行解读。

9. 传承红色基因，赓续精神血脉——为幼儿园小朋友讲红色故事

9 月 29 日上午，马院纲要党支部张守连、吴菁来到海淀区立新幼儿园，为小朋友讲授白乙化烈士的英雄事迹。小朋友们在张老师的带领下，学习了白乙化烈士的生平和英雄事迹，并为之深深感动；在课堂情绪的感召下，小朋友们踊跃与老师互动，纷纷用稚嫩的语言抒发了对英雄的敬佩之情和对成为一名英雄的向往。

10. 与机械工业出版社、北京百万庄图书大厦开展共建工作

10 月 29 日上午，孙景仙带队到机械工业出版社、北京百万庄图书大厦对接共建工作。机械工业出版社社长李奇，机械工业出版社副社长、百图公司董事长缪立进，百图公司党支部书记肖鹏等有关负责人，以及马院红色“1+1”支部共建指导教师张守连、吴菁和研究生党支部书记武凯玥、组织委员药宇参加了此次交流活动。

11. 开展火炬红讲堂之“红色墨迹·学党史·强三风”系列特色活动

11月11日，马克思主义学院火炬红讲堂之“红色墨迹·学党史·强三风”系列特色活动正式开启，活动以“理论+实践”的组织形式，将红色教育与书法艺术交叉融合，阐述毛体书法所彰显的毛泽东思想，感悟毛体书法背后所呈现的党史故事。

（二）持续在悟思想上下功夫，争做马克思主义的忠诚信奉者、坚定实践者

1. 马院师生宣讲团争做我校党史宣传教育的排头兵

我院六名教师和七名研究生积极加入“北京建筑大学党史学习教育宣讲团”，共计完成16次宣讲任务，录制了8门党史宣讲微课程。

5月26日，在党委宣传部和马克思主义学院党总支的共同努力下，我院“永远跟党走”党史学习教育宣讲团的7名学生宣讲员顺利完成党史宣讲微课程的拍摄工作。以微课程的形式宣讲，是马院宣讲团初次尝试的一种创新宣讲模式，宣讲微课程的受众面广，可以满足公共场所、教室、宿舍等多时空的宣讲需要，能够全方位多角度的发挥宣讲作用。

12月1日，马院党委组织研究生党支部拍摄并录制题为“牢牢把握，倍加珍惜十个坚持”的微话六中全会短视频，宣传与解读由60个字组成的“十个坚持”所昭示的深刻内涵与深远影响。

2. 积极开展微讲堂展示与评比活动

为响应党中央关于在全党开展党史学习教育的号召，贯彻落实学校党委党史学习教育和庆祝建党100周年工作部署，4月26日，研究生党小组依照“青年马克思主义者火炬行动之引航引领‘火炬红讲堂活动’”计划安排，开展研究生党员党史微讲堂展示与评比活动。党小组的16位研究生党员（含预备党员）依次上台进行展示。他们从不同视角出发，解读了党的光辉历史，歌颂了党的丰功伟绩。

3. 顺利完成北京教育中的“红色基因”策展任务

6月11日，北京教育中的“红色基因”展览在北京市教委办公楼大厅完成布展，至此为期三个月的策展工作圆满结束。为更好服务北京市教育工委、北京市教委，更好展现我校多年来在红色建筑领域的研究成果，马院书记孙景仙率队承揽了本次策展工作。马院肖建杰教授、张守连副教授负责文稿撰写和图片拍摄等工作，组织员吴菁负责联络沟通及审核校对工作，经过师生团队的通力合作，圆满完成了本次策展任务，得到了北京市教育工委、北京市教委的充分肯定，展现了北建大人严谨治学、爱岗敬业的工作作风。

4. 圆满举办以“百年路·火炬行·青马颂”为主题的马克思主义学院党总支“学党史·强三风”学习教育成果展

6月28日，为庆祝中国共产党成立100周年，以“百年路·火炬行·青马颂”为主题的马克思主义学院党总支“学党史·强三风”学习教育成果展正式开幕。本次展览旨在通过寻找红色印迹，歌颂中国共产党不懈奋斗、不怕牺牲、为民造福的革命精神。我院全体研究生共同参与了本次展览的前期筹备和内容策划工作，在深入实际的基础上，寻找红色革命印迹，汇聚党的百年历程。

5. 开展“火炬行动·红色地标·百年印记”走进建大附小党史学习教育品牌活动

为弘扬北京红色精神、传承北京红色基因，在北京建筑大学党委“学党史、优教风、严学风、强作风”专项行动的指引下，马克思主义学院党总支联合组织部、教务处共同组织开展“火炬行动·红色地标·百年印记”走进建大附小党史学习教育品牌活动。

（三）持续在办实事上下功夫，推动解决师生最关心最直接最现实的问题

1. 退休不褪色，老党员是镇院之宝

关怀好每位老党员，让老党员们能够时刻感受到党组织的温暖，是马院党总支退休党支部长期坚守的重要工作。

6月11、15、18日，马院书记孙景仙率队看望慰问老党员，为党龄超过50年的老党员颁发光荣在党50年纪念章。退休党支部书记李智萍、宣传委员郑宁、组织委员马新志、退休党员潘雪，组织员吴菁参加慰问活动。

9月17日下午，在中秋佳节即将来临之际，马克思主义学院党总支开展慰问退休老党员活动，为老党员们送上精心准备的“精神食粮”大礼包。此次“精神食粮”大礼包包括《中国共产党简史》《改革开放简史》《中华人民共和国简史》《社会主义发展简史》《新华字典》五本书以及带灯光的放大镜。六样“走心”礼物，通过登门赠送和顺丰快递送到家两种方式，贴心送去学院党组织和全院师生的问候。此次慰问为老党员们办了实事，彻底解决了退休党支部党史学习教育资料严重不足的问题，进一步拉近了马院党总支与老党员们之间的密切联系，让老党员们感受到了党组织的温暖，更进一步增强了退休党支部的凝聚力和向心力。

2. 学术视野需拓宽，教授沙龙开讲啦

4月27日，马院青年马克思主义者火炬行动之“火炬红讲堂”首场主题讲

座开讲，秦红岭教授以“她建筑”为主题，从独特的女性视角出发，讲述 38 位女性建筑师的思想与成就，为马院研究生上了一堂生动而又深刻的建筑伦理课。

3. 学术论文发表难，党员互助来支招

5 月 18 日，马院联合人资处、教师发展中心，青马火炬行动计划之“火炬红讲堂”第二场开讲，钮维敢教授以“浅谈文科类学术论文的撰写与投稿经验”为题，谈方法、谈见解、谈经验，讲座内容干货满满。

4. 英语考级、文献研读有困难，师生办班帮辅导

为了在即将到来的四六级考试中给予马院研究生以应试备考的经验，马院开展了青年马克思主义者火炬行动计划之“火炬红讲堂”之英语学习系列交流会，研究生张星亮、王青、曹贤贤相继分享了自己的英语学习经验，探讨了当前同学们在四六级应试备考中的误区，提供了参考性的应试方案，分享了应试实战经验。

为解决研究生文献研读的问题，7 月 5 日，开展青年马克思主义者火炬行动计划之“火炬红讲堂”文献检索专题讲座，邀请图书馆高振老师主讲。11 月 26 日，马院马原教研室主任张国主讲了青年马克思主义者火炬行动之火炬红讲堂，讲座的题目是《以论文发表为目的的马克思主义理论学科的文献研读》。

5. 理论学习不深入，支部共建来解决

11 月 26 日下午，马克思主义学院原理党支部书记张国、宣传委员钟锡进来到理学院，了解本科生党员十九届六中全会精神的学习情况，并提供理论学习辅导。在工作交流顺利结束后，马克思主义学院原理党支部向理学院学生党支部赠送了十九届六中全会精神的学习材料。

二、特色亮点

马院党委持续在开新局上下功夫，在党史学习教育中展现马院星火应有之担当。2021 年“青年马克思主义者火炬行动计划”将党史学习教育作为全面计划的重点，加强整体推进、细化落实和提质领航。

（一）整体推进，模式建构

“青年马克思主义者火炬行动计划”高举“火炬精神”，运用系统思维统筹推进思想政治教育工作的知行合一。绘制了“传承传递”“引航引领”“星火燎原”“温暖关爱”四项行动分计划，搭建了“火炬学习营”“火炬红讲堂”“火炬引航册”“火炬三军团”“火炬幸福家”五个特色活动品牌以及 N 项特色主题

活动，进而形成了自上而下的“1+4+5+N”的一体化思政育人模式，有效加强了顶层设计，并通过细化任务清单和明确时间表实现了协调推进。2021年制定了《以“青年马克思主义者火炬行动计划”为抓手，落实北京建筑大学“学党史·优教风·严学风·强作风”专项行动的工作实施方案》。

（二）分项实施，细化落实

始终围绕中心服务大局，注重与时代同向、与祖国同行，与时俱进地统筹落实四项行动分计划。一是“传承传递”分计划，以爱党爱国为主题，建设“火炬学习营”，播撒“思想火种”，举办“家乡鉴征程短视频征集”等8项特色活动；二是“引航引领”分计划，以助力成长为主题，建设“火炬红讲堂”和“火炬引航册”，全力“育新苗、扶好苗”，举办“受邀参加中国共产党成立100周年大会感悟分享会”等12场主题讲座；三是“星火燎原”分计划，以服务之师为主题，建设“火炬三军团（宣讲团、助教团及共建团）”，传承“红色星火”，举办“红色墨迹”等8项特色实践活动；四是“温暖关爱”分计划，以团结奋进为主题，依托党委、工会、团委，合力构建“火炬幸福家”，照亮“师生成长征途”，建设的火炬咖啡角和马工程重点教材专区切实为师生办了实事好事。

（三）品牌带动，提质领航

注重发挥引领辐射作用，坚持理论联系实际，逐步形成了以“红色地标”为核心的学术特色，著作《北大红楼》参加“红色建筑印迹——致敬中国共产党百年华诞艺术作品展”；策划“百年路·火炬行·青马颂”和“北京教育中的红色基因”等红色地标展览；红色精神宣传讲堂从校内延伸至幼儿园、机关、企业、社区和部队，师生共计开展主题讲座20场，累计听众达到1000余人次。

三、长效机制

马院党委作为我校意识形态主阵地，将持续以“青年马克思主义者火炬行动计划”为长效机制，坚守学习党史、传播党史、讲述党史故事、宣传习近平新时代中国特色社会主义思想的责任与使命。在学校党史学习教育宣讲活动中，我院师生始终自觉站在党史学习、宣传的第一线，以坚定之信仰、专业之担当、时代之使命，以星火燎原之势传承红色基因。

作者信息：

孙景仙，马克思主义学院，中国近代史纲要教研室党支部，1968 年 2 月，教授，学校党委常委、马克思主义学院党委书记

吴菁，马克思主义学院，研究生第一党支部，1982 年 6 月，助理研究员，马克思主义学院党委委员、专职组织员

用习近平新时代中国特色社会主义思想引领北建大体育教学

——体育教研部直属党支部党史学习教育成果

康　钧　刘　文

党史学习教育开展以来，体育教研部直属党支部深入学习贯彻习近平总书记在党史学习教育动员大会上的重要讲话精神，积极响应学校“学党史·优教风·严学风·强作风”专项行动的部署，持续在学党史、悟思想、办实事、开新局上下功夫，以实际行动和工作成效扎实开展党史学习教育工作，积极将学习成果转化到北建大体育教学的实践中去。

一、做法成效

持续在学党史上下功夫，坚持原原本本学，结合实际学，突出特色学。

（一）搭建“四史”学习平台，量身定制“三清单”

体育教研部直属党支部面向教职工，打造“线上+线下”学习平台，推出“四史”学习教育“三清单”，即参考书单、党课清单、阵地清单，形成了多形式、分层次、全覆盖的“四史”学习教育模式。由中共党史出版社、当代中国出版社等出版社出版的38套权威“四史”书单，明确了学习重点，形成了参考书单。通过观看央视网等平台上的“四史”纪录片的方式形成有影响、有特色的“四史”党课清单。通过整合红色资源，积极联系市、校红色文化资源，依托北京市丰富的红色资源，打造阵地清单。

（二）组织集体学习党的十九届六中全会精神

党的十九届六中全会结束后，在全国、全市、全校上下积极学习十九届六中全会精神之际，体育教研部直属党支部决定在12月开展三次十九届六中全会精神学习会。

在学习会上，要让同志们认真学习党的十九届六中全会精神，从为什么要总结中国共产党的百年奋斗重大成就和历史经验等多角度进行解读。要以习近平新时代中国特色社会主义思想为指导，坚定政治立场、政治原则、政治道路、政治方向，全面加强新时代党的建设和贯彻新时代党的组织路线，增强“四个意识”、坚定“四个自信”、做到“两个维护”，深入贯彻党的人才强国战略和全面从严治党部署，坚持高标准严要求，为培养好首都未来的“建筑师、规划师、设计师”贡献出体育教研部的力量。同时，要对党支部成员提出高要求，要坚持政治立场、对党忠诚、对教育负责，进一步淬炼思想，进一步提升能力，在工作岗位上尽职尽责，为体育教研部添彩。

三次学习会将分别安排党员同志们观看《我与宪法》《共产党人》和《重生》三部纪录片，每位党员都要提交总结心得，每次会议都有同志进行总结发言。

（三）召开庆祝中国共产党成立100周年主题党日活动

6月30日，体育教研部直属党支部召开了庆祝中国共产党成立100周年主题党日活动。重温了入党誓词，组织大家齐唱《没有共产党就没有新中国》。

二、特色亮点

持续在悟思想上下功夫，争做马克思主义的忠诚信奉者、坚定实践者。

（一）开展体育教研部“党员学习强国”评比活动

体育教研部直属党支部根据学校的工作要求迅速部署安排、精心推动落实、创新系列举措，开展“党员学习强国”活动。在学习强国平台实现党支部百分百纳入、在职党员百分百使用、注册用户百分百活跃，推动支部形成你追我赶、比学赶超的浓厚学习氛围。

首先，党支部组织大家一起学习平台的使用方法，制作简要的操作说明，以清晰的流程图展现每一个步骤和顺序，并整理“学习强国”积分规则便于党员干部针对性开展学习。将共性问题梳理出来在工作群内分享，难以解决的问题及时向学校有关部门反映。

其次，进行量化考核评比，每日对党员的学习进度都要进行通报，对学习效果进行评估、对学习情况进行考核，督促全体党员高度重视、常抓不懈、学到实处。每周根据学习强国平台积分制作排行，对积分高、排名靠前的同志，在群内进行表扬。

最后，领导干部要带头引领学习，结合“三风”建设、学校“十四五”发展规划精神和体育教研部的教学工作情况，在月末开展学习成果汇报会，形成高涨的学习氛围和学习热情，把学习成果转化成推动工作突破的动力。

（二）创新方式方法，把“四史”教育融入日常活动

体育教研部直属党支部充分发挥自身特点，将日常教育工作与“四史”学习教育，与支部“三会一课”、主题党日等相结合，向全体教职工，开设了党员教育和支部党日活动两个专场活动。2021 年 7 月 1 日，以“信仰如山、信念如铁、信心如磐——让初心薪火相传”把使命永担在肩，重温入党誓词为主题，组织党员们共同观看了庆祝中国共产党成立 100 周年大会，倾听了老党员的入党初心，丰富了“四史”学习活动的内涵。体育教研部直属党支部紧扣“不忘初心、牢记使命”，个性化开展支部主题党日活动，观看《悬崖之上》《革命者》等影视作品，形成了以誓词教育为主线，观看红色电影、表彰疫情防控先进集体和先进个人，开展防疫微故事宣讲、党员互动交流，进一步丰富了党员教育内涵，深化了“四史”学习教育成效，增强了党员的责任感、光荣感和使命感。

体育教研部直属党支部将“四史”学习教育与提升体育教学工作水平紧密结合，在“四史”学习中汲取智慧力量、提升工作能力，将学习教育成果落实到教学工作的具体实践中，切实推动实际问题的解决。一年来，不断创新体育教育工作，积极为学校的各种体育活动和赛事提供充分保证。在北京市各项比赛中，取得优异成绩，如首都市高校学生田径运动会“十五连冠”、首都高校大学生足球赛乙组第四名等的好成绩。

三、长效机制

按照学校党委有关工作部署，组织体育部全体党员认真学习四史材料，邀请校内党史专家王德中老师讲党课，集中观看党史教育视频资料，撰写心得体会，集中收看庆祝中国共产党成立 100 周年大会，开展“永远听党话，永远跟党走”的互动交流，组织收看央视综合频道播出的《党的光辉历程》《伟大建党精神》《党的伟大成就》《党课开讲啦》等节目。开展书记讲党课、观看红色电影《革命者》等党史学习教育系列活动，促进党史教育入脑入心。组织学习习近平总书记考察清华大学时的重要讲话精神，积极开展学校有关“学党史、优教风、严学风、强作风”专项行动，组织观看“大先生+无名英雄”系列微视频，收看央视综合频道播出的《榜样 6》，深化党史学习教育。收看央视综合

频道播出的中国共产党第十九届六中全会新闻发布会、组织学习十九届六中全会精神，引导党员干部群众把思想和行动统一到全会精神上来。结合疫情防控要求开展主题党日活动，加强党员群众对疫苗接种重要意义的思想认识，提高疫苗接种率。

开展工作总结汇报会，部署2022年工作安排。临近年底，体育教研部直属党支部将安排大家进行2021年工作总结报告会，各位党员针对自己在2021年的工作、学习经历进行总结，将经验与不足在会上与同志们分享。

同时，2022年作为北建大“十四五”发展规划的开局之年，至关重要。体育教研部直属党支部将依据2021年工作总结，制定体育教研部下一年的工作目标和计划安排，组织党员在会上进行充分的讨论和修改，为明年的教学教研工作打下良好坚实的基础。

体育教研部作为我校体育教育工作的前沿阵地，坚守学习党史、传播党史、讲述党史故事、宣传习近平新时代中国特色社会主义思想的责任与使命。在学校党史学习教育宣讲活动中，始终自觉站在党史学习、宣传的第一线，以坚定之信仰、专业之担当、时代之使命，以星火燎原之势传承红色基因。

作者信息：

康钧，体育教研部直属党支部，1968年5月，副教授，体育教研部直属党支部书记、主任

刘文，体育教研部直属党支部，1982年6月，讲师，体育教研部党政办公室主任

凝心聚力，以党史学习教育成效推动机关党委工作高质量发展

——机关党委党史学习教育成果

赵晓红 陈 威

根据《中共北京建筑大学委员会关于开展党史学习教育的实施方案》（北建大党发〔2021〕12号）《北京建筑大学“学党史·优教风·严学风·强作风”专项行动工作方案》（北建大党发〔2021〕22号）等文件要求，机关党委始终坚持以习近平新时代中国特色社会主义思想为指导，严格按照上级党组织和学校党委有关部署，深入贯彻落实“学党史、悟思想、办实事、开新局”的总体要求，结合学校党委“学党史·优教风·严学风·强作风”专项行动，努力把开展党史学习教育的成果服务于学校中心工作，效果明显。现将学习情况总结如下：

一、做法成效

机关党委致力于“六型”机关建设，始终坚持围绕中心、服务大局，带领各党支部抓学习、严制度、促规范，努力在补短板、提服务、促创新上求突破，通过党史学习教育，有效提升了基层党组织建设水平。

疫情就是命令，防控就是责任。从2020年到2022年，机关广大教职员工认真遵守学校防疫政策和各项管理措施，投入两校区志愿服务工作中。机关党委作为全校志愿服务总负责部门，组建志愿服务应急队，制定志愿服务方案，招募志愿者，分工落实各项志愿服务工作。他们是核酸检测扫码员、政策宣传员、秩序维护员、环境消杀员，卡口执勤员、送餐服务员……同心同力跑出全员抗疫加速度，以实际行动彰显责任担当。

（一）高度重视，严密筹划组织部署

机关党委高度重视党史学习教育，将党史学习教育作为一项重大政治任务

来抓，按照学校党委统筹部署，按照学史明理、学史增信、学史崇德、学史力行的要求，精心制定方案，严密组织实施，有力有序推进。机关召开党委会专题研究部署党史学习教育活动，重点环节及时对各党支部进行督导，确保了学习活动高起点谋划，高起点落实。“两级书记”严格落实第一责任人职责，结合习近平总书记的最新讲话，将党史学习教育纳入党组织会议的“第一议题”，确保常学常新、常思常悟、常研常得。机关党委理论学习中心组先后组织12次集中学习，党委委员逐人领学，谈认识谈体会，校党委常委积极参加支部学习活动，分享学习心得，有效促进教育活动走深走实。

（二）深化学习，不断提高思想认识

机关各支部通过党员大会、专题党课、主题党日活动等形式，以学习党章、习近平总书记“七一”讲话、建党一百周年大会上重要讲话和十九届六中全会精神为重点，从中体悟党的百年光辉历史和伟大建党精神。机关及时购买发放《中国共产党历史学习百问》《为什么是中国》《文献中的百年党史》《中国共产党百年历史经验》等书籍，不断丰富学习资料。以庆祝建党百年为契机，引导各部门在实际工作中挖掘北建大百年老校经验，为学校开局十四五、推进高水平特色型大学建设贡献力量。各支部党员通过书记讲党课、寿星微党课、学习交流、自学等形式，结合本职工作谈认识，进一步激励支部党员不忘初心、牢记使命，激发支部党员干事创业的信心和斗志。

（三）抓实推进，开展丰富配合活动

机关各支部以主题党日为主要载体，以“三会一课”为主要形式，结合工作实际，开展特色鲜明形式多样的学习活动。书记带头讲党课已成为组织生活常态，党员微党课已成为提升支部党员学习积极性、拓展学习深度的重要形式，与校外党支部联创共建已成为党建工作的创新举措。组织教职工参加“北京市教育系统管理岗位青年教职工职业能力竞赛”，获得好成绩（B组一等奖）；参加市教工委举办的“永远跟党走”合唱比赛；开展健步走活动，在金秋校园中感受伟大建党精神。各支部积极组织参观“没有共产党就没有新中国”展览馆，中国共产党党史展览馆和香山双清别墅等革命纪念地；组织党员观看《革命者》《1921》《长津湖》等红色电影；集中收看建党100周年庆典和《榜样6》；组织党员干部学习“首都百万师生同上一堂党史课”系列网络公开课；组织专题研讨，组织重温入党誓词活动，从历史纪录片、仪式庆典活动和场景教育中不断感悟思想伟力、汲取前进动力、增强工作能力。

（四）聚焦“三风”，确保教育提质增效

机关党委注重将百年党史与百年校史紧密结合起来，开展和巩固好“学党史·优教风·严学风·强作风”专项行动，以良好的作风抓好学校各项工作的推进落实。配合组织部提出一系列加强机关作风建设的举措，通过线上学习、研讨交流、知识测试等多种形式，提升对加强机关作风建设的理解和认同。开展“我为群众办实事”实践活动，大力推行“亮牌上岗”，落实“接诉即办”要求，形成有效落实、担当作为的良好氛围，进一步强化机关干部职责意识、服务意识。通过接诉即办平台，机关部门共收到有效诉件472件，响应率100%，办结率97.89%，满意率96.61%。机关分工会通过开展“凝心聚力”系列活动，不断增强机关干部职工凝聚力和向心力，丰富机关教职工的文化生活。2021年，机关分工会被北京市教育工委评为“先进教职工小家”，保卫部（处）工会小组被评为“北京工会职工暖心驿站”。

二、特色亮点

（一）从党史中汲取团结统一的营养，进一步强化政治建设

高质量抓好机关政治建设，引导党员干部从政治上分析问题、解决问题，始终把党的政治建设摆在首位，将政治标准和政治要求体现到机关党建各方面。一是进一步强化机关政治意识，把“两个维护”作为首要政治要求，自觉用“两个维护”审视和衡量党支部和党员干部的全部工作。二是进一步严格遵守政治纪律，突出政治教育和党性锻炼，引导党员干部从党史中汲取正反两方面历史经验，把对党忠诚注入思想、见诸行动，始终在思想上政治上行动上同以习近平同志为核心的党中央保持高度一致。

（二）从党史中汲取人民情怀的营养，进一步强化初心使命

高质量抓好机关党的建设，引导党员干部始终保持与人民群众的血肉联系，把人民对美好生活的向往作为奋斗目标，扎实开展“我为群众办实事”实践活动，认真落实“接诉即办”要求，继续深化机关党委委员联系基层党支部工作机制，经常深入基层、深入群众，积极为群众排忧解难，着力解决群众的思想困惑和实际困难，把守初心、担使命转化为办实事的具体行动，在联系群众和服务群众中增进感情、提高能力、改进作风。

（三）从党史中汲取革命精神的营养，进一步强化担当作为

高质量抓好机关作风建设，引导党员干部把高标准履职作为基本要求，大力弘扬苦干实干、迎难克难的担当精神。成立机关作风建设监督检查组，采取“四不两直”的形式，开展机关作风建设检查，及时发现问题、提出整改要求并发布检查情况月度通报。

三、长效机制

机关党委将常态抓好党史教育学习活动，持续巩固党史学习的成效，不断提高机关教职工的理论水平和服务能力。

一是党史学习教育保持常态化。党委支部书记认真履行抓党建第一责任人的职责，坚守学习党史、传播党史、讲述党史故事、宣传习近平新时代中国特色社会主义思想的责任与使命；广大党员领导干部始终自觉站在党史学习宣传的第一线，以坚定之信仰、专业之担当、时代之使命，以星火燎原之势传承红色基因。

二是抓党建与抓业务深度融合。机关党委牢固树立“全面从严治党是政治责任也是工作动力”的理念，积极探索党建与业务深度融合的机制，努力实现“以党建促业务，以业务强党建”。巩固深化党史学习教育成果，以“六型”机关建设为目标，将党建与业务一同部署，一同落实，实现双向融合。

三是学用贯通，在“行”上求实效。把“为师生办实事”实践成效作为检验学习教育成果的重要指标，抓紧抓实，抓出成效。建立校内“接诉即办”工作体系和“一口受理、分拣转办、实时监督、绩效考核”的工作机制，形成为师生办实事的长效机制。

作者信息：

赵晓红，机关党委，机关党委和校工会党支部，1969 年 8 月，副教授，机关党委书记

陈威，机关党委，机关党委和校工会党支部，1983 年 6 月，助教专职党建岗

坚持"两个一以贯之"明理力行开创校企改革发展新局面

——资产公司党委党史学习教育成果

高兰芳

资产公司党委按照学校党委统一部署，突出学党史、悟思想、办实事、开新局，以学史明理、学史增信、学史崇德、学史力行为目标，指导各党支部以"三会一课"和"主题党日"为主要载体，以多种形式扎实深入开展党史学习教育。截至2021年12月30日，资产公司党委及9个党支部共宣讲党史58次，开展红色实践活动32次，172名党员全员参与，人均参与党史学习教育16次，总体形成如下党史学习教育成果。

一、做法成效

（一）学党史悟思想

党史学习教育启动之初，资产公司党委组织校企9个党支部开展"学习百年党史、汲取奋斗力量"主题党日活动，深入学习贯彻习近平总书记在2021年2月20日党史学习教育动员大会上的重要讲话精神、市委书记蔡奇在全市党史学习教育动员大会上的讲话精神和学校党委的工作部署要求，深刻领会开展党史学习教育的重大意义，引导党员自觉把思想统一到习近平总书记重要讲话精神上来。指导各党支部按照"学党史、悟思想、办实事、开新局"的总体要求，结合实际开展党史学习教育，将党史学习教育融入日常、抓在经常。

一年来，各党支部通过"主讲主问"，自学及集中学习、理论知识问答、录制"党员之声"学习音频、撰写征文和学习心得，书记讲党课、党员讲党课、听专家讲党课、电影党课，观看直播和视频资料，赴红色基地现场学习，重温入党誓词，体验VR红色项目，红色"1+1"共建等10余种形式扎实开展党史学习教育，铭记中国共产党百年奋斗的光辉历程，认识中国共产党为国家和民族作出的伟大贡献，感悟中国共产党全心全意为人民服务的初心宗旨，学习中国共产党推进马克思主义中国化形成的重大理论成果，学习传承中国共产党在长期奋斗中铸就的伟大精神，领会中国共产党成功推进革命、建设、改革的宝贵经验，不断增强用党的理论武装自己的政治自觉。

2021年7月1日，资产公司党委组织各党支部集中收看中国共产党成立100周年庆祝大会，共庆中国共产党百年华诞。会后，大家纷纷热议习近平总书记的讲话精神。远大公司党支部的在当天进行入党宣誓的预备党员表示："在中国共产党成立100周年纪念日前夕，我成了9500多万共产党员中的一员，今天在党旗下庄严宣誓，我感到无上的光荣，这也是非常具有纪念意义的一件事。观看庆祝大会，听习近平总书记讲话，我心潮澎湃，再一次感受到了党的伟大，党的力量，更加坚定了我的信仰。奋斗百年路，启航新征程。我将不忘初心、砥砺前行，充分发挥党员的先锋模范作用，为中国特色社会主义事业贡献自己的一份力量。"其他党员也表示："伴随着寓意建党百年的100响礼炮声，仪仗队员们昂首阔步，英姿飒爽，护送国旗进场。我的满腔热血在沸腾，自豪感油然而生。一百年来，中华民族迎来了从站起来、富起来到强起来的伟大飞跃，实现中华民族伟大复兴进入了不可逆转的历史进程。人民有信仰，国家有力量，祝福党，祝福祖国！"

"七一"后，资产公司党委和各党支部书记及时讲专题党课，进一步领会习近平总书记重要讲话精神，并组织开展党史学习教育专题组织生活会。资产公司党委书记、副书记全覆盖列席9个党支部专题组织生活会，党员同志严肃认真开展批评和自我批评，并制定查找问题及整改措施清单，扎实推进整改。学习党史的过程中，党员同志们深切感受到了"打铁必须自身硬"的道理，以及勇于自我革命、推动全面从严治党的必要性，资产公司党委也将持续把全面从严治党要求落实在具体工作中，带领党务工作队伍不懈努力，引导党员时刻警醒自觉。

党的十九届六中全会后，资产公司党委第一时间开展党委理论中心组学习，并组织各党支部结合学校党委书记带队调研校企的会议精神和任务要求，结合岗位实际集中学习研讨，深化对党的历史的系统把握，明确继承传统、立足当前、开创未来的实践要求。邀请分管校领导对资产公司党委全体党员宣讲党的十九届六中全会精神，广泛凝聚共识，激发奋斗动力，从党的百年伟大奋斗历程中汲取继续前进的智慧和力量，奋力开创校企工作新局面。

（二）办实事开新局

2021年是中国共产党成立100周年，也是“十四五”规划的开局之年，是在全面建成小康社会的基础上、开启全面建设社会主义现代化国家新征程的起步之年，是一个重要的历史起点。对北建大校企来说，2021年也是体制改革后全面开创校企新时代发展的重要起点，需要以更加宽广的视野、更加务实的工作作风，锐意进取，只争朝夕。资产公司党委以“把方向、管大局、促落实”为己任，以党史学习教育和“十四五”规划推进为重要契机，提高政治站位，带领各党支部和各企业领导班子成员，一方面高瞻远瞩谋划校企深化改革和高质量发展，一方面将“办实事”清单落细落小，力争办实事、开新局。

一是加强制度建设，理顺工作机制。积极发挥党建引领作用，将加强党的领导和完善公司治理相结合，在修订《资产公司章程》《校办企业管理办法（试行）》、完善《资产公司党委会议事规则》以及董事会、监事会、总经理办公会等4项议事规则的基础上，制定《关于进一步加强和改进监事（会）工作的意见》，明确党组织在校办企业法人治理结构中的法定地位，将重大事项决策前置等要求嵌入公司章程，理清党组织与其他治理主体的关系，着力建立中国特色现代国有企业制度。

二是精心组织党委换届，进一步凝聚人心、汇聚合力。2021年10月下旬，资产公司党委按照全校统一要求启动换届工作，精心准备党委工作报告，严格按照两上两下讨论酝酿候选人，各支部详细介绍候选人推荐人选情况，耐心细致解答和引导，严格按照换届选举流程进行会务准备和过程演练。2021年12月10日，资产公司党委召开党员大会，按照候选人8名、差额2名，选举产生新一届委员会委员，6位同志高票当选。

三是围绕中心抓党建，促进党建与生产经营深度融合。资产公司党委带领各党支部围绕生产经营主动开展工作，在全体员工的共同努力下，2021年，各企业克服疫情等不利因素影响，多措并举实现了合同额、营业收入的稳步增长，总体营业利润超过疫情前水平，年度上缴任务实现历史性突破；工程管理公司作为市建委、市监理协会代表亮相服贸会并作主会场专题论坛发言，规划院成功获得城乡规划甲级资质认定，设计院正式更名为北京北建大建筑设计研究院有限公司，质检站圆满完成事业转企业和公司股权划转体制改革任务；科技园公司协助学校获批工程研究中心并与天普集团、格莱美集团合作推进“未来建筑科技产业园”建设；物业公司顺利完成新生入校、毕业生离校、英语四六级、研究生考试、各种会议保障、车辆保障等任务。远大公司党支部在新校区建校运行10周年之际，将大兴校区广场文化柱鲁班柱铜像重塑金身，作为礼物捐献给学校。

四是守住安全生产、党风廉政、疫情防控底线。资产公司党委专题研究安全生产和党风廉政工作，多次赴各企业现场检查，认真梳理问题清单，强化工作反馈和整改落实。坚持做好常态化疫情防控工作，积极主动开展疫苗接种工作，耐心细致开展思想动员，带领校企员工共筑校园免疫长城，截至2021年12月30日，疫苗接种率达94.29%，疫苗加强针接种率达95.76%。

五是密切联系群众，罗列"办实事"清单解决实际问题。例如，资产公司党委积极沟通解决设计院窗户护栏拆卸后的安全保障问题，考虑安全、整洁等因素改善员工集体宿舍居住条件，结合防火防汛任务设立消防柜、为各企业安全员配备雨衣、雨鞋等物资。质检站党支部把党员、发展对象和积极分子编排在工作班组中，主动承担艰险任务和出差任务，发挥党员先锋模范作用，全年指导各事业部进行技术培训28次，切实提高员工技术水平。物业公司党支部配合学校完成校内楼宇护栏拆卸和改装工作，组织项目部员工为毕业季离校学生"宿舍—校门口"往返义务搬运行李300多车次，组织党员和中层干部为困难职工捐款献爱心。设计院党支部设立党员活动室、党建宣传栏、党员风采展示墙，在公司公众号开设党建专栏，强化党建宣传，提升示范引领。退休党支部与机关党委退休第二党支部和机电学院学生党支部持续开展关心下一代工作并开展"忆党史话初心　强信念担使命"主题党日活动。

二、特色亮点

（一）依托红色"1+1"党建平台，引领产学研深度融合发展

资产公司党委积极推进产学研融合发展战略，不断提高校办企业服务学校的意识和能力，各企业党支部联合学校教师和学生党支部积极开展红色"1+1"共建活动，构筑党建平台，引领产学研深度融合发展。

例如，规划院党支部与建筑学院规划系党支部签署《共建十条》合作方案，主动探索产教融合的规划师培养机制，聚焦学生"未来规划师培养"和教师、员工"青年规划师提升"；远大公司党支部与经管学院工程管理系党支部和土木学院智能建造党支部就学生实习实训、科研成果转化等达成初步共识，为学生实习、科研成果转化提供支持；物业公司党支部与建筑学院本科生第三党支部联合开展"走进物业，暖到你心""清洁校园、美化环境"主题党日活动，将学校保障群体和服务群体对接渠道打通，进一步营造优美、健康、文明、向上

的育人氛围；科技园公司党支部与测绘学院 GIS 教工党支部开展共建，教师为企业当前承担的“国家文化红色基因大数据库示范工程”提供技术支撑，企业为学科建设和教师发展提供实践平台；质检站党支部与机电学院智能制造系党支部、工业工程系党支部深入开展共建，与学校土木学院、机电学院、科发院等在科研项目、课题、试验等方面开展深度合作，并主动承担学校研究生教育培养和学生实习工作。

（二）深化作风和纪律建设，促进校企依法合规高质量发展

一是加强教育引导。2021 年上半年，组织各支部集中观看“正风反腐，就在身边”电视专题片——《坚守铁规》，从福建泉州隔离观察点坍塌事故等案例中吸取教训，强化安全意识，加强作风建设。2021 年下半年，组织各党支部开展“学党史、知敬畏、守底线”党风廉政宣传教育专题活动，集中观看中央纪委、国家监委网站《革命理想高于天》《党史中的纪律》《廖俊波：倾尽一生的樵夫》《王进喜：铁人精神永存》等视频资料，进一步提高党员干部的纪律观念和规矩意识，努力营造风清气正的政治生态。此外，各党支部主动开展党风廉政教育，例如，工程管理公司党支部和质检站党支部分别组织党员赴北京市委党校全面从严治党党性教育基地参观学习；设计院党支部组织全体班子成员、中层干部及支部全体党员开展“警示教育”大会，观看反腐教育片《迷失的初心》，党支部书记讲授《严守职业底线、坚持廉洁从业》党课；远大公司党支部书记讲授《有为、不为、善为》党课等。

二是严格督导检查。资产公司党委于 2021 年 6 月梳理 55 条规矩要求，制定印发《关于开展校办企业综合检查的通知》，要求企业对照开展自查整改。2021 年 7 月 8 日至 12 月 15 日，资产公司党委深入各企业，从监督指导促提升的角度，通过企业负责人汇报、谈话问询、查阅资料、实物核查等方式，重点围绕企业经营管理、“三重一大”决策、企业负责人履职待遇和业务支出、财务管理、廉洁纪律、“纠四风”等方面开展综合检查。检查后，及时汇总整理检查组的意见，对企业总经理和支部书记当面反馈，限时整改。2021 年 12 月 28 日至 2022 年 1 月 26 日，对每家企业逐一开展“回头看”，扎实督导各企业整改情况，促进校办企业依法依规高质量发展。

三、长效机制

资产公司党委将带领各党支部和全体党员，坚持知行合一，把党史学习教育与巩固深化“不忘初心、牢记使命”主题教育成果紧密结合起来，与落实

"十四五"时期各项重点任务紧密结合起来，不断从历史中汲取经验，提高把握大局大势、应对风险挑战、推进实际工作的能力水平。坚持"两个一以贯之"，一方面加强党对校办企业的领导，发挥资产公司党委的领导作用，认真履行全面从严治党主体责任，不断完善工作机制及学习培训、检查督导机制，扎实开展党支部标准化、规范化建设，发挥党支部战斗堡垒作用和党员先锋模范作用，用党建把好方向、凝聚力量、引领发展、促进落实；另一方面通过深化校企改革着力建立现代企业制度，健全公司法人治理结构，完善激励与约束机制，推动"投资者、决策者、经营者、监督者"公司治理机制有效运行，充分发挥中国特色现代国有企业制度优势，带领校办企业进入高质量发展的快车道。

作者信息：

高兰芳，资产公司，资产公司党支部，1982 年 5 月，助理研究员，资产公司党委副书记

开展党史学习教育，切实提高服务质量

——图书馆直属党支部党史学习教育总结

毛发虎

中共北京建筑大学图书馆直属党支部委员会现有党员 32 人，其中在职党员 17 人。在学校党委的坚强领导下，图书馆直属党支部在党史学习教育中不断推进支部规范化建设，充分发挥支部的引领作用，通过延长开馆时间、开设考研冲刺专区、举办“开卷”读书系列活动、开设馆藏党史图书专架、举办红色经典诵读展演及党史知识大赛、公众号精准推送宣传馆藏资源等，将党史学习教育有机融合在“三全育人”中，入馆率、文化讲座参与率等大幅提升，服务质量获得读者的好评。

一、做法成效

（一）发挥支部引领作用，擦亮服务师生的活动品牌

切实发挥图书馆直属党支部战斗堡垒作用和党员先锋模范作用，紧扣立德树人根本任务，认真贯彻落实“三全育人”要求，努力营造“北京味十足”“建筑味十足”“书香味十足”的氛围，助力书香校园建设，为学生的成长成才服务。

一是支部引领，把好读书活动的主题关。作为图书馆的品牌活动，图书馆直属党支部每年都会在活动之初积极介入，通过召开支委会讨论分析当年国内重大活动和学校的重点工作，要求读书主题必须契合国家和北京市的重大活动。2021 年是中国共产党建党 100 周年，是实施“十四五”规划的开局之年。学校举办第十五届“开卷·百年征途”读书活动，就是由图书馆发起并主动承担引领先进文化走向，引导培育社会主义核心价值观念的责任；就是要整合各方力量，围绕立德树人目标，在全校掀起“好读书、读好书、读书好”的浓烈氛围，为培养人才打下坚实基础。

二是党员带头，确保读书活动成效。读书活动主题确定后，图书馆直属党支部安排党员在活动中发挥骨干的作用：在读书活动开幕式组织中发挥带头作用，做到万无一失；在举办红色专题讲座、征文比赛等全校性活动中发挥带头作用，确保活动符合意识形态领域安全的要求；在学生志愿者参与活动中发挥引领作用，以身示范做好学生的引路人。

三是举办特色讲座及展览，打造校园文化建设高地。图书馆充分发挥北京建筑大学建筑艺术专业特色，邀请名家大师开展"老北京文化""民俗文化""建筑文化"的专题讲座，为读者带来生动的现场版"文化大餐"。利用建筑艺术资源平台，联系多家文化艺术机构，积极在馆内开展多场图书主题展览。同时，图书馆和中国建筑图书馆共同承办住房和城乡建设科技活动周"科普基地宣传教育活动"，弘扬建筑文化、传播建筑文脉。

（二）结合工作实际，扎实推进党史学习教育

一是邀请理论导师宣讲，做好党史学习教育动员工作。图书馆直属党支部邀请理论导师王德中讲授《中国共产党创建过程及其特点》，邀请学校马克思主义学院许亮副教授以《弘扬伟大建党精神，实现中华民族伟大复兴》为题，系统、全面、深入地解读了习近平总书记在庆祝中国共产党成立100周年大会上的重要讲话精神。

同时，以党组织书记讲党课推进党史学习教育，图书馆直属党支部书记毛发虎以微党课的形式，围绕党史学习教育"为什么学""如何学""如何做"，讲解了党史学习教育的意义和要求。

二是开展主题党日活动，深入推进党史学习教育。图书馆直属党支部组织教职工到贝家花园参观学习，贝家花园曾是抗日战争时期中国共产党京西地下情报联络站的一个重要网点，贝家花园的主人贝熙叶是抗战期间无私援助中国人民的白求恩式的医生。此次参观学习活动，既是一次生动的党史学习教育活动，也是一次以实地触碰历史痕迹的机会，追寻发生在这里的动人家国往事，使图书馆全体教职工从更宏阔的时空视角多维度认识和感悟革命奋斗传统，抚今追昔进一步重温初心、再悟使命。

在党风廉政建设月期间，图书馆邀请学校纪委副书记、纪检监察办公室主任牛磊作了题为《中国共产党百年反腐历程》的党风廉政宣讲，同时学习会上，与会人员签订《图书馆2021年度个人廉洁自律承诺书》，并观看了《剪纸里的尺度》《公平的心、精准的秤》《清廉中国》等党风廉政文化短片。

三是与机电学院毕业生党员开展共学党史主题活动。图书馆多年来与机电

学院毕业生党员开展共建活动，今年的共建紧密结合党史学习教育开展，图书馆教工党员与机电学院毕业生党员共同邀请北京史地民俗学会专家康广云主讲《红船精神，永放光芒》党史学习教育主题讲座。康广云老师的精彩演讲引起了在座党员们的共鸣，他从中国共产党的成立、井冈山的斗争、延安的抗日烽火、西柏坡的胜利曙光、新中国的成立、做新时代合格大学生等六个方面，详细讲解了中国共产党的成长历程，“红船精神”凝结着我们党的初心，是开天辟地、敢为人先的首创精神。图书馆直属党支部与机电学院毕业生党员共建活动是图书馆党建项目的品牌活动，已经持续七年，取得良好效果。

（三）挖掘馆藏资源，助力学校党史学习教育

一是组织形式多样的党史知识竞赛、红色经典诵读比赛等活动。例如，图书馆联合学校工会、学工部和团委共同举办了“诵党史红色经典，记初心砥砺前行”展演大赛，承办了北京市中科杯“重温百年党史　传承红色基因”党史知识竞赛。图书馆组织师生参加“教育部、国家语委第三届中华经典诵写讲大赛北京市初赛”；组织师生参加了北京高校网络图书馆组织的“森途杯 2021 等你来挑战”大赛；掌阅阅读组织的“阅读一分钟，编制一个梦”，阅文集团组织的“世界读书日，一起读党史”等活动；组织学生参加了北京阅读季・大学生读书节组织的“首都大学生读书学党史”故事广播的节目录制，分享自己的读书心得。通过形式多样的主题活动，为学校党史学习教育营造了良好的氛围。

二是挖掘馆藏资源，建成馆藏党史学习资料专架。图书馆安排专人盘点整理馆藏党史纸质图书，并在大兴校区图书馆二层设立了专架。通过对党史类馆藏资源进行筛选，共整理各类文献书籍 400 余种 1200 册，并面向广大师生开放借阅；还盘点了馆藏党史、新中国史、改革开放史、社会主义发展史等电子图书 5000 余册，通过学校企业号和图书馆公众号推介阅读的具体方法，读者可以使用“读秀”和“中华数字书苑”两个数据库阅读浏览；同时图书馆还将继续开展“你选书，我买单”活动，即读者可随时向图书馆推荐个人所需图书。

（四）立足办实事，推动解决多个服务师生的问题

一是将“三风”专项活动贯穿到党史学习教育中。图书馆在党史学习教育中与推进“三风”专项行动结合起来。持续推进党政领导干部直接联系班级工作，通过参加学风主题班会、听课、走访学生宿舍等，及时了解所联系班级学生的状况，并与班主任、辅导员积极沟通，共同促进班级学风建设。结合学校毕业季等工作要求，加强馆员特别是党员馆员的教育，要求他们切实做好图书

馆窗口服务的工作，在离校系统审批、研究生学位论文收取、学生来图书馆拍照留念“打卡”等具体工作中为毕业生做好服务工作。

二是力求实效，推动解决师生关切的问题。图书馆党史学习教育立足于“办实事”，通过多方协调，解决了多个服务师生的难题：1. 延长开馆时间。图书馆于6月10日起实行7：00—22：30开馆，即每天延长开馆时间1.5个小时，同时在端午节、暑假等假期期间坚持照常开馆。2. 持续推进实体书店进校园工作。在学校财务处、网信中心的支持下，“三味书吧”实现了校园一卡通实时结算，即读者可使用一卡通在书店内购买图书、饮料等；同时，图书馆在“三味书吧”启动了“你选书，我买单”活动，开设中国建筑工业出版社新书展示专区。3. 推进学科服务工作。立足于服务师生教学科研，为建筑学院、研究生院师生举办《学术期刊评价》讲座，帮助师生开展科研工作、提升专业素养；发挥图书与情报专业馆员的学科优势，向学校学报编辑部提交了《〈北京建筑大学学报〉期刊发文分析》报告，此报告深入分析了《北京建筑大学学报》2014年以来的主要发文学科、发文被引分析、发文参考文献等，为我校学报下一步发展提供了参考。

二、特色亮点

一是服务读者质量大幅度提升。延长开馆时间1.5个小时，且节假日照常开馆；根据疫情防控形势适时增减座位，优化座位预约系统，预约系统总使用次数约32万，相比去年增长150%，使用总时长超过210万小时，是去年的三倍，使用总人数约3.5万人，相比去年增长100%；开辟考研冲刺专区，临时增加350个阅览座位来满足读者需要，并完善存包等设施，满足研究生、公务员考试复习的读者；及时回应读者诉求，“接诉即办”完结率、满意率100%；协调中国建筑图书馆开放资源服务师生，共同举办5场建筑文化宣传推广活动；继续提升实体书店“三味书吧”功能，设立中国建筑工业出版社教材展示区，常年举办“你推荐，我采购”图书荐购活动；读者入馆率大幅提高，全年图书借阅流通量为5.25万册次；全年采购24213册中文图书，订购外文期刊43份、中文期刊457份，举办新书展35次。

二是深入推进学科服务工作。微信公众号加强对数据库的宣传推介工作，精准服务师生的教学科研需求，全年推送文章180篇，相比去年增长50%，关注人数突破4500人，相比去年增长70%，总阅读次数超8万次，是去年的4倍，其中16篇推文阅读次数超过1000次，达到和学校公众号同级别水平；主动服务学校三大新型机构，为科发院五四大街项目提供馆藏图片资料，为文发院延庆文保项目提供文献及人员支持；继续做好 BALIS 原文传递工作，处理申请单 389 件、读者注册 448 件，图书馆获得 2021 年 BALIS 最佳服务奖和优秀个人荣誉称号。

三是持续推动支部规范化建设。邀请理论导师开展理论学习辅导，推进理论指导实践落地；完成图书馆直属党支部的换届选举工作；开展主题党日活动，建成“馆藏党史资料专架”，组织教工到贝家花园参观学习，与机电学院毕业生党员共建，举办重温入党誓词活动；举办学党史、诵经典系列活动，为学校赢得了荣誉；本年度发展教工党员 3 名。

四是继续提升文化品牌建设。举办“开卷·百年征途”读书活动，并辅以读书海报大赛、图书漂流、美文征选、红色经典诵读大赛等系列活动，推动书香校园建设；举办“北京味”“建筑味”讲座，举办《冰雪体育文化与冬奥会发展演变》讲座和“双奥北京——一起向未来”主题征文活动，开展冬奥知识宣传；组织学生参加北京阅读季组委会举办的“走读中轴线”活动、“北京高校博物馆联盟讲解大赛”等活动，图书馆学生馆员工作委员会荣获“最受欢迎的阅读推广组织”、图书馆学生馆员工作委员会负责人获“十佳阅读推广人”“2021 全国高校博物馆优秀讲解案例展示三等奖”、图书馆获得第三届中华经典诵写讲大赛“优秀组织奖”，诵读作品分别荣获北京市初赛奖项二等奖 1 项、三等奖 2 项、优秀奖 2 项；积极向外推介图书馆这个亮丽名片，先后接待了中央民族大学、北京交通大学、北京服装学院等高校图书馆同仁的来访；发挥图书馆分工会的作用，开展春秋游、趣味运动会、开展送温暖活动，共同打造温馨和谐的小家。

三、长效机制

一是挖掘馆藏资源服务学校常态化。图书馆利用现代信息技术，依托各类社交软件如微信公众号等开展每月 2 期的图书推荐活动。分时分类的推荐各类主题图书，阅读推广效果极佳，馆藏图书种类被师生熟知，图书借阅量逐步增长。在 2021 年，图书馆共计推出 6 类党史相关馆藏图书，助力学校党史教育的开展，为师生学习四史提供有力的文献支撑。

二是学科服务深入推进常态化。为了在图书馆与各学科用户之间建立直接的联系，掌握教学科研工作对文献资料的需求，帮助广大师生充分了解和利用图书馆的资源和服务，图书馆组建了学科服务馆员制度，按学院对口配置学科馆员团队，深入院系了解学科文献信息需求，提供文献信息参考咨询服务，建立学科文献资源指南，并嵌入到学院科研、教学第一线开展各类信息素养教育，定期与院系沟通联系，了解各类文献资源的满足率、使用率，到二级学院宣讲馆藏资源并开展学科资源或文献管理工具利用的用户培训，出具基于文献资源的学科（项目）发展趋势分析报告等。

三是阅读推广品牌建设常态化。“开卷”是我校图书馆读书活动特色品牌，自2007年开始已连续开展15年，在书香校园建设中发挥了积极作用，取得了明显成效。2021年，“开卷”读书活动主题定为“开卷·百年征途”，通过举办“开卷·百年征途”系列活动，充分发挥了“开卷”读书活动品牌优势，精心打造党史学习教育新阵地，对书香校园的建设起到了积极的推动作用。

四是助力学生成长成才常态化。通过建立我校图书馆学生馆员工作委员会，图书馆全体教职工更加了解学生需求，利用学生熟知、喜欢的方式进行党史学习教育类的阅读推广，凝聚学生力量，推动党史学习教育常态化、长效化，持续增强师生的爱国意识。

下一步，图书馆直属党支部将以习近平新时代中国特色社会主义思想为指引，深入学习贯彻党的十九届六中全会精神，坚决贯彻落实新时代党的建设总要求，认真履行全面从严治党主体责任，推动图书馆高质量内涵发展，为学校做出应有贡献。

作者信息

毛发虎，图书馆直属党支部，1978年7月，副研究员，图书馆直属党支部书记兼副馆长

第二部分 02

“学党史　优教风　严学风　强作风”专项行动成果

以“三风行动”为抓手 着力提升人才培养质量 构建党史学习教育常态化长效化机制

高 蕾 任 敏

北京建筑大学坚持问题导向，将党史学习教育与推动中心工作结合起来，紧紧抓住立德树人根本任务，创新开展“学党史、优教风、严学风、强作风”专项行动，将党史学习教育的成果转化为推动学校高质量内涵发展的强大动力，取得了显著的成效。

一、做法成效

（一）构筑长效机制，矢志立德树人

学校紧扣立德树人根本任务，着力提升人才培养质量，围绕“三风”加强顶层设计，设立5个专项工作组，针对梳理出的三方面36项突出问题，明确15个主责部门，细化形成22项具体任务、63项重点措施。学校全年发布“三风”有关文件制度14项，系统制订“三风”工作考评指标体系。各专项工作组深入教学、管理一线推进方案落实，完善工作机制、形成指标体系、推广优秀经验，把各项举措制度化、规范化、常态化，推进“三风”建设活动有序开展。

1. 优教风。强化“严管厚爱、潜心育人”的教育理念，形成“严谨治学、从严执教”的良好教风。抓课堂教学能力，实施每日课堂教学质量抽查通报制度、新入职教师教学基本能力达标考核制度。抓教学创新能力，引入行业“三师”上讲台、拓展数字化教学资源、大力推行课堂翻转。教学过程和教学管理的全环节融入课程思政建设要求和标准，凸显“建筑味十足”的办学特色，充分保证课程思政“全覆盖”“有亮点”，形成了“思政教师—专业教师—辅导员—行业大师专家”多元协同的育人格局，使知识传授与价值观教育同频共振，有力地推进了思政课程和课程思政“同向同行”。

2. 严学风。把学风建设深度融入党史学习教育和日常思想教育工作之中，

形成“严于律己、勤奋好学”的优良学风。强化顶层设计，明确责任体系，完善激励与约束机制，构建以“严”为主基调，以促进学生成长发展为目标的学风建设工作格局和体系。扎实推进、深入实施学风建设十大计划，学生自觉发起学风建设“十要”“十不要”倡议，383 名学风志愿者和全体党员骨干亮身份、做表率。激发学习动力，帮助学生量身定制学业发展规划，80 名朋辈导师开展学业辅导 800 余次。

3. 强作风。在全校干部中持续开展“转作风、强责任、重担当”作风建设行动，努力打造一支讲政治、守纪律、顾大局的干部队伍，形成“求真务实、担当作为”的良好作风。大兴学习之风，大兴下沉一线之风，坚持“书记抓、抓书记”，校领导班子成员和二级党组织书记每人深度调研 1-2 个学院和党组织，“四不两直”下沉到教室、实验室和宿舍，了解情况、解决问题。

（二）坚持问题导向，解决急难愁盼

北京建筑大学党委聚焦师生急难愁盼的问题，启动“为师生办实事”项目，重点办好师生所急、所需、所盼的大事、难事、实事，切实解决师生的操心事、烦心事、揪心事。

学校印发《“学党史、优教风、严学风、强作风”专项行动“为师生办实事”项目清单》，针对师生最关心最直接最现实的利益问题，围绕推进学校治理能力治理体系现代化、优化教育教学环境、关心关爱师生健康发展、解决师生实际需求和困难、创建绿色安全校园五大方面，分两批整理出 47 条办实事内容，已经全部完成。学校立足“学史力行”抓好办实事项目的高质量实施，推出多项办实事举措，具体包括：建设可信电子学业证明系统，构建智慧财务系统，增设研讨室、公共办公空间及 135 个研究生工位；更新 60 余间多媒体教室计算机、投影仪、扩音系统等设备；顺利推进第四期硕博公寓周转房工作，解决了 300 余名教师临时住房困难等。

学校借鉴北京市“接诉即办”工作经验，升级原有校园师生诉求响应办理体系，建立“接诉即办”师生服务平台。学校出台《北京建筑大学“接诉即办”师生服务平台试运行实施方案》，明确平台运转的工作体系、受理范围、服务方式、办理程序、办理要求以及督查督办与考核奖励等内容。

平台着力打造“一口受理、分拣转办、实时监督、一体考核”的工作模式，为解决师生急难愁盼的合理事项提供了便捷权威的渠道。平台已经初步形成以“诉求汇到专线”“干部扑到一线”“部门串联成线”“考核进入视线”“破题找到引线”为主要特征的“为群众办实事”成果。服务平台共收到各类合理诉求

7575 件，整体响应率为 100%，办结率为 99.93%，满意率为 99.49%。

（三）聚焦城市建设，彰显育人成效

北建大聚焦首都“四个中心”任务，立足“三师”人才培养，将“学党史三风行动”激发的澎湃潜力转化为服务首都城市建设的巨大动力，促进学校整体事业发展。

1. 科研成果与服务首都功能相结合。承接服务首都重大项目 91 项，其中服务冬奥专项任务 23 项；深度参与首都城市更新工作；10 余项关键技术、40 余项创新成果和近百项社会服务案例亮相服贸会。2021 年，学校先后与 10 个区、18 个委办局、47 家行业龙头企业开展深入合作；签署校地、校企合作协议共 19 份，在全市系统布局驻地实验室及人才培养基地，15 名专家履新区人大代表、政协委员。

2. 人才培养与促进城乡建设相结合。学校启动师生服务首都“四个中心”功能建设“百团行动计划”。围绕北京文化遗产保护与传承、老城整体保护与更新等十大方向，学校成立 101 支学生实践团队，组织 1000 余名学生，在 270 多名指导老师的带领下，对标首都城乡建设和基层发展所需，将学生专业优势延伸到北京市 16 个区，143 个街道、乡镇，形成调研报告及方案 60 篇，推进 36 项科研成果应用到实际生活中，解决实际问题 30 个。

3. 学科优势与助力冬奥盛事相结合。在北京 2022 年冬奥会之中，北京建筑大学充分发挥学科人才优势，汇聚专业团队，传承红色基因，书写百年老校的奥运答卷。全校约有 450 名师生投身冬奥服务保障工作，其中，230 余人承担 27 项与冬奥相关的科技研发和文化创意设计项目，142 名师生参与冬奥志愿服务，65 人参加冬残奥会闭幕式演出礼仪和标兵工作。学校冬奥外宣稿件达 80 余篇，覆盖中央电视台、新华社、光明日报等多家主流媒体，单篇最高阅读量超 160 万次。

学校向北京教育系统党史学习教育领导小组共报送简报 34 期，被采用 10 余次，其中专报 4 期。相关做法成果被中央电视台、人民日报、新华社、光明日报、北京电视台、北京日报、中国教育报等主流媒体报道。学校申报的《服务首都“四个中心”功能建设“百团行动计划”》实践育人项目入选教育部“2022 年高校思想政治工作精品项目”。“三风”专项行动相关经验成果入选第四届高校宣传工作创新案例。

二、特色亮点

实施一年多来，北京建筑大学“学党史、优教风、严学风、强作风”专项行动特色鲜明、亮点突出、成效显著，引领学校教风、学风、作风明显提升，展现出推动学校事业发展的强劲动力。该项创新实践得到北京市委领导的高度肯定和认可，在全市高校作为经验推广。

（一）整体学风明显改善

将庆祝建党百年元素融入开学及毕业典礼育人环节。荣获全国高校“百个研究生样板党支部”“百名研究生党员标兵”“中国大学生自强之星”等荣誉称号；连续两年荣获北京高校“十佳示范班集体”称号；连续六年获得北京高校红色“1+1”示范活动评选一等奖。学生就业率位居北京高校前列，获批全国普通高校毕业生就业创业工作 100 个典型案例之一，并首批挂牌北京高校市级就业指导名师工作室。

（二）良好教风得以强化

召开学校党委人才工作会；获批建立北京高校首个“院士工作站”——崔愷院士工作站，实施“双塔计划”，分层支持促进中青年教师发展，领军人才、专任教师增幅创历史新高；4 人入选全球前 2%顶尖科学家榜单，教师荣获“全国高校黄大年式教师团队”“北京市优秀共产党员”“最美科技工作者”“首都劳动奖章”“北京学者”，北京高校青年教师教学基本功比赛一等奖，“北京高校优秀本科育人团队”，北京高校教书育人“最美课堂”等多项荣誉；课程思政研究成果在《前线》发表，多次被央视等主流媒体报道。

（三）科研工作取得突破

获批节能减排与城乡可持续发展准国家级协同创新中心，获批市属高校首家“北京市工程研究中心”；2021 年度获批国家自然/社会科学基金项目 42 项，同比前一年实现翻一番；累计纵向、横向科研项目到账经费分别同比增长 28%和 41%；牵头获得国家科学技术进步奖二等奖，牵头获得高等学校科学研究优秀成果奖（科学技术）科技进步奖二等奖，2021 年度省部级及以上科技奖励获批数量首次突破 30 项。

（四）干部作风焕然一新

提升干部素养的“日新”沙龙、各媒体平台的精彩报道、机关强作风建设亮牌服务和“八要八不准”的行为示范行动等，为机关干部工作注入了一股新风。

三、长效机制

“学党史　优教风　严学风　强作风”专项行动开展以来，学校共发布“三风”有关文件制度 14 项，调研校内师生 3100 余人次，系统制订“三风”工作考评指标体系，在全校范围内形成了一系列营造良好教风、学风和作风的长效机制。

一是教风建设方面。形成深化本科教学多层面教学一线听课、教风专项督查、教学情况座谈和教学质量奖罚制度；进行培养模式改革，加强过程管理，建设充满活力的研究生培养体系和科学完善的质量保障体系；持续开展教书育人标兵评选活动，构建师德师风“三育”建设体系，凝练“英姿精神”宣传教育机制。

二是学风建设方面。系统开展思想培育、制度保障、管理塑造、环境涵养、榜样引领、学业提升、科技实践助力、队伍引导、骨干带动、奖惩结合的全方位夯实学风的“十大计划”，形成了学生内生学习动力提升机制、学生学情动态监测机制、学生日常管理激励联动机制。

三是作风建设方面。坚持把讲政治摆在作风建设首位，持续推进《关于进一步加强机关工作作风的实施意见（试行）》；坚持用好“接诉即办”师生服务平台，持续开展“为师生办实事”实践活动，扎实做好干部教育培训，提升广大干部主动服务师生的意识和业务本领。

作者信息：

高蕾，党委宣传部，机关党委宣传网信党支部，1978 年 4 月，副研究员，党委宣传部副部长兼新闻中心副主任、校报编辑部主任

任敏，党委宣传部，机关党委宣传网信党支部，1986 年 3 月，中级记者，党委宣传部新闻宣传科科长

齐抓共管强作风，严管厚爱优教风

——本科生教育教风建设成果

陈红兵

在深入贯彻我校《“学党史、优教风、严学风、强作风”专项行动工作方案》过程中，教务处严格按照学校党委部署，狠抓工作落实，携手推进党史学习教育走深走实，强化“严管厚爱、潜心育人”的教育理念，形成“严谨治学、从严执教”的良好教风，取得了丰硕的成果。

一、做法成效

（一）强化课堂管理意识，提高课堂教学效果

1. 建立每日课堂教学质量抽查通报制度。利用教室监控设备对教学课堂进行随机抽查，统计学生到课情况，并将结果通过每日北建大要闻进行报送，形成工作台账。高效的监督反馈强化了教师的课堂管理意识，学生的学习状态得到显著改善，学生平均到课率达90%以上。

2. 开展教书育人标兵评选、课堂教学和管理经验征集等活动。通过选树榜样和宣传典型，营造良好教书育人氛围。利用学校官网、官微等多种平台，对教学精益求精、对学生严管厚爱的教师进行专题报道和广泛宣传，交流分享教师的优秀教学和管理经验，引领更多的老师严谨治学、从严执教。

（二）严格教学督导检查，狠抓课堂教学秩序

1. 开展“教风专项督查行动月”活动。启动“全员进课堂”督查方案，实施“处级干部进课堂”计划，教务处组织全体教学管理人员“亮身份、进课堂”活动，营造学校对日常课堂教学高度关注的氛围，把教学督查规范化、制度化和常态化。学生迟到现象有所改善，抬头率明显提高。

2. 严肃教学纪律，规范教学管理。自实施“三风”专项行动以来，共处理

两起教师上课迟到引发的教学责任事故，对两起监考迟到的教师进行全校通报批评。修订并完善了《教学责任事故认定处理办法》，对于违反师德的违纪行为“零容忍”，进一步规范了教学管理制度，加强了师德师风建设。

（三）强化学生中心理念，完善教学质量评价体系

1. 优化教学质量综合评价制度。明确学生评教结果占比不低于50%；优化评教成绩计算方法，提高优等生评教成绩权重；学生评教结果更加科学、客观、合理。

2. 完善课堂教学评价体系。修订课堂教学评价表，加入“两性一度”和“课程思政”评价内容，细化落实专业认证要求和“以学生为中心”的理念。改善和完善课堂教学评价体系，新的教学评价体系科学性更强，导向性更明确。在教务系统评教模块中开发学生评教实时反馈功能，实现课堂教学信息实时反馈。

3. 建立教学质量奖优罚劣制度。对教学质量综合评价前10%的任课教师，给予教学质量奖励；对连续两次学生评教排名后10%的任课教师，且校督导专家的复审听课成绩位于所有复审听课课程评分的后50%的任课教师，不得参与当年的教学质量津贴分配。

（四）加强课堂效果检验，形成教学闭环管理

1. 深入学院开展期中教学检查。依托期中教学检查环节，召开各学院师生座谈会，院校教学督导专家、教务处和学工部工作人员深入学院参加座谈会，针对教学开展情况广泛听取师生意见，做到“学院全覆盖、年级全覆盖”。

2. 建立学院教学质量整改报告上报制度。校院两级联动，结合教学检查和督导教学中出现的问题，定期总结、梳理，敦促学院制定整改方案，形成了“检查—督导—评价—反馈”管理闭环，强化“回头看”，检验整改成效，实现持续改进。

（五）强化岗前培训和过程培养，助力青年教师全面发展

1. 建立新入职教师教学基本能力达标考核机制。由校、院两级督导对新入职教师进行教学设计和教学演示能力测试，对首次未达标教师进行二次考核，通过考核后，帮助青年教师打牢教学基本功，助力新入职教师“站上讲台，站好讲台”。

2. 开展青年教师教学能力培养工作专项检查。由教务处领导、校院两级督

导和学工老师共同组成检查组，深入各二级学院，对青年教师教学能力培养工作开展专题教学检查，召开青年教师专题座谈会，深入调研学院在青年教师教学能力培养方面的现状和问题，并提出督查意见和建议。

3. 青年教师教学能力提升初见成效。在2021年北京高校第十二届青年教师教学基本功比赛中，我校青年教师孟璠磊和崔慧娟，分别获得工科类B组一等奖第一名和理科类B组一等奖第二名的好成绩，同时包揽全部5项单项奖。这是我校首次在全部参加的两个科类比赛中同时获得一等奖，并包揽所有单项奖。

（六）发挥课堂主渠道作用，加强课程思政建设

1. 推进课程思政“全覆盖”。统筹实施课程思政“三进”——“进培养方案、进教学大纲、进课程教案”；在日常教学评价中，将课程思政纳入评价指标体系；课程思政也被纳入所有校级教学成果和奖励的评审标准；在校督导组中增设并聘请了4位思政督导员，对全校思政课和课程思政的执行情况进行督导检查。最新调查显示：90.8%的学生认为教师有意识地开展了课程思政教学，92.7%的学生表示在课堂上收获了良好的德育体验。

2. 实施课程思政“有亮点”。推行“培育—示范—激励”三大举措，组织开展课程思政专题工作坊，培训教师192人；设立校级课程思政重点培育项目作为示范课，全校有12门课程入选，覆盖全校所有学院；加大激励力度，会同人事处将课程思政成果作为条件纳入考核和职称晋升文件；青年教师卞立波获北京高校教书育人“最美课堂”比赛二等奖；全校有5门课获评北京市课程思政示范课。

（七）强化质量导向，深化制度改革，促进优良教风

以持续推进人事综合管理制度改革为契机强化教书育人和教学质量导向，进一步减少教学型教师的科研工作量，在职称评聘、岗位聘任条件中突出教师分型发展特色，设置教学质量专项奖励，引导教师将足够的时间、深厚的情感、充沛的精力投入教学工作中去，引导教师进一步强化教学工作，不断提高教学水平，推动教风持续优化。

二、特色亮点

（一）每日课堂教学质量抽查通报制度

通过建立每日课堂教学质量抽查通报制度，一方面能及时发现教风优秀的

课堂；另一方面也能及时曝光到课率低、课堂管理不力的课程和教师，强化了教学质量的监督反馈力度，有助于形成校、院、系三级齐抓共管的局面。

（二）实施新入职教师教学基本能力达标考核制度

通过对新入职教师进行教学设计和教学展示的教学基本能力考核，可实现三个目标：一是让青年教师发现自身的教学能力不足；二是督促二级学院重视青年教师教学能力培养；三是通过校督导对青年教师的多对一指导，快速提升青年教师的教学能力。最终助力新入职教师"站上讲台，站好讲台"。

（三）以"全覆盖、有亮点"的方式推进课程思政建设

在教学过程和教学管理的全环节，即培养方案、教学大纲、课程教案、课堂教学评价、教学成果评审中融入课程思政建设要求和标准，可充分保证课程思政"全覆盖"。在此基础上推行"培育—示范—激励"三大举措，"有亮点"地选树示范课程、名师和团队，可进一步促进课程思政"全覆盖"。

三、长效机制

"学党史三风"专项行动的开展，推进了我校教育教风建设，促进了本科教育教学工作的发展，形成了多项好的做法和经验，教务处正逐步将相关举措通过制度文件固化下来，形成长效机制。

1. 深化多层面教学一线听课制度。校领导和处级干部每人每学期听课不少于1次；教务处及各教学单位主要负责人每学期听课不少于2次；校督导专家对学生评教成绩后10%的教师、新上岗教师以及参加各类评奖评优教师实施重点听课。

2. 不定期开展教风专项督查。组织校、院两级教学管理人员，对教师教学执行情况和学生学习状态进行常态化、规范化检查，定期通报检查结果，积累并分析课堂教学数据，形成教学检查工作台账，促进教学效果与教学质量提升。

3. 定期召开教学情况师生座谈会。教务处联合学工部、二级学院于每学期的期中和期末召开2次师生座谈会，校、院两级教学督导和教学管理人员全员参与，针对本科教育教学的全环节广泛听取师生意见，做到"学院全覆盖、年级全覆盖"。

4. 持续开展教书育人标兵评选活动。每学年评选10名对教学精益求精、对学生严管厚爱的专任教师，对候选人进行专题报道和广泛宣传，通过选树榜样和宣传典型，营造良好教书育人氛围。

5. 建立教学质量奖优罚劣制度。对教学质量综合评价前10%的任课教师，给予教学质量奖励；对连续两次学生评教排名后10%的任课教师，且校督导专家的复审听课成绩位于所有复审听课课程评分的后50%的任课教师，不得参与当年的教学质量津贴分配。

作者信息：

陈红兵，教务处党支部，1977年7月，教授，北京建筑大学副校长

强化“严谨治学、从严执教”的教育理念

——研究生教育教风建设工作成果

杨 娜 姚 远 常 瑾 李 昕

2021 年，研究生院把学习贯彻习近平总书记在清华大学考察时重要讲话精神作为首要政治任务，在学校党委的引领下，围绕立德树人的根本任务，全面推进“学党史、优教风、严学风、强作风”专项行动，近一年来在研究生教育教风建设方面取得了显著成绩。总结如下：

一、做法成效

推进落实工作方案中研究生教育教风建设主要任务，狠抓研究生教育和导师队伍管理，着力解决研究生招生、教育教学、导师队伍建设管理、师德师风方面的突出问题，促进全校形成“严谨治学、从严执教”的良好教风。

（一）提升研招工作质量，实行全过程风险管理

为做好研究生 2022 年研究生招生录取工作，在招生录取的初试、出题、阅卷、复试等环节做好保密教育培训工作。共召开 4 场针对初试考务人员、自命题老师、阅卷老师、复试老师等共计 600 余人的培训。并在自命题出卷环节新增命题教师试做试答环节，确保试题内容表述准确、规范，没有歧义。所有研考工作涉及人员签署保密协议，做到培训全覆盖，巡查全覆盖，保密协议签署全覆盖。通过扎实的培训，规范教师行为，确保我校研究生招生录取公平公正、安全平稳有序实施。

（二）修订培养方案，优化培养流程

科学制定培养方案，完善人才培养体系。研究生院在深入调研的基础上，完成 2021 版博士、硕士研究生培养方案的修订：依据核心课程指南优化课程设置；增加各学科对专业实践、学位论文工作、在学期间取得学术成果的分类制

定要求和说明；对课程大纲进行全面修订，更新教学内容；通过研究生教育教学质量提升项目，加大对在线课程建设的支持力度，完成4门研究生在线课程的录制工作。

优化培养流程，加强学位论文过程管理。在广泛调研基础上，结合我校研究生教育管理实际，对研究生开题、中期检查等培养环节进行流程优化，修订了《研究生中期考核实施办法》《学位论文开题及专业实践计划编制工作要求》等相关文件。对研究生论文开题、中期检查、博士生预答辩进行严格审核，继续深入推进“全查重—全盲审”的学位论文管理制度，对申请学位研究生的学术成果材料及答辩资格严格把关，学位论文质量得到有效提升。北京市学位论文抽检中我校2020届毕业生54篇抽检论文100%合格，良好率达到92.7%。2021年共召开三次学位评定委员会，完成3名博士（含1名国际学生）、661名硕士（含15名国际学生）学位授予工作。

（三）建立研究生培养分流制度，制定学业帮扶方案

2021年10月制定实施《北京建筑大学研究生学业管理实施办法》，并按相关规定开展学业预警工作。持续完善研究生学业管理机制，对相关联的现行文件进行梳理和修订，进一步提升研究生教育教学管理的规范性。

开展学业预警工作，制定“一人一策”学业帮扶工作方案。督促学院对44名受到学习年限预警和47名受到学习年限提醒的研究生加强学业跟踪与指导；对在读博士生学业修读情况进行状态摸底，建立博士预警台账，督促学院、学科及导师加强对博士生的培养过程管理，针对学业预警的博士生制定“一人一策”学业帮扶工作方案。

召开师生座谈会，讨论解读管理文件。研究生院在两校区组织召开了5场研究生导师、任课教师和研究生座谈会，就研究生的教学安排、学位授予、导师管理、学科建设等工作进行沟通和调研，对新出台的研究生培养相关管理文件展开讨论和解读，深化师生群体相互理解，促进情感交流。

（四）推进监督机制建设，达到以建促改的实效

研究生院制定以成绩提交率、教学违纪及事故、导师考核合格率、学生投诉事件和学位论文抽检合格率为主要内容的教风考核指标，对各学院的教风建设情况进行考评，达到了以评促建、以建促改的实效。

加强课堂教学管理，严肃课堂教学纪律，严格研究生开课管理，对研究生教学活动全过程和教学效果进行监督。督促教学单位做好调课审核备案工作，

对于因节假日等原因导致的全校性调停课，做好相关组织和服务工作，对于由任课教师提出申请的调停课，严格按照调停课申请审批流程进行审核管理。

持续加大校、院两级研究生课堂教学检查力度，每学期组织研究生院全体人员及各学院研究生管理人员进入课堂听课，针对授课情况、教学方式、课堂组织、师生互动、学生出勤等情况进行监督检查，本年度共有 102 人次参与听课，涉及 88 门课程。听课检查发现问题后，研究生院与学院及相关任课教师沟通反馈，及时帮助教师端正教学态度、调整教学方式、改善讲课质量。

根据学校疫情防控工作的总体部署，落实研究生课堂教学环节师生佩戴口罩情况检查。研究生院于 2021 年 11 月、12 月进行了 5 次专项检查，共抽查 54 门课堂，并及时将发现的个别课堂口罩佩戴率低或到课率不高等问题反馈给相关学院进行整改。

（五）加强导师队伍建设，提高导师业务水平和师德水平

强化导师的岗位意识和责任意识，落实研究生导师是研究生培养的第一责任人制度。完善并修订《研究生指导教师条例》；严格实施招生计划与导师考核挂钩机制，执行师德“一票否决制”，完成 348 名研究生导师的年度考核；新增 13 名博士生导师、31 名校内硕士生导师和 104 名校外兼职硕士生导师；在考核和遴选的基础上，364 名校内导师和 474 名校外兼职导师被聘任为 2021 级硕士研究生指导教师。

提升导师能力，选派导师参加进修班。研究生院联合教师发展中心选派 6 名 2021 年新任研究生导师参加北京市高等学校师资培训中心举办的“北京市属高等学校研究生导师高级研修班”，以提升我校新任研究生导师综合素养和指导能力。

开展导师培训全覆盖，实现导师培训常态化。研究生院依托知名平台及学会培训课程资源，围绕学位与研究生教育改革发展、师德师风、立德树人、导学关系等主题，以线上讲座及在线研修课程学习等形式开展 2021 年度研究生导师系列培训。针对 2021 年新任导师，以《〈研究生导师指导行为准则〉要点解读与准则解读》1 门在线课程学习、“研究生教育应知应会”在线测试及系列管理文件电子资料自主学习的方式开展培训，针对老导师开设《加强研究生教育研究　建设研究教育强国》等 10 门课程在线视频学习，实现导师培训常态化、全覆盖。

提高导师责任意识，赋予导师裁量权。加强和规范导师对论文开题、中期检查、答辩等关键环节的把关。强化导师对研究生发表高水平学术成果的指导、

认定与审核。通过修订《研究生学位（毕业）论文学术不端行为检测管理办法》，赋予导师对于学术不端行为认定的裁量权和自主权，切实提高指导教师对学术规范教育和提高论文质量的责任意识。

（六）充分发挥课堂主渠道作用，加强思政课程与课程思政建设

完善研究生思政课体系建设，发挥思政课在立德树人中的关键课程作用。依据中共中央宣传部、教育部 2020 年 12 月发布的《新时代学校思想政治理论课改革创新实施方案》精神，在 2021 版研究生培养方案中增加两门硕士研究生选择性必修课程。

贯彻落实上级文件要求，制定《关于加强研究生课程思政建设工作的指导意见》，明确课程思政建设目标和评价标准；根据北京市教委要求上报三门研究生课程思政示范课程；摸排各教学单位在建和拟建课程思政示范课程，形成 2021 年各教学单位课程思政建设情况汇总；设立专项经费，在研究生教育教学质量提升项目中，优先支持符合要求的课程思政项目建设，拟形成促进课程思政建设的长效机制。

（七）加强交流与调研，提升研究生管理能力

加强和校外机构的学习交流。对北京工商大学、首都经济贸易大学、首都师范大学、中国传媒大学四所兄弟院校在申博工程、学科建设、培养全过程管理等方面进行调研学习。赴国家文物局专家与培训处调研，探讨建筑遗产保护理论与实践方向实践型人才的培养模式，对接“高层次文博行业人才提升计划”的组织工作，围绕研究生招生、人才培养、基地建设等具体工作进行深入沟通与交流。

同时，研究生院重视校内管理业务的交流和培训，每学期初、中、末都召开分管研究生教学院长会，并不定期召开研究生教学重点工作布置会和研究生教学秘书业务交流与培训会，确保新规定、新要求、新举措的落地实施。

（八）加强研究生创新能力培养与学术道德教育，促进形成良好学风

研究生院持续开展研究生创新能力培养，引导研究生静心研究，在导师指导下全面提升学术研究能力、学术研究水平和综合素质。完成 2020 年度研究生创新项目结题工作，提交 92 项结题申请，经过审核，最终 85 项符合条件完成结题，并评选出 18 项优秀项目，结题率较上一年度增长 30%。做好 2021 年度研究生创新项目和博士研究生科研能力提升项目的申报工作：共收到研究生创

新项目立项申请301项，与去年相比增长60%；首次组织博士研究生科研能力提升项目立项，共申报43项，超过在读博士生数量的50%，研究生对科研创新项目的申报积极性大幅度提高。最终15项博士研究生科研能力提升项目（重点项目5项，一般项目10项）和100项研究生创新项目（重点项目20项，一般项目80项）获批立项。

持续深入推进研究生学术道德规范教育。为加强学术规范教育，提高研究生科研能力，研究生院联合中国知网组织召开4场“论文阅读写作和学术规范”讲座，围绕文献阅读、资源检索、论文选题、学术不端等内容进行讲解，帮助研究生提高专业文献研读能力，增强学术规范和学术道德意识。

积极组织研究生参加中国学位与研究生教育学会、中国知网举办的2021年“研究生科研素养提升”系列公益讲座。讲座主要围绕科研思维培养、科研工具使用、学术研究方法、论文写作与发表、学术规范与心理健康等五个模块进行。在校研究生通过网络直播和回放的形式积极参与，共有约500名研究生参与，174名研究生参与考试并获得结业证书。

突出学术诚信审核把关，对《北京建筑大学学位（毕业）论文学术不端行为检测管理办法》进行修订并发布实施，将自律与他律相结合，完善处置学术不端行为的机制，强化导师培养质量主体责任，营造良好的学术环境。

二、特色亮点

认真落实教育部、北京教育考试院有关研究生招生和培养的政策要求，在疫情突发期间和防控常态化工作中，以制度建设为核心，以强化责任为抓手，加强关键环节监管，落实疫情防控要求，圆满完成2021年度研究生招生工作和研究生培养工作。

（一）落实政策要求，确保研招工作公平公正

针对形势异常复杂的2022年研考，认真落实教育部、北京教育考试院有关研究生招生录取政策要求，以制度建设为核心，以强化责任为抓手，加强关键环节监管，落实疫情防控要求，落实不同阶段的培训和保密要求，确保我校研究生招生录取公平公正、安全平稳有序实施。

（二）规范导师对环节的把关，提高导师的责任意识

加强和规范导师对论文开题、中期检查、答辩等关键环节的把关。强化导师对研究生发表高水平学术成果的指导、认定与审核。通过修订《研究生学位

(毕业）论文学术不端行为检测管理办法》，赋予导师对于学术不端行为认定的裁量权和自主权，切实提高指导教师对学术规范教育和提高论文质量的责任意识。

（三）推进学位论文管理制度建设，有效提升学位论文质量

加强研究生学位管理，加强学位管理信息化建设，加强学位管理各环节质量监控与督导，精准帮扶，为研究生顺利毕业保驾护航。加强学位论文过程管理，对研究生论文开题、中期检查、博士生预答辩进行严格审核，继续深入推进“全查重—全盲审”的学位论文管理制度，对申请学位研究生的学术成果材料及答辩资格严格把关，学位论文质量得到有效提升。北京市学位论文抽检中我校2020届毕业生54篇抽检论文100%合格，良好率达到92.7%。每学期制定学位授予工作通知，明确学位工作时间安排及质量要求，严格规范学位申请与授予工作。

（四）开展学业预警，制定“一人一策”学业帮扶方案

在博士培养工作上，针对博士生学业进展滞后的问题，研究生院持续深入开展学业预警工作，建立博士预警台账，督促学院、学科及导师加强对博士生的培养过程管理，针对预警博士制订详细的“一人一策”学业帮扶方案，把博士生培养过程夯实做细。通过研究生院、学院、导师、学生多方努力，共同促成博士生顺利完成学业，提升我校博士培养质量。

三、长效机制

以学校制定的“建设一流学科、建设高端平台、培养创新人才”目标为指引，完善学科建设和研究生培养体系，充分把握当前的机遇，全面提升学科建设水平、博士和硕士研究生的培养水平，为建设有特色、高水平、创新型的建筑大学做贡献。

（一）规范导师指导的过程管理，提高导师队伍业务能力

进一步提高导师队伍建设，提高导师队伍的道德水平、学术水平和指导水平。加强和规范导师指导的过程管理，将其纳入考核内容，保证研究生培养质量。通过导师考核制度的严格实施和全覆盖的导师培训，提高导师队伍业务能力。

（二）加强培养模式改革，建成充满活力的研究生培养体系

持续完善学科涵盖面广、多层次、协调发展的硕士研究生、博士研究生和博士后培养体系，建立并鼓励跨学科、导师组联合培养模式。推动研究生“三全育人”综合改革，将课程思政融入人才培养全过程。高质量完成全部学位授权点的合格评估，以评促建，凝练、培育人才培养优势和特色。不断完善交叉学科、硕博贯通等人才培养机制，提升精细化管理水平。打造示范性、可持续的产教融合新机制，实现各学科相应重点行（企）领域培养基地布局的全覆盖，全面提升研究生实践创新能力和高层次创新人才供给能力。

（三）加强研究生培养过程管理，建成科学完善的质量保障体系

建立健全内部质量管理体系，充分利用外部质量监督体系，严格规范研究生培养的过程管理。成立新一届研究生教育督导委员会，组建校、院两级研究生教育督导组，实施研究生教育全过程督导。加强导师队伍建设，健全导师责权。坚持学位论文“全查重—全盲审—全覆盖”机制，引导和激励博硕论文选优评强。突出自身特色，加快完善学术学位和专业学位研究生的分类培养机制和质量评价体系。

作者信息：

杨娜，研究生院，研究生院党支部，1979 年 5 月，助理研究员，研究生院培养办公室主任

姚远，研究生院，研究生院党支部，1984 年 3 月，助理研究员，学位评定委员会办公室主任

常瑾，研究生院，研究生院党支部，1985 年 2 月，助理研究员，研究生院质量办公室主任

李昕，研究生院，研究生院党支部，1989 年 1 月，助理研究员，研究生院招生办公室主任

学党史崇师德　明师风促教风

陈亚飞　苏旭东　李学芳

为深入贯彻落实“学党史　优教风　严学风　强作风”专项行动，推进党史学习教育走深走实，党委教师工作部/人力资源处大力开展师德师风建设，加强师德培育、强化师德教育、完善师德护育，以师德“三育”树优良师风，以优良师风助力教风、学风、作风。在师德培育方面，加强培训执教上岗考核，强化课堂秩序监管结果运用，强化质量导向，深化制度改革，用好制度培育好师德；在师德教育方面，开展师德师风专题教育，选树爱岗敬业从严执教优秀教师典型，深化师生群体相互理解促进情感交流；在师德护育方面，结合“三风”专项行动，为师生办实事，呵护教师成长发展，为建设优良师德师风打下基础，让教师安心从教，静心育人。在此基础上，创新开展“英姿精神”宣讲和教职工心理健康系列服务两项特色亮点工作，形成了“师德三育助三风，师风三风互助力”的常态化师德师风建设模式，凝练了独具北建大特色的“英姿精神”宣传教育机制，开创了以教职工心理健康节为抓手的宣传教育工作模式。

一、做法成效

从师德培育、师德教育、师德护育三个方面，进一步加强师德师风建设，以师风促教风。

（一）多角度加强师德培育，以好制度培育好师风，营造好教风

1. 加强培训执教上岗考核，强化课堂秩序监管结果运用

一是开展新教师教学基本能力达标考核工作。组织21名校、院两级教学督导委员会专家和省部级教学比赛获奖教师对2020年入职的67名专任教师进行教学设计考核，共回收201份教学展示评分表，所有教师的教学展示均反馈修改意见，助力青年教师教学基本能力提升。对2020年新入职专任教师教学基本能力首次考核未达标的教师进行二次考核，经校教学督导委员会专家考评，15

名教学设计未达标和7名教学展示未达标的老师均达标，并取得较好成绩。通过教学基本能力达标考核机制，助力新入职教师“站上讲台，站好讲台”。二是将管理维护课堂秩序作为基本条件纳入专任教师、实验教辅教师岗位职责。依据教学部门认定，不履行课堂秩序管理责任或履职不力的，纳入师德负面清单，与师德考核结论对接运用，并与年度考核结果挂钩。三是加强青年教师的培养力度，大力表彰、鼓励青年教师发展。开展新教师发展引航培训，施行青年教师导师制培养计划；开展青年教师继续教育培训，举办教师创新发展论坛；评选表彰新教师发展引航培训优秀学员，表彰2021年获国家自然/社会科学基金资助教师。

2. 强化质量导向，深化制度改革，促进优良教风

以人事综合管理制度改革为契机，强化教书育人和教学质量导向，进一步减少教学型教师的科研工作量，在职称评聘、岗位聘任条件中突出教师分型发展特色，设置教学质量专项奖励，引导教师将足够的时间、深厚的情感、充沛的精力投入教学工作中去，引导教师进一步加强教学工作，不断提高教学水平，推动教风持续优化，更好完成“立德树人”根本任务。

（二）常态化开展师德教育，以好榜样带动好师风，引领好教风

1. 开展师德师风专题教育，提高教职工思想政治水平和职业素养

一是全面梳理和收集师德师风学习资源。编辑理论学习教育专刊《北京建筑大学理论学习月刊第九辑（师德教育学习专题）》，依托教师工作部人资处微信订阅号开设“师德师风专题教育”专栏，发布系列推文26篇，丰富教职工师德师风学习内容。二是统筹开展师德师风建设专题理论学习活动。各单位以教职工大会、党支部组织生活、教研室活动等形式，重点就习近平总书记关于师德师风的系列重要论述、师德准则、师德警示案例、“人民教育家”“时代楷模”以及我校已故优秀教师李英姿同志先进事迹等内容开展集中学习、交流研讨、参观实践等形式多样的学习活动。三是开展社会实践学习活动。调训高层次人才、海外归国教师赴延安开展暑期社会实践学习，进一步加强“四史”学习和理想信念教育；组织开展中国共产党历史展览馆参观学习活动，通过重温党的百年奋斗历程，感悟初心使命，传承红色基因，激励潜心育人的优良教风和担当作为的工作作风；选送4支青年教师社会调研团队参加“双百行动计划”，引导教师服务首都建设。

2. 选树爱岗敬业从严执教优秀教师典型，深化师生群体相互理解促进情感交流

一是大力弘扬“英姿精神”，选树宣传先进典型。举办2021年新教工发展引航培训系列活动之“英姿精神”宣讲会，将“英姿精神”宣讲作为学校师德培训体系的重点建设课程全面纳入学校师资培训，选树一批严管厚爱、潜心育人的“李英姿式好老师”先进典型。二是组织开展第37个教师节宣传庆祝活动。对在2020-2021学年教学科研、管理服务、疫情防控等工作中做出突出贡献的单位和个人进行表彰；开展礼敬荣誉退休、从事教育事业满三十年教职工活动；开展新入职教师宣誓活动，通过系列庆祝活动，营造尊师重教的校园风尚。三是建设“认识我们的学生”师德培训课程。进一步加强教师对学生群体的理解认知，引导教师结合学校学生特点和工作实际，有的放矢，更好地完成教书育人工作。

（三）全方位推进师德护育，以好服务护育好师风，保障好教风

结合学党史三风专项行动，不断拓宽为师生办实事的服务范围，持续提升服务质量。一是积极联系有关部门，开通海外高层次人才引进绿色通道，不断优化优秀人才户口办理机制和流程，大大缩短了引进人才落户时间。二是逐步解决新入职教职工落户难问题。人资处一方面加强与属地派出所的联系沟通，争取其对学校落户工作的理解与支持；另一方面与各院部密切配合，加强对符合迁户条件教职工的思想引导，积极组织召开集体户清理协调会。通过集体户清理整顿，及时将符合落户条件的待落户人员户口迁至我校集体户，顺利完成了2020年入职教职工的落户工作，解决了新入职教职工的后顾之忧。三是创新开展首届教职工心理健康节和教职工心理健康基层管理干部培训。以“关爱心灵　悦己达人”为主题举办首届教职工心理健康节，开展小悦芽见面会、心理趣味活动、心理健康义诊、心理讲座、心理辅助活动等五大类10余项心理健康服务活动，帮助教职工增强心理保健意识，提高心理健康知识水平，引导教职工关爱自身心理健康，悦纳自我、完善自我，以更好的状态投入育人工作中。通过开展教职工心理健康基层管理干部培训，提升教职工基层管理人员的心理危机识别和处置能力，更好地为教职工身心健康保驾护航。四是尊重教师意见，加强调研，提高管理质量和服务水平。教师工作部/人力资源处先后赴土木学院、电信学院进行调研，就“双塔计划”系列文件、职称文件、博士后管理办法修订征求意见，与学院领导班子、教授代表、青年教师和博士后代表座谈，使二级学院对学校政策文件加深了了解，提升了文件修订的科学化水平。开展

市属高校薪酬系统信息化建设调研，对标工资统发等上级工资管理改革方向，依托信息化，探索构建集日常工作管理、数据统计分析为一体的薪酬管理信息化模块，进一步提高工作时效和管理水平。积极与教务处、研究生院沟通协调，优化大兴校区补贴线上填报流程，提高信息化服务水平。

二、特色亮点

（一）充分挖掘已故优秀教师李英姿同志事迹，凝练和弘扬“英姿精神”

一是举办 2021 年新教工发展引航培训系列活动之“英姿精神”宣讲会。“英姿精神”来源于李英姿，她是北京建筑大学电气与信息工程学院教授、电力系统领域知名专家，曾获北京市教学名师、北京高校优秀共产党员、北京市师德标兵、北京市首都精神文明建设奖等荣誉称号。她秉持严谨治学、从严执教的育人理念，勤奋躬耕教学科研一线，与病魔斗争十余年，依然孜孜不倦、忘我投入工作，用顽强的毅力诠释严管厚爱、潜心育人的高尚师德。为了凝练和弘扬“英姿精神”，组织师生一同聆听“英姿精神”师生宣讲团成员深情讲述已故优秀教师电信学院李英姿教授的感人事迹，观看视频短剧《英姿师范》，交流分享学习感受。将“英姿精神”宣讲作为学校师德培训重点建设课程全面纳入学校师资培训体系。二是选树一批严管厚爱、潜心育人的“李英姿式好老师”先进典型。开展“课堂教学与课堂管理经验谈”活动，选树教风标兵。引导教师明晰教师职业权力责任，交流课堂管理经验，加强对教师维护课堂教学秩序工作典型宣传。开展“我与老师的点滴故事”征集活动，将学生对老师的着眼点聚焦于老师的默默奉献与无悔付出，发现爱，赞美爱，加深师生群体间的相互理解，促进情感交流，于细微处彰显师德、宣扬师德。将“课堂教学和课堂管理经验谈”“我与老师的点滴故事”征集宣传活动评选的 48 篇优秀作品集结形成《严谨治学 从严执教——教风建设优秀作品集》，展现我校教师严谨治学、从严执教的优良教风和乐教爱生、潜心育人的优秀师德。

（二）围绕关心关爱教职工职业发展办实事，提高教职工心理健康水平

一是完成教职工心理健康体检结果数据分析。撰写完成《北京建筑大学教职工心理健康状况调研报告》，完成问题个体回访评估，为相关教职工提供心理帮扶。二是举办我校首届教职工心理健康节。全新升级“北京建筑大学教职工心理健康计划”IP“小悦芽”形象，举办小悦芽见面会、系列心理趣味活动、赠送暖心礼物，引起了老师们的广泛关注，有效宣传了“关爱心灵 悦己达人”

的心理健康理念。三是依托“悦芽儿小语”微信订阅号推送专栏文章。分别推出《如何认知我们的情绪》《情绪管理之了解情绪的功能》等情绪管理系列文章，帮助教职工了解心理学知识，提升教师对学生的“心育”能力。四是举办心理健康辅助活动——正念工作坊。帮助教职工舒缓压力，以更好的精神状态投入工作当中。五是开设心理服务便利渠道。在微信订阅号“服务指南”增设“教职工心理热线”“教职工心理咨询”栏目，点击可轻松获得心理热线和心理咨询的使用方式，方便教职工预约心理咨询服务。六是开展师生心理健康管理干部业务培训。与会干部一同聆听专家团队带来的《常见心理问题及识别》《心理危机与危机干预实务》《关爱心灵　健康成长——压力管理与心理调适》课程，进行心理危机干预桌面推演和正念团体练习，提高了对心理问题和心理危机的识别能力和处理能力。七是面向广大教职工推出新冠疫情心理调适指南系列宣传教育推文。从在岗工作人员、防疫一线工作人员、返岗工作人员、居家隔离人员、老人、儿童、青少年、孕产妇等不同人群角度，介绍心理调适方式，帮助教职工及家属正视并科学应对疫情，及时疏解负面情绪，号召广大教职工携手前行，以积极、健康的心态，共同赢得抗击疫情的最终胜利。

三、长效机制

（一）构建师德“三育”建设体系

在深入开展党史学习教育的过程中，逐步形成了师德培育、师德教育、师德护育的师德师风“三育”建设体系。一是以好制度培育好师德的师德培育体系；二是以好典型引导好师德的师德教育体系；三是以好服务保障好师德的师德护育体系。以“师德三育”促师风助“三风”，形成师风与“三风”互相助力的建设局面，最终汇聚形成健康向上、和谐发展的优良校风。

（二）凝练“英姿精神”宣传教育机制

在“学党史三风”专项行动过程中，我们深入挖掘了李英姿老师的感人事迹，凝练了“英姿精神”，形成了独具北建大特色的“英姿精神”宣传教育机制，一是将“英姿精神”宣讲作为学校师德培训重点建设课程全面纳入学校师资培训体系；二是开展“李英姿式好老师”选树宣传活动。使严管厚爱、潜心育人的“李英姿式好老师”成为优良教风的一个符号。

（三）构建教职工心理健康节宣教模式

学校于2020年4月出台《北京建筑大学教职工心理健康工作实施方案》，面向全体教职工、职涯全周期系统推出专业化、全方位心理健康教育与服务，构建起“一专三全”工作体系。结合“三风行动 为师生办实事”活动，于2021年举办我校首届教职工心理健康节，深受广大教职工的喜爱，形成了以“教职工心理健康节”为抓手的教职工心理宣教模式，教职工心理健康节成了关心关爱教职工成长进步、促进师资队伍健康可持续发展的重要载体。

作者信息：

陈亚飞，党委教师工作部/人力资源处（高层次人才办公室、教师发展中心），人力资源处党支部，1983年1月，讲师，科长

苏旭东，党委教师工作部/人力资源处（高层次人才办公室、教师发展中心），人力资源处党支部，1987年12月，助理研究员，科员

李学芳，党委教师工作部/人力资源处（高层次人才办公室、教师发展中心），人力资源处党支部，1982年6月，助理研究员，科长

推动党史学习教育见实效
强化学风建设培育体系

——“严学风”专项行动建设成果

黄　静　冯永龙　齐　勇

强化学风建设培育体系，构建学风建设长效机制，是高校落实立德树人根本任务，实现高质量内涵发展的必然要求。2021年，学校开展“学党史、优教风、严学风、强作风”专项行动，将“严学风”专项行动作为有效推进党史学习教育走深走实的重要抓手和落脚点，切实把学风建设深度融入党史学习教育和日常思想教育工作之中。全校上下组织宣传动员，广大师生积极参与，以教师为主导，学生为主体，制度为保障，激励为牵引，规范学生日常行为，激发学生学习的主动性和积极性，推动教风学风联动建设，增强学风建设协同效应，着力构建优良学风体系，丰富学风建设内涵，在全校形成“严于律己、勤奋好学”的优良学风氛围，促进教风、学风、作风同步优化，同步提升。

一、做法成效

按照“学党史，严学风”工作整体部署，学校扎实推进、深入实施学风建设“十大计划”，在师生中形成合力，在行动中取得实效，在奋进中开创新局。

（一）实施思想培育学风计划，激发学生内在学习动力

以党史学习教育为主线，把学风建设大研讨纳入新生入学教育和主题班团会中。每月一主题，每次全覆盖，开展学习习近平总书记在建党百年庆祝大会上的重要讲话精神主题班会、学风建设主题班会、“学风大讨论”主题党团班会，围绕学习目的、学习方法、师生教与学的关系等深入交流研讨，全面激发学生自主学习动力。

（二）实施制度保障学风计划，构建学风建设责任体系

建立“学工部—学院—年级—班级”四级责任体系，落实和完善全体党政

领导干部直接联系班级制度。学工部组织开展学风建设交流会，牵头定期与相关部门、二级学院沟通总结学风建设工作阶段性成果及问题，及时传达新要求，部署新任务。

（三）实施管理塑造学风计划，规范学生日常行为

发布课堂“十要”“十不要”倡议，组建文明倡导志愿服务队近400人引导学生严格遵守。发挥学生信息员课堂信息反馈作用，定期听取学生意见并及时反馈。加强校风校纪和考风考纪教育，提升警示教育和诚信教育实效，推进研究生学术道德规范教育，构建严谨学术体系。2021年学生违纪处分量较2020年减少了38.5%。

（四）实施环境涵养学风计划，营造浓郁校园学风氛围

1. 开展各类学业发展主题教育活动。搭建学生学业辅导工作平台，精心设计学业发展类活动，供学生“菜单式”选择。线下举办“启明”北建大学习讲堂、“阳光下午茶”学习沙龙、北建大“最美笔记”评选，线上利用“学在北建大”微信公众号打造“每周朋辈课”北“建大英语角”等品牌栏目。

2. 强化基层组织学风激励机制。发挥班集体、宿舍建设积极作用，开展优良学风班、先进班集体、“我的班级我的家”优秀班集体、卫生红旗宿舍、优良学风宿舍等创建评比活动，树立集体标杆典型，引导广大青年永远跟党走。2021年，我校1个班级获评北京高校“我的班级我的家”十佳班集体，3间宿舍获评北京高校“示范学生基层组织（宿舍）”。

（五）实施榜样引领学风计划，加大优秀群体示范带动力度

1. 选树标兵典型，发挥榜样示范作用。举办青年“学党史 见行动”主题教育活动暨五四表彰大会，隆重表彰“北京五四红旗团支部”“北建大青春榜样”等先进集体和个人；举办“与榜样同行·创优良学风·担强国使命”优秀学生评选表彰颁奖典礼，隆重表彰国家奖学金、国家励志奖学金等各类奖学金获得者先进个人和优秀集体，教育引导学生树立远大理想，热爱伟大祖国，勇于实践创新，担当时代责任。

2. 加强事迹宣传，激发广大学生学习热情。通过微信公众号“学在北建大”开展优秀学子和团队宣传示范；组织学习沙龙、主题交流会分享榜样典型先进事迹和经验；制作宣传视频、展板、海报，宣传先进，带动全体学生共同进步。

（六）实施学业提升学风计划，完善学生学业指导与发展辅导体系

1. 夯实“1+8+X”学业辅导工作体系。校学生学业指导与发展辅导中心统筹规划、示范引领，带动二级学院发挥学院特色和学科优势建立建筑学苑、学霸联盟、聚能·环、锐E加油站、经英学堂、智诚讲堂、励学讲堂、小葵花课堂等八个分中心，指导学生发展服务支持中心（社团）紧密联系班级了解学生实际需求，构建“校—院—班”三级联动的“1+8+X”学业辅导体系，全方位、多层次助力学生学业和发展。

2. 定期开展本科生学业与发展状况分析。校学发中心每学期开展两次本科生学业分析，梳理学业成绩，研判少数民族学生、家庭经济困难学生等特殊群体的学业状况。根据分析报告建立学业困难学生预警数据信息库，为校、院两级学业辅导工作提供数据参考，有效提高学业帮扶效率和精准度。

3. 加强朋辈互助，开展学业咨询和辅导。依托“思齐”朋辈学业辅导工作室、“红石榴”少数民族学生学业成长工作室，每学年聘任近百名优秀在校生担任朋辈学业导师，为本科学生提供课程、技能、考证、发展等多方面一对一咨询和辅导，月平均服务学生近百人次。

4. 设立家庭经济困难学生发展支持项目。启动“翱翔计划”发展支持项目，并纳入“学党史三风”专项行动第一批“为师生办实事”项目清单，以项目化形式助力家庭经济困难学生成长成才。启动“添翼行动”能力素质提升工程，由优秀本科生担任讲师，为家庭经济困难学生提供新媒体制作、实用办公软件等职业实用技能培训。

5. 提升职规必修课程引导学生养成学业发展规划意识。创新开设新生职业规划先导课，引导新生适应学习阶段的转换，做好职业生涯认知衔接和前期学业规划。一年级学生职业规划课程小班研讨全覆盖，培养学生学业规划意识，帮助学生掌握生涯规划方法，明确发展目标。开展“校友话职业”“校友话成长”等系列全程伴随式职业生涯主题教育活动。

（七）实施科技实践助力学风计划，增强学风建设协同效应

1. 丰富校园学术文化活动。举办“创新塑未来”大学生科技节，开展校、院两级竞赛及“北建大创客沙龙”等活动。举办大学生科技作品展，将优秀作品以实物模型和VR、视频等形式展出。

2. 组织开展“百团行动计划”。开展“永远跟党走 服务首都行”——北京建筑大学师生服务首都“四个中心”功能建设“百团行动计划”，成立101支

学生实践团队，组织千余名学生，在270多名指导教师的带领下，对标首都城乡建设和基层发展所需，将学生专业优势延伸到北京市16个区，143个街道、乡镇，形成调研报告及方案60篇，推进36项科研成果应用到实际生活中，解决服务城市更新、街区治理、冬奥会等多个领域的30个实际问题。“百团行动计划”得到服务地方、单位和群众的广泛认可，优秀实践成果被央视、人民日报、新华社、北京日报、北京电视台等多家媒体报道。

3. 加强研究生创新能力培养。培养研究生创新能力，全面提升研究生学术研究能力和综合素质，组织开展研究生创新项目、博士生科研能力提升项目。2021年，研究生创新项目获批立项100项，博士生科研能力提升项目获批立项15项，学生参与申报率大幅提高。

（八）实施队伍引导学风计划，提升学风建设实效

1. 强化“四进”压实一线责任。完善辅导员深入班级、课堂、宿舍、学生的“四进”常态化工作机制。辅导员“四进”平均每周深入近两百人次。

2. 成立辅导员年级工作组。按照所负责学生归属成立辅导员年级工作组，选拔优秀辅导员担任组长，每组配备一名学工部处级干部，搭建横向工作平台，定期组织例会研讨共性问题、工作重点，形成育人合力，促进学风建设提质增效。

3. 充分发挥驻楼辅导员作用。优化工作职责，强化日常考核，建立夜查工作制度，要求驻楼辅导员深入宿舍，鼓励驻楼辅导员依托宿舍管理创新学风建设工作方式。

4. 优化辅导员岗位考核体系。突出学风导向，进一步加强辅导员考核管理，强化辅导员在学生学业发展、成长过程中的教育引导作用，工作业绩和成效指标全量化，其中学业考核指标权重由22%提高至45%。

（九）实施骨干带动学风计划，提升学生自我管理、自我教育的效果

1. 充分发挥学生党支部的战斗堡垒作用和学生党员的先锋模范作用。开展学生党员培训，实施读经典永传承、成才表率、学党史悟思想、学风引领服务先锋、结对共建强本领、找差距明方向等“六大计划”，引导学生党员增强意识，提升修养，发挥作用；组织学生党员开展“永远跟党走——峥嵘岁月·百年辉煌”微党课展示评比活动；深入开展红色“1+1”结对共建活动，学生党支部、学生党员走基层、下乡村、进企业，服务社会，投身实践。2021年，学校1个研究生党支部和1名研究生党员入选教育部第二批全国高校研究生党建

“双创”名单。1个本科生党支部以决赛总分第一名的成绩斩获北京高校红色“1+1”示范活动一等奖，实现学校在该项评比中连续六年荣获一等奖的佳绩。

2. 实施学生骨干“亮身份　做榜样　促学风”行动。广泛推行“联系卡”制度，学生骨干自觉接受教师监督，带头遵守课堂纪律，协助教师做好课堂管理，带动后进同学。

（十）实施奖惩结合调动学风计划，促进学风建设良性发展

1. 完善学生奖助工作体系。深入践行资助育人理念，完善学校奖助体系。制定并发布实施研究生综合素质测评办法，教育引导研究生德智体美劳全面发展；修订研究生、本科生奖助学金评定相关文件，调整规则、比例和金额等，突出“奖优”功能，充分发挥奖学金激励作用。

2. 加强学生违纪处分管理。修订学生违纪处分管理文件，进一步明确校、院两级学生违纪处分机构设置与权限，优化程序，实现全流程闭环管理，及时回应学生教育管理中的新情况、新问题，强化对受处分学生的教育和帮扶。

二、特色亮点

学校切实推动党史学习教育走深走实，把党史学习教育与首都经济社会发展、学校人才培养工作紧密结合，推动学风建设不断强化，促进人才培养质量不断提升，巩固、拓展党史学习教育成果，将学习教育成果转化为学校培育未来“规划师、设计师、建筑师”的实际成效。

（一）加强教风学风联动，凝聚协同育人合力

学校强化顶层设计，在“学党史三风”专项行动领导小组下设立“严学风”工作组，在充分调研和论证的基础上制订具体方案，大力统筹推进学风建设。

学生工作部、研究生院、教务处、团委等相关部门齐抓共管、协同联动，将学风建设工作与党史学习教育有机结合，将“严学风”与“优教风”“强作风”有机统一，坚持“严学风”“严”字当头，落实教育引导和规范管理相结合，目标导向和问题导向相结合，抓在日常与常抓不懈相结合，系统推进与协同联动相结合，持续深入加强优良学风建设。

自“严学风”专项行动开展以来，学生准时到课率、课堂表现优秀率和多项学业成效指标均有提升。如升学率较上年提升3.7%，本科生奖学金获奖人次较上年提升7.2%等。

（二）夯实党史学习教育基础，激发学生前行动力

学校在全体学生中扎实开展党史学习教育，举办“网上重走长征路”暨“四史”学习知识竞赛、学生党员微党课展示评比活动、“庆祝建党100周年”合唱比赛等多项活动，组织学生参观中国共产党党史展览馆，促进学生将党史学习落深落细，巩固理论基础，领悟理论精髓，教育学生传承红色革命精神，从党史学习中汲取前行智慧和奋进力量，深刻理解“为什么学”，清晰认识“怎么学”，并切实转化为内在学习动力，落实到脚踏实地的行动中，奋发进取，砥砺前行。

（三）培养实践创新精神，赋能学生成长成才

学校大力推进“党性实践+社会实践+专业实践”“三位一体”的实践育人模式，有针对性地搭建师生共同参与、共同锻炼、共同成长的工作机制，组织开展师生服务首都“四个中心”功能建设“百团行动计划”，发挥学校专业特色和学科优势，以实践行动聚焦北京“三规”落地，精准对接首都城乡建设需求和社区、乡村发展具体需要。

作为学校“永远跟党走”主题教育活动“做起来”的示范引领活动，“百团行动计划”形成了校内外两个协同育人共同体，增强了学生的社会责任感、创新精神和实践能力，探索了高校服务地方经济社会发展及学生“立大志、明大德、成大才、担大任”的有效路径，取得良好效果。

三、长效机制

学校深入推进党史学习教育，扎实开展“严学风”专项行动，夯实学风建设“十大计划”，不断完善工作长效机制。

（一）学生内生学习动力提升机制

以党史学习教育为契机，强化思想引领，全面开展“学党史”、持续推进“严学风”，拓宽全媒体宣传教育途径，全覆盖组织主题班会、团日活动，创新开展党史竞赛、微党课、微宣讲等多种形式教育活动，教育引导学生立德修身、坚毅笃行，自觉培养使命感和责任感，切实提升内生学习动力。

（二）学生学情动态监测机制

学生学业指导与发展辅导中心联合教务处、就业中心与心理中心，每学期

开展两次本科生学业状况调研分析，及时掌握学业困难学生情况，并完善相关信息数据库，与二级学院学生学业指导与发展辅导分中心充分协同，对学业困难学生强化学业帮扶，进行学业状况定期跟踪和动态管理。

（三）学生日常管理激励联动机制

在“学党史，严学风”专项行动中细化学风建设责任体系，明确学风建设责任主体，形成班主任、辅导员、研究生导师、任课教师等共同参与学生日常学习管理的工作联动机制，定期沟通学生出勤率、课堂表现和学业成绩，有关部门定期进行专题协同会商，了解学生思想状况、学习状态，并有针对性地对学生开展深度辅导和指导，增强协同育人实效。

作者信息：

黄静，学生工作部（处）（研究生工作部、武装部），学生工作部党支部，1980 年 9 月，助理研究员，学生工作部学业发展与民族教育科科长

冯永龙，学生工作部（处）（研究生工作部、武装部），学生工作部党支部，1977 年 5 月，副教授，学生工作部副部长

齐勇，学生工作部（处）（研究生工作部、武装部），学生工作部党支部，1982 年 9 月，教授，学生工作部部长

强化作风建设，践行使命担当

——干部队伍作风建设成果

王震远 张 莉 曹宇曦

根据学校《北京建筑大学“学党史、优教风、严学风、强作风”专项行动工作方案》，作风建设工作组稳步推进、扎实落实，在全校干部中持续开展“转作风、强责任、重担当”作风建设行动，进一步严明工作纪律，规范工作行为，提高工作效率，树立干部良好形象，努力打造一支讲政治、守纪律、顾大局的干部队伍，形成“求真务实、担当作为”的良好作风。

一、做法成效

（一）凝心聚力，将“转作风”作为干部作风的指挥棒

一是制定《关于进一步加强机关工作作风的实施意见（试行）》，围绕一个目标、强调两条主线、构建三个评价指标、建立四个长效机制，切实推进机关作风建设，引导机关干部不断强化服务意识、创新服务路径、提高服务质量。二是制定《北京建筑大学机关干部基层实践锻炼实施办法（试行）》，引导机关力量向基层延伸，发挥机关干部优势作用，逐步增强学院班子力量、提高学院治理能力、提升学院建设质量。目前共选派 4 名机关处级干部到学院进行实践锻炼。三是加强干部教育培训，举办“日新”干部沙龙 4 次，通过报告、交流、研讨等形式，不断提升干部的能力建设。加强与国家教育行政学院合作，选派 14 名干部参加二级学院党组织书记政治能力提升班，选派 26 名干部参加第 22 期高校中层干部研修班，调训 4 名干部参加市委党校中青年干部培训班，进一步提升干部的思想政治素质和教育管理能力。四是强化榜样引领和作风宣传。通过征集“身边榜样”先进典型事迹，挖掘身边干部典型，加强宣传推广，树立干部良好形象，开展“带头承诺做表率”主题实践活动，编辑发布干部作风简报共 7 期。

（二）强化监督，将“强责任”作为干部作风的检验尺

一是将干部作风作为干部日常考核的重要指标，制定《北京建筑大学处级干部日常考核实施办法（试行）》，进一步做细做实处级干部日常考核，将日常考核、年度考核相结合，健全考核体系，推进干部考核考准考实。二是成立机关作风建设监督检查组，采取“四不两直”的形式，开展机关作风建设检查，及时发现问题、提出整改要求并发布检查情况月度通报。三是实行“双约谈”制，对作风建设不扎实、问题较为突出的单位负责人，由组织部、纪检办负责人对其双约谈，对苗头性问题，坚持抓早抓小，及时消除干部作风隐患。四是深化督查督办体制机制，对2021年重点工作、重要会议精神、领导批示要求等实行台账管理，持续推进工作落实落地。五是加强沟通联动，定期召开处长工作例会，通报机关工作情况、进行工作部署，进一步促进了各职能部门之间的沟通协调、整体推进。

（三）建善筑实，将“重担当”作为干部作风的试金石

一是扎实推进办实事，制定两批“为师生办实事”项目清单，解决40余项师生急难愁盼的事项。开通“接诉即办”师生服务平台，建立校内“接诉即办”工作体系和“一口受理、分拣转办、实时监督、绩效考核”的工作机制，形成为师生办实事的长效机制，推动干部深入师生调研沟通，解决问题，平台成立以来处理师生合理诉求7000余项，平台响应率100%，办结率98.2%，满意率98%，师生关切得到积极回应。二是深入一线，服务教育教学。发布《关于组织开展处级干部进课堂的通知》，组织处级干部进课堂听课评课，发布《关于组织开展党政领导干部直接联系班级工作的通知》，建立处级干部直接联系班级制度，129名校级、处级干部逐一联系班级，深入班级参与班团主题活动，开展宣讲教育工作。三是作风建设小组各成员单位针对师生需求主动作为，为师生提供高效便捷的服务。党政办积极协调校内各重要活动与会议，组织部结合干部需求举办“日新”沙龙，宣传部利用各类校外媒体平台加强对学校重点工作的宣传报道，机关党委推行机关强作风建设亮牌服务和“八要八不准”的行为示范行动。保卫处推出电动自行车电池充电柜，财务处在两校区增设24小时投递机，网信中心大力推进“师生一张表”系统建设，国资处为二级学院配备危化品柜、安装实验室监控摄像头，后勤与基建处开设“夜食堂”，校团委组织学生成立“1907咖啡角”等，师生获得感、幸福感、安全感不断提高。

（四）筑牢防线，在“校园安全稳定”中交出干部作风高分卷

一是在疫情防控中主动作为，各级干部积极应对复杂疫情形势，落实市、校两级疫情防控政策，及时调整校园疫情防控措施，团结带领师生接种疫苗加强针，全员疫苗接种率为96.22%，排在市属高校第一位。二是坚持监督检查促落实，党政办、组织部、党建处、机关党委、教务处、学工部、纪委办、二级学院负责人带头深入教学楼、办公楼、食堂、超市等重点集中地检查师生戴口罩情况，课堂戴口罩率基本在90%以上，食堂、超市出入戴口罩要求亦得到了有力落实，有效应对疫情反复。三是在校园安全稳定中，国资处有效加强实验室安全管理，多措并举推进实验室安全隐患整改，为师生提供安全教学科研保障。保卫处有效加强校园安全管理，坚持联合相关部门开展校园安全隐患排查和督促整改，丰富形式开展安全教育，增加消防疏散演练次数，提升应对突发事件的能力，加强校园巡逻，确保安全隐患降到最低。学工部开展学生安全教育，全年校园内未发生危害学生安全稳定事件。

二、特色亮点

（一）构建“135”工作体系，推进“作风建设”不断走深走实

一是聚焦“学史力行”一条主线。坚持高位推动、问题导向，学校召开专项行动推进会，成立“作风建设”专项工作组，强化工作领导。通过“书记抓、抓书记”，形成学校党委、二级党组织、党支部三级联动，层层传导压力、落实责任的工作体系。通过校领导班子成员和二级党组织书记带头深入基层一线，了解情况，解决问题困难，形成示范带动、以上率下的工作氛围，扎实推进“作风建设”落地见效。二是围绕师生“三感”提升办实事。学校将师生“获得感、幸福感、安全感”的提升作为学校治理能力的重要检验，通过不断强化安全稳定工作领导，排查解决一系列校园安全隐患，建立起校内核酸检测工作队伍，进一步筑牢疫情防控防线。先后制定实施两批“为师生办实事”清单，推动各部门各单位切实解决师生急难愁盼问题，建设运行师生服务平台引导鼓励各部门各单位由“接诉即办”向“未诉先办”转变。三是坚持“五线”工作法促实效。在为师生办实事过程中，学校坚持以“诉求汇专线，干部扑一线，部门串成线，考核进视线，破题找引线”为指引，推动干部作风持续转变，干部主动工作、主动服务、主动协同、主动提升的意识明显增强，切实解决了一批师生的烦心事，推出了一批务实管用的规章制度，涌现出一批榜样典型，取得了阶段性成果，为学校的发展注入了强大的动力与活力。

（二）构建“三化”保障体系，为“作风建设”持续推进保驾护航

一是目标清单化。学校将“为师生办实事”作为干部“作风建设”的重要抓手，并将“严学风、优教风、强作风”作为最大的实事，学校为持续推动“三风”转变，通过梳理突出问题，建立任务清单，确定了22项具体任务、63项重点措施、15个主责部门，进一步明晰目标任务，落实责任。学校按季度召开工作调度会，坚持“书记抓，抓书记”，层层传导压力，编发督查督办简报，通报有关工作进展，实现了工作有目标，目标落实有保障。二是培训立体化。学校为提升作风建设实效，通过和国家教育行政学院开展战略合作，丰富干部培训课程项目和层次，拓宽培训广度，通过开展“日新”干部沙龙，在交流研讨中，延伸思想深度，通过组织书记政治能力提升班、中层干部研修班、青年干部培训班等进一步增强教育力度，让干部培训工作做到全覆盖，分层次，出实效。三是考核指标化。学校制定《北京建筑大学处级干部日常考核实施办法（试行）》，明确具体考核内容，结合为师生办实事服务平台，将师生合理诉件办理的“响应率、办结率、满意率”作为一项指标，纳入干部日常考核，与年度考核相结合，为“作风建设”持续推进提供坚实保障。

三、长效机制

学校将“三突出、三强化”作为作风建设长效机制的突破口，驰而不息推动作风建设常治长效。一是突出政治统领，强化制度建设。坚持把讲政治摆在作风建设首位，持续推进《关于进一步加强机关工作作风的实施意见（试行）》，定期开展“四服务”满意度评价，督促职能部门不断提升服务质量；用好处长工作例会，加强部门间联动，形成工作合力。二是突出问题导向，强化服务师生能力。坚持用好“接诉即办”师生服务平台，引导干部深入基层一线，积极响应师生诉求，了解发现并解决问题，持续开展“为师生办实事”实践活动，不断提升广大干部主动服务师生意识，切实提升师生的获得感、幸福感、安全感。三是突出能力提升，强化业务本领。扎实做好干部教育培训，结合学校事业发展，持续提升广大干部干事创业能力，用好“日新”干部沙龙，持续开展干部沟通技巧、公文写作能力，培养管理意识，树立有效管理理念，提高机关管理工作的有效性、便捷性，努力在干部队伍中营造风清气正，积极向上的精神状态，为学校“十四五”事业高质量发展贡献更大力量。

作者信息：

王震远，党委组织部（党校）/离退休工作办公室，党委组织部（党校）党支部，1973 年 3 月，副研究员，党委组织部副部长（主持工作），离退休工作办公室主任（兼）

张莉，党委组织部（党校）/离退休工作办公室，党委组织部（党校）党支部，1979 年 1 月，党委组织部副部长

曹宇曦，党委组织部（党校）/离退休工作办公室，党委组织部（党校）党支部，1990 年 1 月，党委组织部干部科科长

学党史开新局　强监督促发展

——“三风”监督检查工作成果

牛　磊　张瑶宁　董姝婷

学校纪检监察办公室始终坚持以习近平新时代中国特色社会主义思想为指导，深入贯彻落实党的十九大及历次全会精神，认真落实中央纪委、市纪委全会部署，以推动高质量发展为主题，坚定不移推进全面从严治党，紧扣学校工作大局发挥监督保障执行、促进完善发展作用。自党史学习教育开展以来，有力推动学校党委决策部署有效落实，把监督贯穿“学党史·优教风·严学风·强作风”专项行动及学校各项工作全过程，提高纪检监察工作效能。

一、做法成效

（一）贯通融合各类监督，增强监督治理效能

1. 聚焦党史学习教育，推动政治监督具体化、常态化

坚决贯彻习近平总书记在党史学习教育动员大会上的重要讲话精神，以“学党史、见行动”为主线，精准有力开展政治监督，确保党史学习教育出成果、显实效。围绕学习贯彻和“十四五”规划制定等，通过座谈调研、查阅资料、参加所联系单位理论中心组学习、党支部组织生活会等监督党史学习教育开展情况，推动基层党组织党史学习教育取得实效。推动巡察问题整改，针对全面从严治党（党建）工作考核发现问题，与巡察办一同进行专题研讨，深挖问题原因、分解整改任务、制定工作清单、提出整改要求，确保问题整改零折扣、工作开展高质效；针对第五、六批校内巡察进行“回头看”，深入被巡察单位逐项检查问题整改情况，切实做好巡察“后半篇文章”。深入推进“一把手”及领导班子成员监督工作，发挥班子成员相互监督作用，充分发挥纪委委员联系二级单位党组织制度，通过开展各类专题沟通、谈心谈话、节前提醒、重点约谈等行动推动基层党组织政治监督具体化、常态化。

2. 聚焦疫情防控，精准有效开展专项监督

一是强化制度保障，严明纪律要求。制定《关于常态化疫情防控专项监督的实施办法》《关于对校园封闭管理应急工作开展专项监督检查的工作方案》，完善协调联动监督、跟踪督促整改、严查快办处置、请示报告沟通等四项工作机制，明确监督重点和任务，就二级单位党组织履行主体责任、党员干部主动担当作为、纪检监察干部全程跟进监督等提出工作和纪律要求。

二是注重协同作战，加强监督检查。疫情防控期间，专职纪检监察干部和二级单位党组织纪检委员通过参与校门和家属区值班值守、听取线上课程教学、电话调研学生需求等，在参与中监督，在监督中保障。纪检委员以电话访谈形式对 83 名校内外学生开展学习和生活需求调研，收集到涉及教育教学和后勤保障方面的 9 类 43 项问题。相关部门逐项研究提出解决措施，并和学生进行“一对一”沟通。围绕教学内容、授课言语、PPT 课件、师生互动、学生考勤等对线上教学情况开展专项监督。抽查听取 51 门线上课，及时向教务部门反馈发现的问题，督促其与授课教师提醒沟通，提升授课质量与学生听课效果。

三是紧盯关键环节，提升监督质效。紧盯校园分区管理、快递消杀、隔离观察点运行、核酸检测、食堂就餐、师生进出校与进出京审批、食材保供、防疫物资储备、大型活动组织等疫情防控关键环节，对重要事项多次开展专项监督检查，确保疫情防控主体责任层层落实。根据《北京建筑大学疫情防控自查工作方案》明确的 29 项自查工作清单，逐一监督，确保责任到部门、到单位。

3. 凝聚监督合力，做实做细日常监督

根据《北京建筑大学“学党史·优教风·严学风·强作风”专项行动工作方案》，制定专项监督方案，明确监督重点，主动跟进、下沉监督。

一是做好党员干部“廉政体检”。严把党风廉政意见审查关、回复关，认真出具党风廉政意见，严防带病提拔、带病表彰。

二是紧盯关键环节落实靶向监督。深入教学一线，对线上课程和线下课程进行抽查，针对学生出勤、授课环境、视音频效果、教学资料呈现、教学方式和内容、师生交流互动等情况加强对教师教学情况的监督检查，监督意识形态责任制落实；重点监督学校“接诉即办”师生服务平台诉求办理情况，紧盯每项诉求的响应率、办结率、满意率，对有关师生诉求进行督查督办；重要节点开展纠“四风”、树新风监督检查，对重要职能部门负责人进行节前提醒谈话；协助党委职能部门在全校干部中持续开展“转作风、强责任、重担当”作风建设行动，强化规矩意识，推进工作落实，在形成“求真务实、担当作为”良好作风中着力发挥纪检监察机关作用，把“三风”建设工作落到实处。

三是协同联动全面监督。坚持“纪委+”多方联动监督模式，紧盯关键事、关键人、关键时、关键处，联合相关部门通过现场检查、线上督办、电话访谈等多种方式开展监督检查，形成一体化监督合力。联合职能部门对中央八项规定精神落实、党支部建设、干部选任及管理、意识形态责任制落实、人员招聘、师德师风、职称评审、线上教学、教师评价、学风建设、学生管理、研究生考试与复试、国有资产管理、实验室安全、后勤服务保障、安全稳定等情况开展监督检查，通过部门间协调联动监督，增强监督的针对性和实效性。

（二）着力增强履职能力，加强队伍自身建设

1. 主动靠前学习，提升能力素质

组织纪检监察干部持续巩固拓展党史学习教育成果，深入学习贯彻中央纪委、市纪委全会精神，研读《中国共产党纪律检查委员会工作条例》，传达学习市纪委市监委《关于进一步严明疫情防控有关纪律要求的通知》，增强纪检监察干部的责任感和使命感，把上级精神融到实际工作中。组织全校纪检监察干部开展线上知识答题活动，重点围绕《中国共产党章程》《中国共产党党内监督条例》《中国共产党纪律处分条例》《中华人民共和国监察法》《中华人民共和国公职人员政务处分法》等党纪法规及应知应会内容进行知识测试，以考促学、以学促纪、以纪促行，切实提高纪检监察干部理论水平和纪法思维，提升履职“基本功”。

2. 抓实四方联动，突出作用发挥

注重发挥学校纪委委员、专职干部、二级单位党组织纪检委员和在职教工党支部纪检委员在党风廉政宣传教育和日常监督检查中的作用。组织学校纪委委员总结2021年度履职情况；坚持学校纪委委员、专职纪检监察干部联系二级单位党组织制度，主动参与所联系单位会议活动，全面掌握党风廉政建设和党员干部廉洁从政情况；通过校园网、微信群及时发布廉政信息，重要节点强调纪律要求，督促纪检委员做好宣传、监督工作；要求二级单位党组织纪检委员密切联系师生，围绕疫情防控、线上教学、师生管理等强化日常监督，重在发现问题、解决问题，坚持向学校纪委周报告制度；研究生复试期间，在学校纪委和研究生院统一安排下，纪检委员对本单位线上复试监督实现全覆盖，基层纪检干部监督作用得到切实发挥。

3. 坚持全程监督，奋战抗疫一线

校园封闭管理期间，两名纪检监察专职干部作为防疫专班骨干，第一时间入驻学校，冲锋在第一线，战斗在最前沿，全天候、全方位、全过程监督疫情

防控工作。贯彻落实0进0出、校门管控、禁止快递“手递手”等重点工作要求，盯好快递消杀、核酸检测等关键环节；走进食堂、超市，检查食品供应和物资储备情况；深入研修室、实验室了解学生的学习和生活诉求，并监督检查校园安全隐患；参与专班相关会务组织、数据报表汇总和报送工作；在履行监督职责的同时，专职干部打破工作界限，突破工作壁垒，协助相关部门查找风险漏洞、制定防控措施、补齐短板弱项，以积极稳妥的工作状态和严谨务实的工作作风，带动师生员工克服困难投入学校“战‘疫’场”中，做到能吃苦、讲奉献、能战斗。

二、特色亮点

（一）创新“五育并举”模式，打造廉政文化宣传矩阵

一是通过警示教育引领干部严守底线。开好年度警示教育大会、全面从严治党（党建）工作会及纪委全会、党风廉政建设和反腐败工作协调小组会等，向党员干部亮红灯、敲警钟。二是通过党史学习教育开展主题宣讲。结合“学党史、知敬畏、守底线”专题活动，坚持“送学上门、宣传到家”，深入基层开展“中国共产党百年反腐历程”主题宣讲。三是通过课程思政提升学生廉洁意识。将廉洁文化融入大学生思政课、学生党支部活动，引导北建大学子立大志、明大德、成大才、担大任。四是通过“三风”行动营造廉政氛围。将“三风”建设要求融入廉洁教育，营造廉洁从教、廉洁从研、廉洁管理、廉洁服务的良好氛围。五是通过廉政谈话紧盯“关键少数”。通过专题沟通、谈心谈话、节前提醒、重点约谈等加强对二级单位“一把手”监督；坚持新任处级干部廉政谈话制度，制作并发放《处级干部党风廉政建设寄言卡》。

（二）梳理廉政风险点，监督前置提早预防

在全校范围内组织开展廉政风险点梳理工作，推动监督向基层延伸，堵塞工作短板漏洞，确保权力运行透明顺畅。自3月试点工作开展以来，组织党政办、组织部、宣传部、教师工作部（人力资源处）、国资处、财务处、后勤与基建处、图书馆、资产公司等9个试点单位，围绕“人、财、物、事”权力运行，紧盯腐败易发、多发重点领域和关键岗位，重点排查由于岗位权力结构不合理、业务流程不规范、规章制度不健全、关键项目预防不到位等可能导致的廉政风险，并从优化业务流程、提升工作效率、加强监督检查等方面制定风险防控措施。纪检监察办公室与各部门“一对一”研讨风险点梳理和防控措施制定情况。

后期将在全校范围内开展风险点梳理排查工作，进一步织密廉政风险防控网。

（三）加强规范化建设，推进高质量发展

一是依据有关规定梳理线索处置、案件办理各阶段程序，绘制工作流程图8个，结合部门常规性工作制作《纪检监察工作参考指南》，做到事事有依据、处处能核查，有效提高工作规范化水平。二是专职纪检监察干部深入基层单位指导工作、监督检查、主题宣讲、谈心谈话，2021年人均下基层20余次，近距离倾听群众呼声，不断提升纪检监察专业能力。坚持纪委委员联系基层单位制度，了解基层党风廉政建设情况，加强对基层党组织纪检委员的教育培训，持续增强责任意识和履职能力。三是积极参与上级组织的各类业务培训，参加线下培训班2次、线上培训会8次，不断提升纪检监察干部专业能力素质，有效促进纪检监察工作顺利开展。

三、长效机制

纪检监察办公室将持续把党史学习教育同为师生办实事、年度重点工作相结合，进一步完善廉洁文化教育模式，健全监督体系，推动各类监督协调贯通。一是加强廉洁文化宣传，将党史学习教育融入日常宣传教育，以实地参观、廉政党课、警示教育、交流研讨等方式开展多样化宣传教育活动，引导党员干部筑牢拒腐防变的思想防线。二是开展专项调研，针对监督重点难点开展调查研究，及时发现潜在廉政风险和薄弱环节，提出针对性工作建议，不断提升监督质效。三是聚焦师生服务，督促做好“我为师生办实事”推进工作，以解决师生反映强烈的突出问题为重点，坚决纠治损害师生利益的不正之风，严肃查处师生身边的腐败问题。

下一步，纪检监察办公室将继续协助学校党委把“学党史·优教风·严学风·强作风”专项行动作为党史学习教育中的一件大事来抓，努力发挥监督保障执行、促进完善发展作用，实事求是排查问题，以有力监督推进“三风”建设落地见效，推动学校政治生态持续向好。

作者信息：

牛磊，纪检监察办公室，纪检监察办公室和审计处联合党支部，1978年1月，纪委副书记、纪检监察办公室主任

张瑶宁，纪检监察办公室，纪检监察办公室和审计处联合党支部，1982年

5 月，纪检监察办公室副主任

董姝婷，纪检监察办公室，纪检监察办公室和审计处联合党支部，1997 年 10 月，纪检监察办公室职员

深入推进党史学习教育，全心全意为师生服务

——“我为群众办实事”实践活动成果

田　奔

北京建筑大学深入学习贯彻党的十九届六中全会精神和习近平总书记在庆祝中国共产党成立100周年大会重要讲话精神，深入推进党史学习教育，落实全心全意为师生服务宗旨，切实开展“我为群众办实事”实践活动，重点办好师生所急、所需、所盼的大事、难事、实事，切实解决师生的操心事、烦心事、揪心事，推动党史学习教育不断走深走实。

一、做法成效

学校先后印发《北京建筑大学党史学习教育“学党史、优教风、严学风、强作风”专项行动“为师生办实事”项目清单》和《北京建筑大学党史学习教育“学党史、优教风、严学风、强作风”专项行动“为师生办实事”项目清单（第二批）》两个通知文件，针对师生最关心最直接最现实的利益问题分两批整理出47条办实事项目，内容涉及“推进学校治理能力治理体系现代化”“优化教育教学环境”“关心关爱师生健康发展”“解决师生实际需求和困难”“创建绿色安全校园”“创建平安校园”6个模块。截至12月31日，学校“为师生办实事”两批项目清单中47项工作任务均已全部完成，完成率达100.00%。47项办实事项目的详细内容及完成情况如下：

（一）围绕“推进学校治理能力治理体系现代化”办实事7项

一是搭建起校内“接诉即办”工作平台，建立校内“接诉即办”受理反馈机制。二是建立可信电子学业证明系统，实现学生成绩单、在读证明、学历学位等材料的在线申请与打印。三是进一步优化简化财务报销流程，增加财政性资金报销结算向银行报盘打卡次数，继续执行财务骨干人员联系二级学院制度。四是构建智慧财务，启用非税电子票据自助投递、实现会计档案电子化、上线

审批手续电子签字、上线银行三要素自动验证系统、试点数字人民币缴费等功能。五是加强信息系统宣传和支持力度，建设师生数据“一张表”，加强校办企业智能化员工管理信息平台建设，实现“校办企业员工卡、就餐卡、门禁卡”三卡合一。六是进一步完善党政干部直接联系班级工作机制，129名处级干部逐一匹配联系班级，参与全校班级学风建设，实现“三风”互育共促。七是完善科研周转房长效机制，扩大周转房面积1000平方米，支持教师科研工作，助力学校创新生态建设。

（二）围绕“优化教育教学环境”办实事8项

一是改善课堂教学硬件环境，促进教学信息化建设。完成大兴校区基础教学楼60余间多媒体教室计算机、投影仪、扩音系统等设备的更新。二是改善西城校区公共办公条件。增设6间研讨室，2个公共办公空间；增加两校区研究生工位。三是图书馆解决服务师生的问题。图书馆延长开馆1小时，实现节假日两校区图书馆和阅览室同时同步开放；拓宽资源查找渠道，满足师生对文献资源的个性化需求；建立师生图书推荐制度，及时采购读者所需图书；协调中国建筑图书馆延长开馆时间，挖掘中国建筑图书馆馆藏资源服务师生。四是完成校史馆升级改造工程。开展百年校史主题讲座，北建大精神文化及校史校情教育现场教学、展览，制作李英姿教授雕塑等活动，结合开学季及毕业季创作特色文创产品。五是设立国际科研合作种子基金，支持学院教师团队开展国际科研合作，编制《北京建筑大学国际科研合作种子基金暂行管理办法》。六是开展校级外事培训，邀请专家为学校外事队伍工作人员开展政策、业务培训。七是推进“三风”建设，假期英语答疑不打烊。开设学习通线上答疑课堂，为全校学生提供英语学习答疑服务，为有需要的学院和班级提供四六级考试备考宣讲培训。八是改善校园硬件环境，优化校园生活。完成学校广播站、电视台等宣传阵地建设，制作完成学校校园广播台专属片头音频，形成北建大广播台定制声音；改善学生社团活动条件，逐步完成学生活动场地—大兴校区大学生活动中心音响设备升级改造项目和观众座椅改造项目；加强校园咖啡角运营与管理，1907咖啡角运营半学期获得师生的一致好评，已成为北建大校园名片。

（三）围绕“关心关爱师生健康发展”办实事5项

一是启动“翱翔计划”学生发展支持项目，建立“翱翔计划”学生发展支持项目管理和考核机制，分三期开展项目监督考核和资助经费发放。目前已完成第一期项目监督考核与资助经费发放工作，发放金额25590元。二是持续推进教职工心理健康计划，通过修订《北京建筑大学教职工心理健康白皮书》，编制《北京建筑大学教职工心理健康状况调研报告》，设置心理关爱热线，开展讲座报告等举措提高教职工心理健康水平。三是为全校工会会员增加投保中华全国总工会会员互助保障项目—实现每人2份“职工重大疾病互助保障”。截至12月31日，校工会通过互助保障、爱心基金、职工困难补助等渠道，为25位教职工出险理赔，理赔金额12万元。四是在大兴校区西操场、静园及学校东西围墙空地等场所安装压腿器、单杠等体育器材，增加可供师生锻炼的设施。五是开展教职工心理健康基层管理干部培训，举办《常见心理问题及识别》《心理危机与危机干预实务》等讲座，更好地为教职工身心健康保驾护航。

（四）围绕“解决师生实际需求和困难”办实事21项

一是为老同志开展“送服务、送温暖、送健康”活动，通过调整老同志进校政策、拓展订餐服务、组建“银龄服务队”、改善家属区环境和老同志活动室、保障活动经费等多种形式，做好精准对接，提高服务质量。二是在大兴校区增设电动自行车专用充电桩，加强宣教工作。引导教职工使用西城校区已安装的电动自行车电池充电柜。三是落实相关政策，提高养老保险、职业年金和住房公积金缴纳水平，为65周岁（含）以下的劳务合同员工增缴商业意外伤害保险，提供意外伤害身故或残疾、意外伤害医疗两方面保障。四是完成硕博公寓电热水器更换工作，完成第四期硕博公寓周转房申请入住工作，解决教职工临时住房困难。五是提高食堂供餐质量，营造健康饮食文化氛围，开设夜食堂服务和水吧服务。设立咖啡角，为增进师生沟通营造轻松氛围、搭建桥梁。六是优化大兴校区摆渡车运行安排和收费机制，改进师生乘车体验。七是联系相关部门，通过海外高层次人才引进绿色通道，为海聚青年项目入选者缩短办理北京户口的时限。八是解决新入职教职工落户难问题。通过集体户清理整顿，及时将符合落户条件的待落户人员户口迁至学校集体户。截至年底，共迁出62人，解决落户已入职教师及家属64人，基本完成2020年入职教职工的落户工作。九是完成西城校区青年公寓电梯的修复更新。十是完成拆除埋压燃气管道的西城校区建筑物。十一是完成大兴校区锅炉房配电增容升级改造。十二是完成学生公寓9、10号楼前晾晒场的安装。十三是消除西城校区主配电室继电保护装置系统故障。十四是完成大兴校区图书馆外破损装饰挂件混凝土层的修复。十五是完成西城校区乙六楼供电电缆、电闸增容。十六是完成大兴校区硕博公寓东侧道路路灯电缆及学生公寓7、9号楼周边庭院灯电缆入地。十七是完成大兴校区学生公寓7、10号楼及学院D楼漏雨屋面的修复工作。十八是完成土木学院地下工程实验室下沉地面的修复工作。十九是完成两校区食堂燃气报警装置升级与改造。二十是为西城教工餐厅增加小火锅服务。二十一是完成大兴校区东侧蓝网球场围网更新改造。

（五）围绕“创建绿色安全校园”办实事2项

一是实施校园绿化美化工程，改善校园环境质量，创建绿色学校。二是全面排查整改校园安全隐患，加强安全基础设施建设与设施配备；增设主要道路雷达测速抓拍摄像头，增加校内安保巡逻频次。

（六）围绕“创建平安校园”办实事4项

一是完善大兴校区楼宇强电间电气火灾监控系统。二是为两校区地下住人空间安装烟感等报警装置。三是为大兴校区环能学院楼宇安装烟感等消防报警装置。四是为西城校区结构实验室、一宿舍（公共区域）安装烟感报警和消火栓等装置。

二、特色亮点

学校在党史学习教育中始终坚持“学史力行”，落实市委书记蔡奇2020年9月到学校调研时的讲话精神，紧紧抓住立德树人根本任务，创造性开展“学党史、优教风、严学风、强作风”专项行动，将抓“三风”作为最大的实事，引导教师准确把握“为谁教、教什么、怎么教”，教育学生正确认识“为谁学、学什么、怎么学”，激励干部勇于担当作为、善于破解难题。学校在党史学习教育工作领导小组的带领下，设立教风建设工作组、学风建设工作组和作风建设工作组，并设立监督检查工作组，着力推动“三风”持续转变，已取得阶段性成果，为学校建设高水平特色大学注入了强大动力与活力。

1. 优教风。学校聚焦抓课堂教学能力，以教研室为单元开展“集体备课、全覆盖听课、师生评课”；抓教学创新能力，引入行业“三师”上讲台、拓展数字化教学资源、实行课堂翻转；抓三全育人，129名处级干部直接联系班级，12名优秀校友受聘为“学生成长导师”。

2. 严学风。共建文明课堂，学生自觉发起学风建设“十要”“十不要”倡议，383名学风志愿者和全体党员骨干亮身份、做表率。80名朋辈导师开展学业辅导800余次。严格监控期末考评形式、内容、难度，严肃考风考纪。加强对毕业设计选题、开题、答辩等环节的全过程管理。

3. 强作风。以“八要八不要行为规范”强化机关工作纪律，建立“‘四服务'满意度评价指标、'接诉即办'三率评价指标、作风建设考核积分指标"的指标体系，构建"首问负责制度、协同运行机制、能力提升机制、检查督查机制"四个机制，强化服务意识、提高服务质量。取得成效如下：

一是建成并启用"'接诉即办'师生服务平台"，凸显作风建设新气象。学校借鉴市"接诉即办"工作经验，升级原有校园维修、咨询、投诉建议等业务领域师生诉求响应办理体系，共享原有工作队伍，在不增加人员成本、不重复进行系统开发的基础上，着力打造"一口受理、分拣转办、实时监督、一体考核"的工作体系，为解决师生急难愁盼的合理事项提供了便捷权威的渠道。平台自6月23日运行以来，已经初步形成以"诉求汇到专线""干部扑到一线""部门串联成线""考核进入视线""破题找到引线"为主要特征的"为群众办实事"成果。服务平台累计收到各类合理诉求7071件，其中诉求1196件，报修5875件。整体响应率为100%，办结率为98.49%，满意率为97.92%。针对后勤服务类、网络服务类、生活保障类等31个集中热点问题进行分析，已经出台1个专项制度进一步保障落实。

二是学风教风呈现新面貌。专项行动开展以来，学生到课率提升3.5%；与去年同期相比，参加重考学生比例减少4.4%；四级累计通过率提升4.43%；升学率提高3.74%，就业率增长5.19%；红旗宿舍覆盖率提升73.3%，发展学生党员数增长102.27%，申请入党人数增长79.5%，学生党员比例增长5.31%。获得荣誉和奖项"北京市优秀共产党员""首都劳动奖章""北京学者"、北京市青年教师基本功比赛一等奖等，涌现出一大批教师典型。

三是推出一批事关学校长远发展的改革举措。进一步调整优化议事协调机构，新设北京城市保护与更新研究院、建筑大脑研究院等科研机构。制定科研周转房、共享实验室制度，完善《重大事项请示报告制度实施办法》《处级干部平时考核实施办法》等一系列规章制度。顺利推进第四期硕博公寓周转房工作，解决了300余名教职工临时住房困难。加大对北京建筑大学附属小学发展建设的支持力度，为青年教师消除后顾之忧。

三、长效机制

通过持续开展"我为群众办实事"实践活动，学校深刻认识到"我为群众办实事"应永远在路上，办好群众各项"急难愁盼"问题，是学校党史学习教育不断走深走实的指挥棒。下一步，学校将锲而不舍地加强"三风"建设，持续完善"我为群众办实事"项目清单，坚持为广大教职工办实事、求实效，持续推动党史学习教育走深走实。

作者信息：

田奔，党政办公室，党政办公室党委统战部发展规划研究中心校友办和教育基金会联合党支部，1985 年 7 月，讲师，党政办综合法务科科长

办实事、解难题，构建校园治理新格局

“接诉即办”师生服务平台建设工作成果

李郁甜

北京建筑大学“接诉即办”师生服务平台（以下简称“师生服务平台”）是学校为落实以师生为中心的发展理念，持续深化党史学习教育成果，进一步推进“学党史、优教风、严学风、强作风”专项行动建立的为师生办实事长效机制，是坚持解难题、求实效，推动学校开创高质量内涵发展新局面的重要举措，对持续提升学校治理体系与治理能力现代化水平具有重要作用。

在充分整合现有校内资源，学习借鉴北京市“接诉即办”工作经验的基础上，学校于2021年6月23日正式启用“接诉即办”师生服务平台，为师生创设一条解决“急难愁盼”问题的反馈渠道，不断提高师生校园生活的获得感和幸福感。自平台启动以来，按照学校党委的安排部署，师生服务平台以师生满意为宗旨，以“响应率、解决率、满意率”为考核主体，以不断提升工作实效、坚持优化服务质量为追求目标，坚持全过程、全链条、全方位流程畅通落实有力，用心用情开展好师生服务平台工作。

一、做法成效

以习近平新时代中国特色社会主义思想为指导，深入贯彻习近平总书记对北京重要讲话精神和关于教育的重要论述，建立机制完备、程序规范、标准清晰的“接诉即办”制度体系和各部门统筹协调、共建共管的“接诉即办”工作体系，着力打通服务师生“最后一公里”。

（一）组织体系

一是成立“接诉即办”工作专班（以下简称：工作专班），在学校信访与接诉即办工作领导小组的领导下开展工作。工作专班由负责接诉即办工作的校领导任组长，党政办公室负责人任副组长，成员由组织部、宣传部、纪检监察办公室、党建工作处（巡查办公室）、学生工作部、教务处、研究生院、人力资源处、保卫处、校工会、国有资产与实验室管理处、后勤与基建处、网络信息管理服务中心、财务处负责人组成。

二是工作专班下设各工作小组，协调开展日常工作。工作专班下设热线组、技术组、保障组、监督组、办公室，负责师生服务平台的常规运行、保障和监督。各二级单位对应成立本单位“接诉即办”工作组，负责接收、办理和反馈师生服务平台转交办的工作事项，并负责提供、更新、管理和维护涉及本单位业务的知识库信息。

（二）平台设置

1. 师生服务平台基本设置

全校统一建设师生服务平台，由“300”师生服务热线和“300”师生服务网络平台组成。

校园报警电话和医务室值班电话作为校园紧急类电话、号码和功能保留，与“300”热线建立联动转接机制。

2. 师生服务平台受理范围

学校师生以实名方式通过师生服务平台下设的“300”热线和“300”平台对学校管理和服务提出咨询、求助、投诉和建议等非紧急类服务热线。受理范围具体为：

（1）咨询。师生对学校规章制度、办事程序、二级单位工作职责的咨询。

（2）求助。师生在学习、工作、生活中遇到的属于学校职责范围的非紧急类的求助。

（3）投诉。师生对学校二级单位工作作风、服务水平、服务效能、职能履行等情况的批评和投诉。

（4）建议。师生对学校二级单位工作作风、服务水平、服务效能、职能履行等情况的意见和建议。

3. 师生服务平台服务时间与方式

师生服务“300”平台“7×24 小时”为师生提供服务；“300”热线工作日指定时间内（上午 8：00-12：00，下午 13：00-17：00）为师生提供服务。师生可以通过“300”平台或拨打“300”热线提出诉求，并可以通过“300”平台查看办理进程和结果，对满意度进行评价。

（三）体制机制

一是坚持党建引领，统筹推进。将党的领导贯穿于“接诉即办”工作全过程，进一步加强校院两级党委指挥力度，压实各级党组织主体责任，发挥基层党组织战斗堡垒作用，激励党员干部担当作为，将党的政治优势、组织优势和密切联系群众优势转化为治理优势。

二是坚持整合资源，统一平台。对学校现有除紧急热线外的师生服务热线与对应的网上服务平台归并整合，并进行改造升级，建立统一的师生服务平台，实行“集中受理、分类处理、限时办理、协调督办、反馈回访”，实现“一号对外”。

三是坚持上下联动，分拣转办。建立学校、学院、职能部门联动机制，按照受理任务归属部门实行分拣转办，要求相关部门各负其责，确保师生服务热线受理任务及时有效落实。

四是坚持服务师生，规范高效。不断拓展服务范围，完善服务功能，创新服务方式，规范服务内容，改进工作作风，提高办事效能，努力让师生享受便捷、高效的服务保障体系。

二、特色亮点

学校党委统筹推进“接诉即办”师生服务平台建设及运行，通过加强工作调度，强化部门联通，打造工作闭环，形成“干部扑到一线”“部门串联成线”“考核进入视线”“破题找到引线”的平台特色亮点。

（一）突出队伍建设，夯实主体责任，鼓励“干部扑到一线”

一是学校党委牵头建立四级工作体系。即“学校信访与接诉即办工作领导小组+接诉即办工作小组办公室+二级单位党政负责人+二级单位接诉即办工作专员”工作体系，加强上下纵深联动，全力保障诉件解决。

二是将师生服务平台作为服务师生“最后一公里”的主渠道。紧紧围绕为师生解决“急难愁盼”问题的主线，党员干部坚持以身作则，接地气、讲实干，坚持走近师生，深入师生，聚焦师生关切问题，扮演好“传声筒”角色，确保接诉工作“上传下达”及时、准确、畅通。

（二）强化协调联动，形成工作合力，推动“部门串联成线”

一是优化力量配置，聚力出击。建立健全每日诉件考核评价、重点诉件专题会商、疑难杂件督查督办、月度年度报告分析研判四项工作机制。围绕同类诉求进行深入分析，结合各部门岗位职责进行任务分工，组建工作小组，解决实际问题。

二是注重配合协作，精准对接。坚持问题导向，强化工作落实，在平台建设、诉件办理、队伍培训、协同联动四个方面突出着力，让配合协作成为破解诉求问题的有效路径，凝心聚力，确保各项问题得到有效解决。

三是落脚整改联动，标本兼治。聚焦餐饮服务、公共设施、生活保障、信息咨询、学生管理等方面的突出问题，召开工作专题会，瞄准问题源头，系统制定工作方案，提升工作成效。

（三）构建立体化工作考核体系，抓好工作落实，实现“考核进入视线”

一是构建“135”师生服务平台工作反馈机制。要求诉件主责部门在 1 个工作日内进行响应，3 个工作日内明确回复办理结果，5 个工作日内进行诉件回访，形成诉件办结工作闭环。

二是实时监督指导。利用信息化监督展示平台进行大数据分析和展示，实时监控每一件师生诉求的办理进展。不断追求接件即动、即办、快办的办理效率，切实提高接诉即办队伍的接件意识和服务水平。

三是完善巩固三级报告制度。形成校内接诉即办日报、月报、（半）年报三位一体的分析报告机制。对各部门诉件完成“三率”情况进行系统通报，通过“亮结果”倒逼各部门改进和完善工作机制及措施，在季度点评会、务虚会等重要会议上进行点名点事，实现“盯问题”和“盯部门”双渠道相结合推进工作落实。

（四）系统总结梳理，主动思考谋划，创新“破题找到引线”

一是建立共性问题台账。通过系统梳理、排查、汇总共性问题，建立重点关注条目，从时间和空间维度进行系统研究和分析，形成概率频次变化曲线，抓好“关键细节”，打通“卡壳”堵点，从“问题类型”出发，增强问题意识，对症下药，举一反三，提升解决同一类型诉求的工作成效。

二是建立意见征集和反馈机制。采用线上线下相结合方式，通过青年教师座谈会、学生座谈会、意见征求会等形式听取师生对平台建设、问题解决等方面的意见和建议，鼓励师生建言献策，助力破解难题。

三是加强主动治理、源头治理。学习借鉴北京市接诉即办“每月一题”工作机制，梳理归纳师生服务平台呈现的高频、季节性、共性问题，发布“每季一题”专题报告，每一季度选取一个热点难点问题明确责任清单，加强分析研判，注重标本兼治，制定相应配套政策，增强协同发力解决力度。

三、长效机制

“接诉即办”师生服务平台自2021年6月23日启用，截至2021年12月31日，共运行191天。2021年度，师生服务平台共接到合理诉求7575件，其中诉求1239件，报修6336件。整体响应率100%，办结率99.93%，满意率98.94%。平台始终坚持问题导向，紧扣效果落实，凝心聚力解决师生的身边事、烦心事和困难事。

（一）建立党建引领学校治理“新路径”

充分发挥师生服务平台“吹哨报到”作用，将师生的诉求视为哨声，落实快速受理、办理、反馈、回访机制，及时为师生排忧解难，围绕师生在校园管理、后勤服务、餐饮卫生、医疗报销、学校政策、进度咨询、学业管理、公共设施、管理服务等方面提出的建议、投诉、咨询和求助，反向推动学校服务水平和服务质量的提升，鼓励师生积极、有效参与学校建设，充分调动各方主体参与校园治理主动性。将师生提出的“身边小事”作为推动二级单位进一步优化管理服务的前进旗帜和风向标，查漏补缺、引以为鉴，引导鼓励二级单位下沉基层，持续不断推动学校管理深入人心，坚持不懈促进学校教育事业愈加春风化雨。

（二）形成基层管理体制“新范式”

建立“一口受理、分拣转办、实时监督、考核评价”的工作体系和工作机制。一口受理，即学校设置统一的以“300”为标识的热线服务号码和企业微信号服务端，实现线上线下全时接收师生诉求，搭建起“好记、权威、便捷、集中”的意见诉求反映渠道；分拣转办，即学校建立集中分拣转办的工作机制，压实解决问题主体责任，实现多部门的协调联动、上下互通；实时监督，即学校建立日常监督机制，督查督办、纪检、组织等部门能够实时查看办理进度，并根据办理进度对承办单位进行提醒预警，推动解决管理服务中“不作为、慢作为”问题；考核评价，即学校实行高位推动，将师生诉求办理的“响应率、满意率、解决率”作为考核二级单位、处级干部日常考核和年终考核的重要指标，真正做到“为群众办实事”在北建大落地生根。

（三）实现校园治理能力“新提升”

根据师生阶段性突出诉求，学校有关部门加强研判，助力解决师生重点关注的突出问题。校图书馆围绕扩大图书馆座位资源以便满足不同年级、不同类型读者的学习需求，细化调整图书馆座位预约系统的预约流程座位数、预约时长、开馆时间等，进一步提升图书馆服务质量；校后勤与基建处就餐饮窗口菜品问题，深入聆听师生心声，通过阶段性推出美味新品、保留广受欢迎的餐品种类等方式满足师生不同口味的就餐需求；校教务处会同有关部门就考研临近学生想通宵备战的诉求，开设通宵教室，为学生提供适宜的备战空间……一件件诉求架起了学校与师生之间的“心桥”，学校与师生之间的对话质量显著提升。通过热点事件分析，进一步洞悉师生诉求，有的放矢，围绕高频、多发、共性问题锚定重点，加紧统筹力度，强化从源头抓起，从苗头抓起，从根本上提高校园治理能力和水平。

接诉即办只有进行时、没有完成时。“接诉即办”师生服务平台始终坚持师生有所呼、我有所应，不断深化学校治理体系改革。以师生诉求驱动校园治理，推动学校治理体系和治理能力现代化建设，既要依靠师生服务平台畅通传达师生心声，建立对师生“快速响应、高效办理、及时反馈、主动治理”的服务机制，又要增强师生服务平台更好服务学校中心工作的能力水平，进一步加强学校在党建引领、法治建设、科技赋能和多元共治等方面的建设力度，助推学校“十四五”发展更有实效、更上台阶、更获成果。

作者信息：

李郁甜，党政办公室，党政办公室党委统战部发展规划研究中心校友办和教育基金会联合党支部，1994年6月，助教，综合法务科科员

打造“5+4+3”安全教育模式
助力“平安校园”建设

——北京建筑大学“平安校园”建设工作成果

张　强

全国稳定看首都，首都稳定看高校。首都高校是人才聚集场所也是安全稳定重点单位，担负着为国家培养现代化建设人才的职责和使命，一旦发生安全事故，不仅是个人和家庭的巨大损失，势必影响校园安全乃至社会稳定。创建“平安校园”，是新形势下高校推进校园治安综合治理体系和治理能力现代化的重要举措。实践证明，创建“平安校园”有利于维护校园和谐稳定，提升安全管理和教育工作实效，为学校各项事业发展夯实稳固基础。高校安全教育是促进师生员工全面发展的主观需求，是高校安全管理的现实需要，是依法治国、依法治校的重要体现。

当前，高校安全教育面临诸多困境，安全教育被忽视，教育内容陈旧，教育手段落后，师资力量不足等问题严重制约安全教育的实效与发展，在“平安校园”建设不断改革和深化的大背景下，传统安全教育模式亟待创新。北京建筑大学是北京市“平安校园”建设示范高校，历来尤为重视校园安全文化建设，经过多年的探索和实践，紧扣时代特征和高校师生员工学习习惯特点，依托互联网、多媒体、大数据及智能化教学平台，结合传统安全教育方式，形成了极具特色的“5+4+3”（五个体系、四个到位、三个覆盖）安全教育模式，安全教育管理工作富有成效。

“5+4+3”安全教育模式，开拓了师生员工学安全、懂安全、会安全的安全教育新局面，极大消除了各类安全隐患，提升了防范和化解各种突发事件的能力，强化了师生安全意识和法制观念，巩固了“平安校园”的建设成果。在2017—2021年间，学校连续四年荣获北京市“平安校园”建设优秀等级称号，在北京高校“平安校园”创建评比中名列前茅，具有一定的示范效应。

一、做法成效

（一）构建五大体系，强化安全教育内涵设计

1. 构建高校安全教育管理体系

在安全教育管理方面，北京建筑大学注重顶层设计，强调责任落实。学校成立安全教育领导小组，由主管安全稳定工作的校领导任组长，由各职能部门负责人和各二级单位党组织书记任组员，便于统一指导、整体谋划。安全教育领导小组全面统领学校的安全教育工作，制定校级安全教育制度和年度安全教育计划，每学期至少召开一次安全教育工作专题会议，加强对安全教育效果的指导、督促和检查。安全教育领导小组下设办公室，办公室设在保卫处，办公室主任由保卫处处长兼任，在组织领导层面真正做到学校党委重视和督查考核落地落实。

2. 构建高校安全教育外联体系

高校的安全稳定既与内部环境有关，也与外部环境关系密切，因此，必须打造校内、校外双层安全屏障，确保安全教育顺应时代和外部环境发展的需要。北京建筑大学全面落实教育部、北京市委、市政府和北京市教工委市教委制定的有关大学生安全教育的各项政策法规，主动接受各上级部门的指导和评估，与属地公安、消防、教育、工商、团委等政府职能部门形成了定期沟通交流机制，及时通报和交流安全教育情况。近年来，学校应邀参加北京市内保局、北京市安防协会高校安防专题会并做专题发言；组织开展北京高校应急管理体系建设研讨会，积极探讨破局新时期高校安全教育工作；组织召开大兴区高校防范电信诈骗暨安全稳定工作座谈会，分管安全教育工作的副校长应邀出席并做经验介绍专门发言；同时与两校区所在社区密切配合，形成全社会齐抓共管高校安全教育的良好局面。

3. 构建高校安全教育师资体系

北京建筑大学通过内培外引，双管齐下，从校内和校外两个渠道打造高素质、专业化的安全教育人才体系。一方面，把安全教育纳入全体在职教师入职培训和继续教育全过程，从各教学学院选聘政治素质过硬和教学能力较强的专任教师担任安全教育课专职教师；同时要求校级领导、学生班主任和辅导员、保卫干部带头走进课堂讲授安全教育课。另一方面，积极吸纳校外安全教育师资力量，从公安、消防、应急管理、心理咨询等职能部门选聘专门人才参与安全教育教学，提升安全教育的实效性。学校自 2017 年持续邀请北京市公安局校

园安全宣讲团成员到校开展宣讲；与西城区和大兴区消防支队共同开展学生宿舍消防应急演练；2020年开学季，邀请北京市公安局反诈民警、北京市青少年法律与心理咨询服务中心、丰台区应急管理局、大兴区消防救援支队等单位专家和学者到校讲授安全教育课程，极大充实了安全教育队伍。

4. 构建高校安全教育课程体系

在课程设置方面，北京建筑大学构建安全教育课程“双修”体系，即必修类课程与选修类课程相结合。必修课程主要是《大学生安全防范知识与技能》课程，课程以移动端微课为主要表现形式，采用动画、游戏交互、图文、视频、案例讲解等各样多媒体表现方式，微课内容短小精悍，逻辑性强，微课涵盖交通安全、消防安全、人身安全、财产安全、国家安全、网络安全、反恐安全教育、恋爱心理、人际交往安全、心理健康、运动安全、身体健康、预安全病、传染病防治、外出及旅游安全、回家及返校安全、防范诈骗、应对突发事件、自然灾害、急救知识、实习与社会实践安全、学习生活等方面内容，广受学生喜爱。选修课程主要依托大学生思想政治理论课、心理健康教育课、军理课等既有安全教育内容的传统课程，还包括特殊时间节点的安全教育讲座、各类安全演练以及体验式安全教育。除此之外，借助“平安北建大”微信公众号推送各类安全教育内容，提升安全教育的信息化水平，全方位地开展安全教育活动。

5. 构建高校安全教育监督体系

北京建筑大学根据安全教育职责划分，构建了校级、安全主责部门和学院安全教育三级监督体系。一是安全教育工作领导小组负责对各二级单位安全教育工作进行督促检查，落实安全教育制度。二是保卫部（处）作为学校安全教育工作领导小组的具体执行部门，是安全教育监管的主责部门，组织实施年度的安全教育计划，检查督促各单位安全隐患排查和整改工作落实。三是各学院定期监督本学院安全教育工作情况，把安全教育工作的实效和师生员工的考核评价有效结合，实行年度考核“一票否决制”。事实证明，这是推进安全教育工作的关键措施，也是学校实现“平安校园”四连冠的重要法宝。

（二）落实四个到位，保障安全教育高效实施

1. 安全教育制度到位

北京建筑大学先后制定了《北京建筑大学安全教育制度》《北京建筑大学关于进一步加强安全教育的实施办法》等关于安全教育的规章制度30余项，通过与各二级单位签署年度安全稳定工作任务书，层层夯实安全责任，层层传导工

作压力，并在日常安全教育中加强相关规定的执行力度，确保文件规定落地落实，同时根据校园安全工作形势的发展，不断完善和充实安全教育制度，使安全教育工作真正做到有法可依，有规可循。

2. 安全教育人员到位

北京建筑大学成立了以校长为组长，各学院、各职能部门负责人为成员的安全工作领导小组，负责全校安全工作的组织和领导。同时，不断壮大以保卫部门为主的专职安全教育队伍力量，提升安全教育工作专业化水平。此外，还有一大批兼职安全教育人员，包括学管干部、辅导员 50 余名，宿管人员 30 余名，各类具有安全教育性质的校内社团和组织有 6 个共计 500 余人。专、兼职安全教育队伍的不断量化和优化，为实现安全教育全覆盖打下了坚实基础。

3. 安全教育宣传到位

以重要时间节点为基础，坚持消防、交通和人身等体验式安全教育常态化，每年上半年依托“安全生产月”（6 月，也称“平安校园活动月”），下半年依托“全国消防安全月”（11 月）开展体验式安全教育，主要包括开展体验式安全知识与技能培训、消防安全演练、橱窗展板宣传、安全知识有奖竞答等宣传教育活动。此外，学校注重发挥新媒体作用加强师生安全教育效果。通过“平安北建大”微信公众号专题推送安全教育内容，深入开展案例警示宣传教育，提升师生安全意识，增强安全防范技能。

4. 安全教育经费到位

学校先后申报涵盖人脸识别闸机、机动车超速抓拍、技防平台建设、校内监控完善等内容的技防专项近 2000 万元，部分专项已建设完成，其他专项正在推进。截至目前，学校“平安校园”管理服务中心接入视频监控 3000 余个，已实现重点要害部位和重点公共区域视频监控覆盖率、视频图像资源联网率和地理信息标注率均达 100%。此外，学校还为每名保卫干部购买了人身保险，并按照每月 22 天，30 元/（天·人）的标准发放保卫干部特殊津贴，极大提升了专职安全教育人员的工作积极性，为安全教育工作奠定良好的经济基础。

（三）聚焦三全模式，助力安全教育提质增效

1. 构建安全教育全员化模式

一是完善安全教育管理体系，促进施教主体全员化。学校进一步调整和优化保卫部下设机构，专门设立安全教育工作岗位，明确职责分工，将《大学生安全防范知识与技能》课程纳入教学计划，实行学分制管理。同时，建立并形成学校安全教育领导小组成员、学院安全教育专职副书记、保卫部安全教育专

职人员、辅导员、宿管人员及兼职安全员全员参与，齐抓共管的安全教育管理体系，实现安全教育施教主体全员化。二是搭建线上线下安全教育平台，促进受教主体全员化。一方面，依托安全微课线上平台，分类前置安全微课实现新生全覆盖；同时，结合学校师生安全教育现状以及社会热点事件，充分发挥新媒体宣传作用，加强与师生员工切身利益相关的事件分析和“平安北建大”微信公众号原创内容的撰写，切实提升安全教育效果。另一方面，将安全教育纳入线下课堂教育中去，包括安全教育专题讲座、主题班会、党组织民主生活会等；依托校外专门安全教育机构优势资源，合作开展师生员工治安、消防、交通等专项安全教育。三是统筹特殊时间节点和重要区域，实现安全教育以点带面全员化。一方面，着重关注特殊时间节点的安全教育，在新生入学期间，对国家安全、消防安全、交通安全等宣传日，有关安全法律法规颁布施行纪念日等重要时间节点，开展针对性的安全教育；另一方面，对隐患风险较大的区域，比如宿舍、食堂、图书馆、实验室等区域进行专项安全教育，确保师生员工严格按照相关安全标准开展活动。

2. 构建安全教育全覆盖模式

北京建筑大学立足专业属性和安全教育工作实际，形成了“互联网+”大学生安全教育模式。就覆盖范围而言，由原来的本科新生拓展到全体新生，包括新入学的研究生，扩大安全教育对象范围，使安全教育更加全面和深入；就课程内容而言，在现有基础上充实有关消防、禁毒、交通安全等内容，特别是增加防范电信诈骗、生物安全等最新案例的解读分析，同时重点为研究生提供实验室安全教育，使安全教育内容体系化、层次化、科学化；就安全教育形式而言，从过去依靠线上教育为主转变为线上授课与线下活动相结合，增加特殊时间节点线下安全教育活动内容，增强安全教育的趣味性和实操性；就安全教育实效而言，在现有沉浸式体验安全教育的前提下，增加安全场馆线下培训和安全活动基地内容学习，为师生提供专业化的基地安全教育，增强安全教育的针对性和实效性，确保安全教育内容、方式和评价实现全覆盖。

3. 构建安全教育全方位模式

一是抓好安全教育主渠道，进一步优化课程设计。北京建筑大学自 2018 年起选用安全微课网络学习平台，开展大学生安全教育工作，体验效果良好。安全微课网络学习平台依据《普通高等学校学生安全教育及管理暂行规定》，由知名安全专家编纂，范围包括大学校园安全、国家安全、工作安全素质、安全文化、日常生活安全、心理安全、诚信与法律 7 大板块 740 门微课，满足 1 学分 16 学时要求。新生通过手机微信关注“平安北建大”微信公众号，进入“安全教育”模块，完成入学前安全教育，主要包括消防、防范诈骗、实验室安全、交通安全、人身安全、安全素质等内容；同时邀请北京市公安局、应急管理局、心理咨询部门等专业人士担任安全教育专题讲师，加强师生员工法制教育和安全教育，切实解决安全教育盲目性、随机性和零散性等问题。二是筑牢安全教育主阵地，推进安全教育“进课堂、进教材”。在新生入学教育、军训安全教育、日常班会、师生交流会议、党组织会议等板块中设立安全教育环节；同时编写《大学生安全知识》《安全知识手册》等教材，确保师生员工人手一份。三是分层分级激发安全教育主体性，促使安全理念入脑入心。学校安全教育领导小组每学期至少召开一次安全教育工作专题会议，加强对安全教育工作的指导、督促和检查；由保卫部牵头、其他相关部门密切配合，依托“安全生产月”和“消防安全月”每学期开展一次体验式安全教育和安全知识竞赛、每月通报一次校园安全稳定情况、每周至少开展一次线上安全宣传活动，真正使安全教育走深走实。

二、特色亮点

（一）安全教育实施一体化显著

北京建筑大学坚持安全教育实施一体化，整体构建从学生入学的前置安全教育到毕业离校后的职场安全教育体系，实现大学期间各个阶段有序衔接，融个体安全、校园安全和社会安全为一体，构建螺旋式递进的校园安全教育体系。一方面，在理念层面将学校立德树人的育人目标一以贯之，做到各学段安全教育的纵向衔接和横向贯通。另一方面，在实践层面充分体现多元化特征，结合本校实际情况，最大限度满足不同学段、不同专业、不同岗位的师生员工需求，开展形式多样的安全教育活动，积极探索安全教育内容、途径、方式、评价的一体化，不断夯实“平安校园”建设基础。

（二）安全教育活动品牌化凸显

北京建筑大学在坚持常态化安全教育的基础上，不断打造师生员工喜闻乐见的特色安全教育活动。学校始终将师生安全教育作为一项重要工作纳入每年工作重点当中，全方位加强师生的安全教育，积极开展“安全生产月”（平安校园活动月）和“全国消防安全月”两大主要品牌活动，围绕消防安全、实验室安全、防范电信诈骗、安全自救等主题活动开展“体验式”和“浸入式”教育，相关活动被多家媒体报道。并结合线上、线下方式，坚持安全教育进课堂、进宿舍、进实验室，安全教育微课对新生全覆盖，不断提升全校师生的安全意识与防范技能，推进安全教育工作做深做实。

三、长效机制

（一）落实安全教育一体化，持续优化安全教育制度

加强系统调研和顶层谋划，积极推进“1+5+10+N”安全管理制度体系落实，用制度体系保障安全教育常态化和一体化。根据政策法规变化，瞄准当前突出风险问题，修订完善关于实验室、消防、交通等多项校园安全规章制度，不断优化固化经验做法，推动学校安全教育制度化、规范化。

（二）安全教育与演练相结合，持续提升师生安全意识

坚持线上与线下结合，突出线下实践演练，教育与警示结合，突出警示育人作用，分类分层结合，突出分类目标导向，持续开展各类安全教育活动；以实验室、学生宿舍、后勤系统、校产、应急力量等为重点开展专项教育和演练；加强安全责任事故的倒查追责处理警示，扩大安全教育微课覆盖面，持续推进师生员工安全意识和能力再提升。

作者信息：

张强，保卫部（处），保卫部（处）党支部，1993 年 6 月，助理研究员，职员

第三部分 03

党史学习教育创新案例

创新支委谈心机制，激发基层组织活力

——建筑与城市规划学院党委与新任党支部委员深入谈话交流基层党建工作

何立新 杨 举

会议室里，一场别开生面的“谈心会”正在举行。会议由建筑与城市规划学院党委书记何立新主持，学院的党支部新任支部委员、党务干部、专职组织员正在热烈的讨论，讨论的不是科研学术问题，而是如何全面提升基层党组织的组织力。这一场“谈心会”已经是这一个月以来的第九场了。这就是建筑与城市规划学院创立的党委与新任党支部委员谈话制度。

一、做法成效

党内谈心谈话制度，是发扬党内民主，增进党内团结，推动党的事业健康发展的有效途径和形式，是开展党的群众路线教育实践活动和专题教育取得的成功经验，也是落实全面从严治党要求的一项重要任务，对于加强党的自身建设，保持党的先进性、纯洁性具有重要意义。上级党委与基层党支部支委深入谈心谈话，是进一步落实全面从严治党要求，层层传导责任压力，切实提升基层党支部履职能力的有效途径。

建筑与城市规划学院党委抓住党支部换届这一契机，深入每一个党支部进行谈话交流，作为了解党员、关心党员、爱护党员、联系群众的重要手段，达到了沟通思想，扬长避短，促进工作的目的，同时也给新任党支部委员上了一次很好的党课。

发挥支部政治功能，事关党的执政根基，事关党和国家事业的兴衰成败。通过逐一谈心谈话的方式，对于进一步加强基层党组织建设，实化党支部的战斗堡垒作用，起到了指导和推进作用；也能让党支部支委明确工作目标，坚定工作信心，凝聚力量，以优秀的表现完成党委的各项工作任务。

二、创新之处

一段时间以来，学院党委一直在思考如何解决目前基层党支部存在的软弱涣散问题，尤其是教工支部重业务轻党建、研究生支部组织生活形式化问题突出的问题。能否统一要求，做好支委思想建设，提升其抓党建工作的能力，增强组织活力。学院党委经过多轮研讨，达成了共识，要对新任支委逐一进行谈心，分析问题，解决问题，提升基层组织的活力。

创新点一：党委书记对党支部进行分类指导。

学院党委书记何立新带领学院党委副书记、专职组织员与新任党支部委员陆续开展谈话，谈话时为每名支委下发了学院精心制作的《建筑与城市规划学院党建工作手册》。谈话共分九次完成，通过深入谈话交流的方式分别对本科生党支部、研究生党支部和教工党支部进行分类指导。对学生党支部，何立新要求做到能力、人品、素质相结合，做人、做事、做学问相结合；对教工党支部，何立新强调了开展工作的六大要素，即“强政治、促发展、实作风、精方法、严规矩、暖人心”，发挥好基层党支部的战斗堡垒作用；对于退休党支部，何立新还提出要发挥好老教工、老党员的余热，通过传、帮、带，将学院的学科优势和优良传统传承下去。

何立新在谈话时指出，习近平总书记特别重视基层党组织建设，基层党组织建设的重点要放在强化基层党组织政治功能和组织力上，加强书记队伍建设，探索规范组织设置和运行方式，充分发挥基层党组织战斗堡垒作用和广大党员先锋模范作用。何立新谈到，加强党组织建设是推动中国特色社会主义事业发展的保障，是克服一切困难的基础，对于建筑与城市规划学院，只有抓好党的建设，才能保证事业健康发展，才能保证“立德树人”的方向不走偏，只有事业发展了，个人的价值才能得以实现。作为一名教师党员，其初心就是“教书育人”，这和作为一名共产党员“为人民服务”的初心是完全一致的。

关于如何开展基层党组织建设，何立新强调，一是要发挥好党支部委员的工作职责，要求支部委员不但要熟悉党建工作，还要有较强的专业能力，要真正重视群众、关心群众、爱护群众；二是要发挥好每一名党员的作用，要多看到党内同志们的长处，充分发挥其主观能动性；三是要强化基层党组织的影响力，通过科学管理，理顺党组织管理体制。

与会支部委员也向党委汇报了思想并进行了热烈的讨论，查找了自身原因，也提出了工作中存在的问题，党委给予了正面回应并对部分问题提出了解决措施。

创新点二：编制《建筑与城市规划学院党建工作手册》明确职责和义务。

谈话时下发给党支部支委的《建筑与城市规划学院党建工作手册》，是建筑与城市规划学院党委党建工作的一次创新举措。手册包含两大部分，其一是《党内相关工作条例及规定》，内容涵盖了党员教育管理、党风廉政建设、党支部工作、党员发展工作程序等重要制度文件；其二是《建筑与城市规划学院党委和党支部职责及工作制度》，该部分是建筑与城市规划学院根据实际工作需要，自行编制的工作职责和工作制度，内含党委及相关委员职责及工作制度和党支部及相关委员职责及工作制度。一本工作手册可以解决党委及党支部在工作中遇到的大部分问题。手册的扉页是学生预备党员寄言卡和学生正式党员寄言卡，卡片分别为黄色和红色，在学生成为预备党员和正式党员后，分别会收到这两张卡片，内含建筑与城市规划学院党委给学生预备党员和正式党员的寄言，还有党员与两名介绍人的合影照片，大大增强了党员发展的仪式感，也让每一名党员谨记自己的入党誓词、入党日期和入党介绍人。

三、经验启示

通过谈话，党支部委员充分认识到基层党组织建设的重要性。建筑学系党支部书记丁光辉说："通过谈话，我认识到，作为一名基层党支部书记，身上肩负着重要的责任，只有基层党建工作做好了，建筑与城市规划学院才能凝聚成一个整体，发挥一加一大于二的作用。"技术部与实验中心党支部组织委员陈玉龙认识到："通过何书记的交流谈话，我们认识到做好党支部工作就是要团结好每一位党内和党外同志，加强党内激励关怀，加强对党外群众的关心帮助。"本科生第二党支部书记孙萌认为："做好学生党建工作首先要做到公平、公正，一切从学生出发，一切围绕立德树人这一核心目标。"

谈话的效果明显，谈话后，各教工党支部已经展开党支部委员与党员的谈心活动，本科生、研究生党支部也纷纷将谈话的要求应用到党员发展等日常工作中。

通过谈心谈话，消除了党支部与党委之间的隔阂，让党内部更加和谐，让各部门之间能够团结协作，共同开展党的事业建设。

作者信息：

何立新，建筑与城市规划学院，风景园林教工党支部，1967 年 12 月，副研究员，建筑与城市规划学院党委书记

杨举，建筑与城市规划学院，本科生第四党支部，1982 年 11 月，讲师专职组织员、党委秘书

重塑红色经典建筑　助推党史学习教育走深走实

关海琳　余　静　刘梦瑶

北京建筑大学土木与交通工程学院将传统课程实践活动与党史学习教育相结合，组织大一新生制作建筑模型，重塑红色经典建筑。通过“听、访、做、讲”连贯式课程设置，引导学生学习建筑背后的党史，了解建筑中蕴含的文化，掌握建筑技术知识，领略建筑艺术之美。

一、做法成效

一是大师讲授。邀请建筑学、土木工程等领域专家为学生们讲解建筑的红色历史、建造美学、建筑结构等方面的内容，用浅显易懂的语言帮助学生全方位了解红色建筑。

二是实地探访。精心挑选著名历史经典红色建筑，如以人民大会堂、天安门城楼、双清别墅等为制作蓝本，通过“行走的课堂”实地探访建筑，专业教师现场为学生详细讲解建筑的文化内涵、外观构造、节点设计等知识。

三是亲手制作。学生以小组为单位，先用手绘图勾勒出建筑外观，再用软件搭建建筑模型，利用木材、纸张、PVC 板等材料，手工制作出缩小版建筑外观本体。其中，香山革命纪念馆模型还原了真实建筑中部分展览场景，包括著名的“进京赶考”等展览内容。

四是特色宣讲。制作出的红色经典建筑模型，融汇了学生们的党史学习收获和建筑审美体验，表达了对党的深厚感情。学生们将所学所悟所感内化于心、外化于行，在南锣鼓巷社区、大兴七中等地向居民和中小学生宣讲这些红色建筑背后的辉煌党史，获得广泛好评。

二、创新之处

一是将“新生引航”与专业启蒙相结合。该“课程实践活动”面向大一新生开设，将专业启蒙教育融入“新生引航”工程，在思想引领中增强学生文化自信、激发学生专业兴趣。

二是将“课堂实践”与美育教育相结合。学生在建筑模型制作实践中，对建筑的平衡、比例、布局、色彩等进行学习和复刻，受到建筑美学的熏陶，提高建筑审美能力。

三是将“课程思政”与专业教育相结合。学生不仅通过红色建筑学习了党史，也学会了专业知识和本领，是“课程思政”与专业教育深度交融的有益探索。

三、经验启示

土木学院“重塑红色经典建筑”实践活动，目前已连续开展7年，每年结合党和国家大事确定当年建筑模型制作主题，形成了一套成熟的可推广机制。

一是以“启发式”教学引导学生学史。课程嘉宾与教师通过“启发式”教学方式，调动学生主动探寻红色建筑背后党史的积极性，激发学生学史兴趣。

二是以“沉浸式”体验引导学生知史。带领学生现场感受和参观红色建筑，以“沉浸式”体验方式帮助学生深入了解党史，丰富了学习教育形式。

三是以“实践式”制作引导学生信史。通过手绘、建模、制作等实践方式加深学生对专业的理解，激发他们对专业的热爱，将个人发展融入党和国家事业发展中，为祖国建设添砖加瓦。

作者信息：

关海琳，土木与交通工程学院，材料方向本科生党支部，1982年8月，副研究员，土木学院党委副书记

余静，土木与交通工程学院，城市道路与桥梁工程方向本科生党支部，1988年12月，讲师，辅导员

刘梦瑶，土木与交通工程学院，城市地下工程方向本科生党支部，1996年1月，助教，辅导员

“红绿蓝”装扮“美丽中国”

——弘扬与践行习近平生态文明思想

张晓然

环境工程教工党支部现有党员12名，充分发挥党建引领作用，围绕专业发展和学生、教师、社会的发展需求，结合环境工程专业特色，坚持统筹规划和分步实施相结合、整体提升和品牌塑造相结合，在习近平新时代生态文明思想指引下，紧密结合“党建创新生态工程”，探索“12345”工作方法，按照“一个根本、两个结合、三个特色、四个服务、五个抓好”整体思路，划步骤、分阶段开展创建工作。形成了以“红色党建思想+绿色专业特色+蓝色创新实践”的“红绿蓝”特色党建创新实践模式。坚持以人民为中心，全心全意为师生服务；发挥专业学科优势，为“美丽中国”建设积极贡献力量。党支部系统性开展支部理论学习和主题党性实践活动，注重将理论学习与工作实践相结合，不断提高党支部党建工作、人才培养和社会服务水平。支部入选首批教育部全国党建工作样板支部、北京高校先进党组织、首都环境保护先进集体、北京高校优秀本科育人团队；支部成员获北京高校优秀共产党员、青年北京学者、北京市组织部青年拔尖人才、全国水业杰出青年等称号。

一、做法成效

（一）坚持政治建设，强化理论武装，做到教育党员教师有力

一是党支部坚持以习近平新时代中国特色社会主义思想为指导，认真学习贯彻党的各项会议精神及方针政策，宣传执行上级党组织及本支部的决议，教育党员在思想上、政治上、行动上同以习近平同志为核心的党中央保持高度一致。二是党支部扎实做好标准化、规范化建设，健全机制制度体系，严格落实组织生活制度，开展集中学习、民主议事、参与志愿服务等活动。

（二）坚持思想教育，规范管理制度，做到管理党员教师有力

一是党支部积极开展党员发展工作，加强对入党积极分子教育培养。二是开展教工党支部和学生党支部“一对一”帮扶工作，完善帮扶制度。定期组织师生党员开展线上、线下学习培训。三是支部党员充分发挥先锋模范作用，开展丰富多元的主题党日活动，举办“倾听榜样讲故事、样板支部树典范”主题党日活动和“弘扬先锋精神、传承榜样力量——听北京高校优秀共产党员讲故事”等活动。

（三）严守纪律规矩，压实责任担当，做到监督党员教师有力

一是党支部坚持支委联系党员制度、谈心谈话制度、民主评议党员制度，开展批评与自我批评，坦诚交流问题和不足。党支部在国家重大会议时期、颁布重要文件关键时期、每学期开学初均开展党员思想动态调研，了解诉求愿望，解决思想和实际问题。二是党支部在严格落实“三会一课”、组织生活会、谈心谈话、民主评议党员等制度的基础上，强化支部主体作用，执行“师德一票否决制”“系务会制度”等，加强师德师风建设。三是建立健全“四把关”机制，在重点工作中设置支部书记签署考察意见环节。

（四）围绕中心工作，服务事业发展，做到组织师生有力

一是党支部成员任学院院长、科发院院长、专业学科相关负责人等职务，参加学院党政联席会。党支部书记兼任系副主任，参加系务会，积极参与讨论重要事项决策。二是党支部坚持以人民为中心，发挥专业学科优势，全心全意为师生服务，整合师资团队为“美丽中国”建设积极贡献力量。三是构建支部工作创新机制，并在其他党支部推广运用，有效组织和凝聚师生。

（五）选树典型榜样，营造良好氛围，做到宣传师生有力

一是党支部围绕习近平总书记系列重要讲话精神，结合学校学院实际情况，开展理论学习会、主题党日活动。二是党支部贯彻落实意识形态工作责任制，加强对课堂、讲座、报告以及新媒体平台的监管。三是党支部注重发现树立、宣传推广师生身边的典型人物、典型事迹，在全校范围内征集基层党组织优秀典型案例，汇编成册、加强学习宣传。党支部发表学术期刊论文 7 篇，“逐梦雨水——李俊奇”事迹宣传片入选北京市委教工委党员教育宣传片。

（六）突出思想引领，重价值观塑造，做到凝聚师生有力

一是党支部将思想引领和价值观塑造有机融入教师教学科研和学生学习生活。二是面向全校开设了一系列生态文明建设通识教育核心课程，在全校范围宣讲习近平生态文明思想及专业知识。党支部教师在《固体废物处理与处置》专业课中有效融入思政元素，多方位宣讲习近平总书记关于“垃圾分类”指示要求；把社会主义核心价值观培育践行贯穿师生专业课实践教学、社会实践活动、创新创业教育、志愿服务等过程；《北京市乡村人居环境整治调研报告》被评为2019年全国大中专学生志愿者暑期文化科技卫生“三下乡”社会实践“百篇优秀调研报告”。

（七）坚持扶危助困，助力成长发展，做到服务师生有力

一是党支部坚持以党建带团建，坚持党建带工会组织建设，定期联系团学组织、工会组织，指导学生积极参加科技竞赛、社会实践、志愿服务活动，培养学生的创新思维和实践能力。二是支部提出并参与了“辅导员—专业导师”双导师制、“教师—教练”双教式人才培养模式，为青年教工配备“青年导师”，服务青年教师更好成长。

二、创新之处

（一）坚持“红色”领航，建强支部堡垒

一是党支部强化红色党建思想，以习近平生态文明思想为指引，落实“主讲主问制”理论学习模式，推进“四落实四把关”基层党建工作法。二是实施“三级书记讲党课”，将集体理论学习作为“基础课”，支部成员主讲作为“必修课”，扎实推进教育系部教师做“四有”好老师、培育“六有”大学生。三是支部开展了丰富多彩的党建育人活动，如学习“榜样精神”，争做师德先锋活动、“共学同一本经典，分享同一份初心”环境研究生党支部与环境工程教工党支部开展共建活动、“倾听榜样讲故事，样板支部树典范”“听前辈教师讲党课”“环环相扣”教与学深度对话等系列活动。

（二）坚持“绿色”专业教育，强化课程思政

一是结合当前我国海绵城市建设情况，利用基层党支部力量，充分发挥教师党员和积极分子模范作用，以服务学生成长成才、服务专业建设为宗旨，丰

富和强化高校教工对党支部的育人功能。习近平总书记在中央城镇化工作会议上指出，要建设自然积存、自然渗透、自然净化的海绵城市。环境工程专业在城市雨水控制利用与水环境生态技术方面具有独特优势。二是支部教师针对所有专业课程进行课程思政建设，积极申报相关课题、组织研讨。面向全校开设了《现代城市生态与环境》《现代城市生态环境与海绵城市》《生态城市建设与固废管理》《水污染控制与资源化》《北京水文化》等生态文明建设通识教育核心课程，在全校范围传播生态文明建设的思想及专业知识。支部成员获北京建筑大学首届教书育人“最美课堂”教学评比二等奖、北京建筑大学青年教学名师、“生态文明建设背景下环境科学与工程专业化学课程思政改革与实践研究”获批北京市教育科学规划课题、“垃圾分类　你我同行”中小学校园宣讲志愿服务项目入选 2020 年大兴区志愿服务品牌项目支持计划精品项目。

（三）坚持“蓝色”创新教育，师生携手共开拓

一是党支部紧密围绕立德树人根本任务，以“人人成长，个个成才”为目标，积极践行“最爱学生”的工作理念，推进三全育人目标落实，搭建党支部与学生的“爱心桥”，牵头建立“三协同”育人模式，以行业特色高质量人才培养为导向，科教融合，构建本研一体化人才培养体系。二是党支部建设与团队建设相结合，以服务国家重大战略需求为导向，建设党建融入式学术团队，加强协同创新，攻坚克难，弘扬“北建大精神”，力求推动行业科技进步和服务社会；着力解决城市雨水等环境领域突出问题，引领该领域的技术进步。三是党支部面向社会，以开放的思维开展党性实践活动。团队成果陆续被新闻媒体如北京新闻广播、学习强国、中国教育电视台、特别关注栏目等报道。支部所在的“创新实践型环境工程专业育人团队”获“北京高校优秀本科育人团队”称号。

三、经验启示

（一）“12345”工作方法

按照“一个根本、两个结合、三个特色、四个服务、五个抓好”为整体思路，划步骤、分阶段开展创建工作。一是坚持立德树人“一个根本任务”和二是“两个结合”即结合党建工作引领和结合中心工作；三是“三个特色”即突显时代特色、首都特色、专业特色；四是“四个服务”即服务学生、服务教师、服务发展、服务社会；五是“五个抓好”即领导班子建设好、党员队伍培养好、规章制度建设好、模范作用发挥好、人民群众反映好。划步骤、分阶段构建支

部工作创新机制。

（二）四个基本建设原则

坚持四个基本建设原则。一是思想上求“深”，用习近平新时代中国特色社会主义思想引领党支部工作，用社会主义核心价值观教育引导师生，结合工作实际，深入开展党的理论学习；二是标准上求“高”，坚持精细化、项目化管理，做到创建工作项目的每一环节坚持高标准、严要求；三是效果上求“实”，坚持求真务实，党支部结合申博工程、海绵城市专项团队建设等实际情况，制定可行方案，扎实推进工作；四是方式上求“新”，在新时代背景下，深入研究创建工作面临的新情况、新问题，积极探索新方法，促进实现学院和系部事业发展新突破。

作者信息：

张晓然，环境与能源工程学院，环境工程教工党支部，1983 年 11 月，副教授

“百年党史 · 薪火相传”红色经典诵读活动

师洪洪

2021年是中国共产党成立100周年。习近平总书记在党史学习教育动员大会上指出：我们要树立大历史观，从历史长河，时代大潮，全球风云中分析演变机理、探究历史规律、提出因应的战略策略。只要把握住历史发展的规律和大势，抓住历史变革时机，顺势而为，奋发有为，我们就能够更好前进。

翻开厚重的百年党史，我们从中可以看到党经历的坎坷沧桑与实现的伟大成就。诵读红色经典，就是一种很好的了解党的历史和伟大成就的载体和直观形式，能够有效激发读者爱国爱党的热情，同时营造“诵读红色经典、继承革命传统”的良好氛围。自动化系本科生党支部特举办“百年党史 · 薪火相传”红色经典诵读活动，通过诵读再次回顾党的壮丽征程，讴歌党的光辉伟绩，激发学生爱党爱国情怀，做到学史明理、学史增信、学史崇德、学史力行。

一、做法成效

（一）主要做法

为扎实推动青年学生党员党史学习教育取得成效，自动化系本科生党支部联合学院退休党支部开展“百年党史 · 薪火相传”主题诗歌诵读党史教育活动。

活动前，青年学生党员们积极查阅资料，系统梳理了百年党史以来的风雨沧桑路线和伟大成就事迹，深刻学习了党的思想与精神，改编并创作了《党啊，我们为您歌唱》《党的赞歌》《从红船到巨轮》《我爱中国共产党》等经典红色诗歌。

活动中，青年学生党员与退休党员合作对诗歌进行诵读，热情讴歌了党的百年诞辰。现场，“光荣在党50年”退休老党员还分享了自己的所见所闻，对青年学生进行思想教育。

（二）取得成效

本次活动不仅巩固了党支部党员前期参加党史学习教育的成效，更是通过老党员讲党史、青年党员说党史这样的思想交换，让青年党员亲身感受到老一辈共产党人的初心使命和坚定信仰，老党员们也看到了青年人的朝气蓬勃，嘱咐青年党员要时刻感恩时代、奋发有为，在人生的各个发展阶段展现党员的先锋模范带头作用。

本次活动的视频资料《党啊，我们为您歌唱》在“第三届中华经典诵写讲大赛北京市初赛”中获得教师组二等奖；视频资料《从红船到巨轮》在北京建筑大学建党100周年“诵党史红色经典，记初心砥砺前行”主题诵读大赛中获得最佳团队奖。

二、创新之处

红色经典作为一种特殊的历史文化资源，其展现出的家国情怀、社会责任感和理想信念，有着其他文学作品无法替代的历史价值。自动化系本科生党支部党员结合时代要求和年轻人特点，通过重温、改编和再创作，使红色经典并没有随着时代的发展而成为被封存的历史，而是焕发出可贵的精神价值和教育意义。

党支部党员没有照搬照抄红色经典，在红色经典诵读中融入了自己的理解和思想，展现出了青年人的独立、自信和担当，在组织活动中展现出一些创新和特点：

（一）将党史学习教育和身边发生的真实故事结合起来，述说伟大的党与人民的血肉联系，更具感染力和说服力。

（二）新老交接，思想碰撞，通过青年党员与“光荣在党50年”的老党员的故事对比，突显党的建设伟大成就，增强了党性与修养。

（三）通过创作诗歌、诵读诗歌的方式梳理党史，参与人更加投入，热情更高，教育效果更好。

三、经验启示

本次活动通过梳理党史、诵读经典、交流分享的方式，从个人经历出发去体会党的历史成就。让学生党员以面对面强化的效果亲身感受“光荣在党50年”老党员的共产主义信仰、爱党爱国的情怀以及踏实坚毅的品格、扎实的文化功底与专业素养，以“行走的党史”来增强学生党员对党、对学校、对专业的认同感，增强学生党员的政治觉悟和理论素养。以老党员高尚的师德、高度的事业心和责任感给学生党员精神激励，促使学生党员进一步明确学习目的，提高学习热情，增强学生党员“以知识奉献社会，以才干服务人民”的使命感。

传承红色基因，永葆奋斗初心。诵读红色经典等红色教育对青年学子意义重大，通过活动能够使其继承和发扬老一辈革命家奋勇直前的大无畏革命精神，继承和发扬老一辈革命家谦虚谨慎、不骄不躁、艰苦奋斗的优良作风，同时珍惜来之不易的美好生活，始终把人民对美好生活的向往作为奋斗目标，保持奋发有为的进取精神，不断增强中国特色社会主义的道路自信、理论自信、制度自信、文化自信，永葆党的先进性和纯洁性。

作者信息：

师洪洪，电气与信息工程学院，自动化系本科生党支部，1984 年 3 月，助理研究员，电信学院党政办公室主任

打造一大会址可变光识音模型 智慧再现共产党人初心之地

阚　帅

一、做法成效

位于上海市兴业路76号的中共一大会址，是中国共产党的诞生地，也是中国共产党人的初心之地。北建大电信学院建筑电气与智能化、计算机科学与技术（AI实验班）、自动化的十几名位学生联手，通过近3个月的努力，不仅真实还原了会址建筑的结构外观，还为它打造了一套智慧照明声光电系统。

团队成员运用3DMax软件进行建模，收集整理中共一大会址的外部信息特征，对建筑上的雕刻、镂空与塑形的部分等细节运用3D扫描仪提取后再建模处理；接着应用建筑电气设计的相关知识，设计了灯光的照射位置和走线布局，它们可模拟出建筑的灯光环境；并用计算机AI编程控制相关知识，将APP软件与电路系统结合，实现利用软件远程控制灯光颜色和亮度。

在学院科技文化节的展览中，团队负责学生手持平板电脑，边介绍边演示："在APP中，指尖滑动色带，选定颜色，建筑中的室内光、室外光都可以随之变色。滑动另一个按钮，灯光的亮度也能调整。"

让人大开眼界的是，这个模型还能"闻歌起舞"。"我们的系统很聪明!"团队负责同学说，"它能够声纹识别，将外部音乐的旋律、节奏以及起承转合等，匹配灯光颜色、亮度和变化速度，看起来就像灯光跟着音乐一起跳舞。"他随机播放了两首红歌，《唱支山歌给党听》旋律响起，变幻的灯光演绎出舒缓深沉的氛围，切换成《没有共产党就没有新中国》，灯光节奏则变得激昂慷慨。

2021年6月11日，学校举办"红色建筑印迹——致敬中国共产党百年华诞艺术作品展"，献礼中国共产党百年华诞。可变光识音一大会址荣誉参展，校领导在展会现场饶有兴致地听取了团队成员的制作理念和过程介绍并予以充分肯定。

二、创新之处

让党史学习教育入脑入心，关键是“怎么教”。学院党委坚持产学研用协同的育人理念，鼓励学生们通过模型制作，表达对党的感情，赓续红色基因，传承红色精神。电信学院建电系本科生党支部创新党史学习教育形式，将党史学习教育融入学生专业实践内容，将中国共产党梦想起航的地方——中共一大会址打造成智慧照明声光电模型，引导学生党员在动手实践中叩问初心，追寻使命，对党产生发自内心的认同感和自豪感。

党支部将党史主题教育与专业实践有机结合，在智慧照明模型的设计制作过程中，学生们既要查阅史料，了解建筑背后的红色故事，同时也要更深层次地探索专业内容，通过不同专业协作将其付诸实践。未来，学生团队将继续完善作品，在建筑模型四周铺装行车道，让同学们自主设计的循迹智能车进行表演，并计划在模型外墙加装灯光投影，播放一大会议的党史视频，以求更加写实地呈现与建筑相关的党史场景。

三、经验启示

为推动党史学习教育走深走实并取得更好效果，党史学习教育应寻找有效抓手，红色教育要与学生专业相结合，思想相贴近，实践相促进，把学生带进大赛现场，带进专业实践，注重把党史学习嵌入专业实践，使党史学习教育既“有形”，又“有声”，打造处处是课堂、时时受熏陶的“沉浸式”氛围。要注重挖掘专业实践和课堂教学中的思政元素，通过鼓励学生利用专业知识再现一大会址，将思政之魂融入专业模型之体，让更多学生通过制作模型的过程“知电懂电”，活动过程既培养了学生的自豪感和荣誉感，又增强了学生学好专业的自信心，增强了学生在向高科技迈进过程中的使命担当，增强学生“科技报国”的意识和情怀。

受此启发，电信学院还举办了“庆祝建党百年”专项舞蹈机器人设计比赛，激发广大学生的爱国热情，在专业创新中感召北建大学子的使命担当，引领其努力成为走在时代前列的奋进者、开拓者、奉献者。

作者信息：

阚帅，电气与信息工程学院，建电系本科生党支部，1989 年 1 月，讲师，分团委书记兼学工办主任

“四联四进”学党史——求明理、强实践、重力行

杨皓然　曾祥渭

2021年是建党100周年，是进入全面建设社会主义现代化国家、向第二个百年奋斗目标进军新征程的重要一年，在这个党和国家政治生活中拥有重要历史地位的时刻，城市经济与管理学院积极推动党史学习教育落细落实，常态化长效化，致力打造“学习型学院”。通过紧扣百年党史学习教育要点，创新开展学党史主题教育活动，不断探索适应微时代的学习形式和载体，开拓授业解惑的党史宣传阵地，构建了“四联四进”多元学习模式，有力调动了师生的能动性，形成学院党史学习“求明理、强实践、重力行”的生动局面。

一、做法成效

一是“线上线下联动”，学史明初心。学院瞄准微时代学习特点，组织师生观看“党史教育微视频”，举办“你点题，我来讲”“行走四季·领悟践行”等主题活动，促进师生党史学习教育入脑入心；特别是充分利用学院的“展板、液晶屏、公告栏、公众号、网站”等全媒体传播手段，做好协同形成矩阵效应，确保党史学习教育宣传贯穿全年、保持热度。同时注重价值导向，营造良好党史知识学习氛围，在学院楼一层师生往来密集区域，制作中共一大到十九大知识系列展板两期共计40块进行展示；在教师办公区显示屏循环宣传党史学习教育和建党百年的热点词汇，吸引大家驻足观看、学习和记忆，做到党史学习入眼入脑入心。

二是“师生结对联动”，学史知使命。学院组织师生携手深入乡村讲党史。为发挥管理、法学和社工专业特长，师生同进房山区水峪村、大兴区赵庄子村、延庆区后黑龙王庙村、密云区汤河口村等京郊农村一线开展支部共建活动，进行党史知识宣讲20余次，让师生在党史宣讲中汲取力量、坚定信念、鼓舞斗志。鼓励师生携手拍摄《党旗飘扬的方向》主题MV，关注和播放次数达1000

余次；师生共同学习《共产党宣言》《习近平谈治国理政》等经典著作；观看30余部党史经典老电影；剪辑制作完成《辑经典电影、学工会历史、庆建党百年》视频，视频在校教代会换届选举大会上向全校播放，在学校产生了广泛的影响。

三是“党支部—班团联动”，学史同进步。指导学院16个党支部制定支部党史学习活动方案，将党史学习贯穿于支部的“三会一课”之中，通过每月统计各支部开展活动次数，通报和总结学习成果，宣传先进事迹，推广典型经验，激励各支部创新学习形式和载体比着学。支部对接班团制定《党史学习共享手册》，各班团学生在手册上轮流记录党史学习要点，通过“党史学习心得分享会”“读‘四史’经典交流会”等活动进行学习。特别是注重高质量开展党史学习主题党/团日活动，引导学生党员—积极分子—团支部多种学生主体“结对子”，结对学生互相制定党史学习安排表，坚持每日线上打卡互动，打造学习链条，营造良好学风。

四是“讲学问答联动”，学史重力行。学院坚持问题导向，深挖党课内涵，邀请高水平专家进行党史知识宣讲。先后邀请清华大学马克思主义学院金哲博士、新华社马新刚老师为师生开展党史知识专题讲座，鼓励师生将党史学习思考与疑惑同专家“面对面”“键对键”交流，使得全院师生更加深刻认识党的理论的深厚历史根基和鲜明时代品格，不断增进理论认同、实践认同和情感认同。通过组织“线上微党课”“党史重要会议小组分享会”主题活动，依托各学生支部，学生人人参与党史宣讲，学生人人问答互动，激发学生主动性和创造性，更好把握党的历史发展的主线、本质，实现双向互动学习，并产生广泛共鸣。

同时，学院采取“四进”模式精准抓好党史教育，引导全院师生实践力行。

一是进平台，师生常学。聚焦党史学习知识，每名学生党员提供10道党史基本知识单选题，建立基于“学习通”的“1000道党史知识题库”，组织学生利用碎片化时间，进平台“自学自测”“打卡分享”，借助平台强大的统计功能，督促学生常态“自学”。

二是进红色基地，师生践学。师生党、团支部执行轮值“讲解员”制，师生共同深入国家博物馆、中国共产党历史展览馆、中国人民抗日战争纪念馆等爱国主义红色基地，促进对党在各个时期走过的道路有全面的、正确的认识，深度融入“践学”。

三是进共建支部，党员互学。学院支部组织党员深入房山区水峪村、大兴区赵庄子村等乡村支部开展“红色1+1”共建，支部学生党员和村民开展党史知识竞赛，同唱红色歌曲，利用外部优势“互学”，增强党员理想信念。红色

“1+1”成果代表学校，被推荐至北京市获评一等奖。

四是进党员之家，师生自学。学院对党员之家进行升级改造，购置经典党史著作，订阅理论期刊，制作党史宣传栏，建立党味浓郁的党史学习园地。此外，还购置投票箱、蓝牙音箱等设备，方便师生进入党员之家，“拎包入住”开展党史教育学习活动，从党史中汲取养分，促进学生“自学”。

二、创新之处

一是知行兼举，创新实践体系。党史学习不能停留在纸面和口头，更应重在实践，强化落实。学院注重多措并举，推动党史学习从理论知识的平面向知行合一的纵深推进，激励师生党员赓续党的红色血脉，传承北建大红色基因。以“七个一”为抓手，通过读一本书、唱一首红歌、完成一次参观、参加一次竞赛、办一件实事、做一次党员宣誓，普及党史知识，弘扬红色文化，引导党员师生在实际行动中自觉践行初心使命，为全院师生办实事。并通过组织师生人人讲党课、人人出题目等多个形式，提高党性修养的政治自觉，锤炼干净担当的政治品格，营造“沉浸式”的党史学习体验。

二是学思结合，创新学习方式。党史学习不能搞单一的大水漫灌，更应体悟内涵，技术赋能。学院以多种形式推动全体师生形成“五个起来”立体化的学习热潮。通过举办党史知识竞赛、在学院公众号每天发布主题为“奋斗百年路”系列党史知识线上推送、党史著作学习研讨等，把党史知识“学起来”；通过各支部组织微党课、主题征文等，把党史故事“讲起来”；通过开展“行走四季·领悟践行”季度主题活动、“走街串巷——寻找百年红色记忆”等活动把革命路线“走起来”；通过拍摄《党旗飘扬的方向》主题MV等，把经典红歌“唱起来”；通过开展“三风建设”等，把为民办事“做起来”。特别是用好融入媒体互动的方式，精准分析学生的特点、对学生需求量体裁衣，在保证党史教育政治性和严肃性的同时，增强党史教育的针对性，优化微信公众号、学习通等平台，打好党史教育组合拳，构建师生学习同心圆，让学生真学真懂真信真用。

三是凝心聚力，创新力行方法。党史学习不能封闭在象牙塔内，更应外化于行，服务社会。学院把握过程导向，引导学生总结思维规律，实现从“我是谁”到“我为谁”的角色认知，达到知史爱党、知史爱国的目的，让学生时刻将党员和团分身份牢记在心，在关键时刻亮明身份身体力行。学院党员师生投入乡村振兴战略，主动参与延庆区冬奥会沿线项目，与延庆区后黑龙庙村、房山区水峪村党支部开展“红色1+1”共建，积极对接房山区水峪村、河南省光山县，为打造美丽乡村贡献经管力量。

三、经验启示

一是坚持打造党史学习动态更新与长效巩固机制。客观事物是不断发展变化的，党的历史亦是如此。因此，做好党史教育学习非一日之功，要在做好全员学习党史长效巩固的基础上，做好党的理论动态和重大变革的常更常新。这需要充分调动学院师生的积极性和能动性，继续推广党性实践活动和校外主题党日活动，实行轮值“导游”制、轮值“讲解员”制，充分调动党员的主体意识和责任感，继续实践“党员学习后围绕学习内容出题——动态补充到‘学习通’题库——党员理论学习效果检验、党员发展对象选拔题库测验”制，做到“人人皆可为我师”，持之以恒推动学习和领悟党史。

二是坚持尊重师生党史主体学习需求机制。价值引领，以人为本。通过紧扣百年党史学习教育要点，创新开展学党史主题教育活动，特别是发挥师生对党史学习需求的主体能动性，不断探索适应微时代的学习形式和载体，开拓授业解惑的党史宣传阵地，构建了“四联四进”多元学习模式，有利于培育学院师生历史眼光，涵养学生辩证思维，创新推动党史教育方式方法，实现精准育人，做到党史教育“润物无声”。

作者信息：

杨皓然，城市与经济管理学院，本科生第二党支部，1994 年 8 月，助教，辅导员

曾祥渭，城市与经济管理学院，本科生第一党支部，1980 年 1 月，讲师，专职组织员、党委秘书

“数字北京红色地标”点亮京畿红迹

谷天硕　黄　凯

2021年，测绘学院结合学科优势，依托北京红色地标资源，组建了“数字北京红色地标”团队，并最终把北京代表性红色地标全景导览集成在一张地图上、一个系统中，为广大人民群众提供了便捷、实时、高效的党建知识网络学习平台。

一、做法成效

（一）党建引领，打造团队强劲力量

赓续红色血脉，党员义不容辞。团队组建坚持党员为主。学院党委副书记、团委书记、1名思政教师、2名专业教师作为指导老师。上述5位老师均为党员。65名同学参与，其中1/3是党员，1/3是入党积极分子，1/3是入党申请人。

团队成立临时党支部和临时团支部，党委副书记任临时党支部书记，团委书记任临时团支部书记。在活动过程中，团队持续举行党史学习专题活动，开展学习党史读书交流会，召开学习实践分享会，在红色地标现场重温入党誓词，查阅大量的地标党史资料。让党建引领成为团队建设的鲜亮底色，成为团队前行的强劲动力。

（二）攻坚克难，实现团队奋斗目标

团队划分为数据采集组、资料收集组、网页设计组、英文翻译组、配音组等小组，奔赴多处红色地标进行了海量数据采集，并对数据多次改进、完善，不断精益求精，解决了多个技术难题。

2021年7月2日，“数字北京红色地标”系统正式上线（访问：10. 50. 1. 200：4000），内含北大红楼、双清别墅等13处代表性北京红色地标。在系统的地图上点击某一处红色地标的图标，便可以进入该处地标的全景导览，通过文字、声音

等方式获取红色地标的背景资料、历史意义等信息。

（三）深入学习，发挥团队辐射作用

在前期准备中，团队收集整理了 18 万余字的红色地标资料，经数易其稿，反复凝练，才形成最终的版本，并全部翻译成英文。在实践过程中，团队不断总结，不断从党史中汲取红色力量。团队所有成员接受了精神洗礼，坚定了理想信念。学院组织团队走进班级、支部开展宣讲，将工作过程中的切身体会、所思所悟及时与身边人分享，进一步巩固扩大了党史学习的成效和覆盖面。

二、创新之处

一是创新党史学习模式。将党史学习的主战场由书本走向实地，将党史学习由被动变为主动。让同学们在红色地标身临其境感受党的辉煌历史，激发党史学习内生学习动力。在利用专业技术对红色地标进行数字化的时候，主动深入地去了解其背后的故事，了解其承载的历史。

二是党史学习与专业学习充分融合。对红色地标数字化的处理过程，也是培养专业兴趣、加深专业认知、开展专业实践的过程。二者充分融合，互相支撑，让学生在活动中接受党史和专业教育，有效推动思想政治教育和专业课程学习齐头并进。

三、经验启示

一是分类施策。党史学习要针对不同群体开展不同的学习模式。结合不同群体的年龄、学历、身份等因素，开展符合群体兴趣和爱好的学习模式，真正让学习入脑入心。

二是激发学习主动性。激发青少年对党史学习的主动性，让“要我学”变成“我要学”。将党史学习融入青少年成长成才的必要环节中，让党史学习在潜移默化中开展，成为青少年精神之钙的重要来源。

作者信息：

谷天硕，测绘与城市空间信息学院，本科生党支部，1987 年 7 月，讲师，测绘学院党委副书记

黄凯，测绘与城市空间信息学院，城市测绘研究生党支部，1994 年 6 月，讲师，测绘学院团委书记

铸魂育人　创新赋能
聚焦“五寻”行动　筑青年信仰勇担当

陈思源

2021年，机电学院扎实开展党史学习教育活动，坚持以习近平新时代中国特色社会主义思想铸魂育人，紧密围绕理论学习、学业发展、红色实践等深入聚焦“五寻”行动，寻迹百年党史、寻悟初心使命、寻访榜样事迹、寻根中国精神、寻忆发展沿革，引导青年学深悟透、笃信力行，向着“时代新人”目标奋发成长，勇担新时代的强国使命。

一、做法成效

（一）寻迹百年党史　感悟思想伟力

系统党史学习研讨，将党史学习教育融入学生思想政治教育和课堂教学，领导带头讲党课，开展专题教育、示范宣讲、党团理论学习等活动90余场，9个党支部，30个班团支部、5个学生组织开展全覆盖式学习贯彻大讨论；实地参观中国共产党历史展览馆，通过别具意义的场景、物品再次深入百年历史；贯通线上线下资源，微信平台持续推送高质量学习内容，营造良好学习氛围，教育引导青年学史明理增信，坚定理想信念，不断推动党史学习教育走深走实。引导学生从党的百年风云历史中汲取智慧和力量，从而成为堪当民族复兴大任的时代新人。

（二）寻悟初心使命　勇担复兴重任

党史学习武装头脑，鼓励青年就地就近就便“打卡”红色地标，探访红色旧址，近距离感受百年党史积淀。组织学生赴地道战遗址参观学习，开展毕业生党员“最后一堂党课”活动。

专业学习增强本领，学院坚持育人为本，构建“二依托、三层次、多模块、全覆盖”的创新创业培养体系，全面提升青年专业能力。近五年获国家级奖项10余项，省部级奖项100余项，促进学生树立科技报国远大志向，用创新的勇气、创业的实干、创造的能力，扛起科技自立自强的责任和使命，加快推进创新型国家建设的时代进程。

实践引领激发能量，深入推进党建实践项目。本科生第二党支部深入亦庄经开区，结合专业开展结对共建活动。实践团获评学校“百团行动计划”优秀团队，校红色“1+1”示范活动三等奖，“寻根延安精神体悟初心使命”作品荣获首都“挑战杯”一等奖，支部党员在生动实践中受教育、长才干、做贡献，领悟实事求是、求真务实的精髓，练就过硬的本领。

（三）寻访榜样事迹　赓续精神血脉

挖掘身边人身边事，以榜样力量引领向上风气。学院“大手拉小手”共建品牌活动结合建党百年主题展开，10余名“在党五十年”老党员面对面讲述时代故事、分享入党初心，进一步激励青年学生牢记使命责任，以思想自觉引领行动自觉，向着“时代新人”的目标奋发成长，勇担新时代的强国使命。

2022年冬奥会成功举办，学院邀请参与场馆建设的校友代表、参与志愿服务及闭幕式演出的学生代表谈服务冬奥的经历与感受，共计开展分享活动7场，覆盖全院学生，引导学生提升专业本领，关注行业发展，培育奉献品格，树立与时代同心同向的远大理想。

（四）寻根中国精神　传承红色基因

开展“永远跟党走”微党课征集评比活动，组织党史学习学生宣讲团，40余名学生党员深入班级、课堂、宿舍，以青年视角深入阐述红船会议、红旗渠挖掘、北大荒建设等37件重大历史事件衍生出的中国精神，围绕学生实际关切开展丰富多彩的宣讲，打造党建与专业特色兼具的“党史学习·故事汇”。

以翻转课堂、经典诵读等方式学习建团百年讲话精神，通过小组延伸学习青年运动史、习近平总书记对青年的寄语等专题，感悟铿锵誓言中流露出的坚定信仰，感受火热青春一脉相承的不变情怀，从历史中坚定前行信念、明确前行方向、汲取前行力量。

（五）寻忆发展沿革　明确奋斗方向

回溯机电学院发展历程，知来路，明方向。学院举办“传薪火·助力青年发展”校友论坛，10余名优秀校友与学生面对面交流，聚焦行业发展，在了解百年院史中深化党史教育，进一步引导同学们将远大志向落实到实际行动中，构建“二依托、三层次、多模块、全覆盖”的创新创业培养体系，建立贯穿学生成长全过程的精准指导模式，形成全链条育人体系。

党史学习教育成效显著，学生党员充分发挥先锋模范作用，百分之百参加志愿服务、社会实践及学业帮扶活动，130余名党员、发展对象、积极分子在服务冬奥、建党百年、疫情防控等重大活动中充分发挥带头作用，1名同学获评北京2022年冬奥会、冬残奥会先进个人，11名学生获学校表彰，涌现了一批坚定自信、素质过硬的青年榜样。

二、创新之处

（一）坚持品牌共建　深化教育实效

1. 连续九年开展“大手拉小手　助力成长梦”支部共建活动，切实将学习党的理论与讲好党的故事相结合，将学习专业知识与开展调研实践相结合，将对历史的正确认识与对时事的关心关注相结合，将个人发展与奉献助人相结合。活动累计覆盖560人次，获得师生广泛好评，成果多次获表彰奖励。

2. 发挥专业优势，持续深入开展共建活动，以走访调研促学习、以社会实践促提升、以专业知识促落实，引入专业教师和科研团队，全面助力“一名党员一面旗、一个支部一堡垒”作用发挥。支部党员14人升学，2人保研，真正做到全员就业。

（二）构建赋能体系　强化专业本领

学院坚持“课程、训练、实践、服务”四位一体的育人模式，以系统课程为基础，实现本科生全覆盖；以科技竞赛为检验，注重学生双创意识能力培养；以创新活动及志愿服务为载体，切实提升志愿服务“实践育人”效果。全年13项活动不间断，获批校级实践项目1项，学生作品获省部级奖项30余项。

（三）拓宽教育途径　优化育人体系

在创新教育活动形式及途径的过程中不断深化全员育人，围绕学校、学院重要工作，构建了由学院领导、专业教师、学工教师、退休教职工、校友组成的育人队伍，并持续丰富党团共建、科技竞赛、社会实践、校友交流等活动内涵，多维度构建锻炼平台、服务学生成长。接下来，学院将把握学校办学115周年契机，进一步做好校友联络工作，助力“产学研用”专业建设，引领职业规划成长方向，拓宽实习就业企业平台，为人才培养工作添砖加瓦。

三、经验启示

一是突出顶层设计，抓好组织领导。从组织、机制、形式上为党史学习教育立柱架梁，形成工作总体思路，确保各项工作组织有力，注重教育形式丰富多样，促进教育成效不断提升。

二是突出学深悟透，抓好理论武装。以党员干部、团学骨干先期学习为点，牵引党支部、班团组织线的层面学习，直至带动全体学生面上的专题学习，引导青年深学细悟笃行党的创新理论。

三是突出专业特色，抓好全面发展。坚持立德树人，育德育才，将党史学习教育成果与学生个人成长发展紧密结合，以强信念为根本推进严学风，以严学风为过程促进长才干，以长才干为前提强化担使命，使理想信念教育与专业教育共同提升，良好互促。

当代中国青年是与新时代同向同行、共同前进的一代，生逢盛世，肩负重任。学院将持续推进党史学习教育，在学生成长历程中起到激发信仰、获得启发、汲取力量的重要作用，引领青年不断坚定“四个自信”，不断增强做中国人的志气、骨气、底气，坚定理想信念，砥砺奋斗品格，培育创新精神，树立为祖国为人民永久奋斗、赤诚奉献的坚定理想。

作者信息：

陈思源，机电与车辆工程学院，车辆工程系党支部，1989 年 11 月，讲师机电与车辆工程学院党委副书记

“一融三带”强教风，学思悟行结硕果

孙　华　孙冬梅　林　青

外语部教工党支部认真做实学校在党史学习教育中的规定内容，同时运用“一融三带”工作法，以党建带动教风引领，以教风推动学风建设，取得学思悟行的良好成果。“一融”是把党史和课程思政融入课堂，“三带”是支部引领带动党员，党员示范带动非党员，教师影响带动学生，把党史学习落到实处，形成党史学习教育与英语教学相结合，让学生通过党史资料的双语学习，进一步激发学生爱党、爱国、爱社会主义的热情，讲好中国共产党故事，传播中国理念、中国精神、中国力量，切实树立四个自信。

一、做法成效

通过双语讲党史、双语讲党课，制作红色微课等方式，强化党史学习教育与课程思政的结合，守住意识形态主阵地，以学思悟行的实际行动，回答“培养什么人、怎样培养人、为谁培养人”的问题，用实际行动践行“立德树人”的初心使命。

（一）党史思政融课堂，意识形态可护航

党员教师带头学习党史，先学一步，学深一步，在此基础上运用自身专业优势，用双语在英语授课过程中融入党史知识的讲解；同时党员带动所有教师，运用英汉双语制作“建党百年—英语话红色建筑中的党史红色系列微课”，用双语传播与嘉兴红船、北大红楼、双清别墅等相关的红色文化，于“润物无声”中，教育和引导学生“知党史、感党恩、跟党走”，将知党、信党、爱党的精神力量转化为学习动力，守住了意识形态主阵地，增强了学生对外讲好中国共产党故事的能力。

师生们充分利用博士论坛、工科类国际会议、跨文化能力大赛等校内外实践平台，在真实的文化交际情境中提升使用语言的能力、跨文化沟通的能力，

精准讲好中国故事，提升中国优秀文化的国际传播力。在支部引领带动党员各项工作中，支部委员身先士卒。教师获各类奖项中，党员占比88%，学生获奖指导教师党员占比86%；学生评教在全校前20%的教师党员占比88%。充分发挥党支部战斗堡垒作用。

（二）支部书记上党课，双语开讲创先河

一是组织支部学习习近平总书记建党百年讲话时，以“奋斗百年路，启航新征程”为题讲党课，用双语讲解中国共产党党史。二是对英汉双语党史的翻译资料进行对比讲解，引导党员教师发挥专业优势，承担起在更精准讲好中国共产党的故事、传播中国精神方面的责任。

（三）答疑解惑促学业，教风学风齐并进

一是面向学生开展“假期答疑不打烊”活动，并纳入学校“学党史，优教风，严学风，强作风”（“三风”）专项行动，持续开展在线学习辅导156次。二是召开“三风”专题研讨会，开展批评与自我批评，从自身出发谈优教风，从教学对象出发谈严学风，交流课堂管理新方法，强化教风学风联动。三是开展学习“英姿精神”活动，强调严管即是厚爱，建设有人文温度、有学术深度的课堂。通过为学生办实事，充分调动了学生学习的积极性，并取得四级累积通过率80.5%、学生参加省部级及全国竞赛获奖59人的好成绩。党员带动群众和民主党派教师，发挥模范带头作用，成效显著：校级教学成果奖一等奖1项，二等奖1项；校级重点课程思政重点培育项目1项；校级青教赛一等奖1人；校级教学优秀奖二等奖1人；为社区服务30次，收到表扬信2封；所有外语教师学生评教均为优秀，优秀率100%。

二、创新之处

一是运用英汉双语，注重提升语言的敏感性，引导学生了解语义内涵，避免英汉语言在翻译上的差异造成对内容的误解。例如，1989年邓小平同志提出中国要“韬光养晦”，意思是我们要低调发展。但“韬光养晦”一词在各个知名英语字典上的英文翻译都是“conceal one’s true intentions”（隐藏真实意图），而实际上“韬光养晦”的英译文应为“keep a low profile”（保持低姿态）。可外媒和词典并没有修改这个翻译，直到今天西方还是认为中国藏有险恶用心，造成了一系列的误解。

二是拓展学习载体和平台，既用好纸版质学习材料，又注重发挥微信、党

员E先锋、学习强国等网络平台载体，围绕一个主题，组织开展讨论式学习活动，比如学习习近平总书记七一讲话时，就国外媒体对这次讲话的评论进行深入研讨交流，引发了教师们更多的思考，获得了不错的学习效果。

三是精选学习语料，不仅仅是从文件中学习党史，也要选取党史类论文学习。比如在学习习近平总书记在纪念辛亥革命110周年大会上的讲话时，就选取了英汉双语的语料，在交流学习心得时，有党员教师即兴赋诗一首：辛亥风云百年长，抚今追昔尚荣光。唯有奋斗多壮志，吾辈育新当自强。以此来表达作为高校党员教师的责任和目标。

三、经验启示

在运用“一融三带”工作机制时，要围绕本职工作多思考，抓好“一融”这个核心，用好“三带”效应，最大限度发挥“学党史，优教风，严学风，强作风”的效果。

（一）抓好“一融”核心

通过“一融”，课程思政有机融入英语教学的意识已深入人心，并正在成为外语教师的自觉行动。外语教学的课程思政就是要培养学生树立正确的语言观，要帮助学生正确运用外语的工具功能。因此，在教学中要注意以下三点：一是做好党史语料翻译，坚守意识形态阵地。对外传播党史，要选好适合国外读者的外文译本。党的经典文献具有很强的政治性和专业性，在翻译过程中首先要坚守政治立场，将具有中国特色的政治理念、政治主张等准确地翻译传播出去。因为运用了双语的语料，我们不但对汉语的党史有了深刻的认识，同时也能从侧面了解国外媒体对中国重大事件的评价。二是善用英语传播党史，树立党的光辉形象。要加大对党史的国际传播，让世界了解中国共产党的光辉历史，了解中国文化，传播中国理念、中国精神、中国力量。三是培养学生跨文化交流能力，做国家形象的优秀代言人。我国国际话语权和影响力显著提升，在国际社会的影响力也日益扩大。虽然现有的党史对外传播与国际社会需要还有很大差距，也面临着许多新形势、新问题，但是中国全面走向世界的过程，是中华民族为人类世界做出更大贡献的过程，也是党的经典文献为国际社会贡献中国智慧、提供中国方案的过程。

（二）用好“三带”效应

一是支部引领把握政治立场坚定原则，在推进课程思政的过程中，支部先行做好课程顶层设计和试点。通过梳理党员教师承担的课程门类，以必修课、拓展课及校内通识课为试点，以特色课程平台建设为导向，在党员教师承担的《文明的足迹：中西文明历史沿革比较赏析》等6门课程中进行初步实践。

二是党员示范把握典型有力原则，确定课程思政的核心课程和主线。根据不同课程的特点，分析不同教材内容，确定了思政元素融入课程的一个核心点、两条贯穿线。一个核心点：凸显大学英语的人文学科属性，探讨中国文化和价值观的核心地位。两条贯穿线：以社会主义核心价值观为引领，培养具有家国情怀，有理想、有正气的有用之才与以树立民族自豪感和文化自信心为主线，培养跨文化思辨能力与跨文化交际能力。

三是教师影响把握因材施教原则，确定教学设计重点。经过支部和课程思政教研团队的讨论，结合教学特点确定了教学设计重点的三方面：第一要体现大学英语课程的工具性和人文性；第二要融入爱国主义教育、人文素养培育和专业伦理教育等；第三要利用学校课程在线教学技术平台及其小班研讨型教学模式。

作者信息：

孙华，文发院/人文学院，外语部党支部，1971年12月，副教授，外语部党支部书记

孙冬梅，文发院/人文学院，文发院党支部，1968年1月，研究员，学校党委常委、文发院/人文学院党总支书记

林青，文发院/人文学院，文发院党支部，1984年3月，助理研究员，通识教育中心办公室主任、文发院/人文学院党总支组织兼青年委员、文发院党支部组织委员

党史“励”使命　朋辈“小”课堂　你我“大”作为

——北京建筑大学“小葵花课堂”

代　云

北京建筑大学“小葵花课堂”（以下简称“小葵花”）成立于2020年12月，作为学校特色学生学业指导与发展辅导品牌，依托理学院基础学科及专业等资源，创新师生、朋辈沟通交流载体，搭建教师、本研党员示范引领平台。“小葵花”以党史学习教育为契机，针对学生在专业学习、创新创业、社会实践、志愿服务等方面进行教育引导、实践养成和制度保障，以学生喜闻乐见的学习模式培养其良好的学习习惯、能力与思维，将知识内化为核心素养、外化为实际行动，探索“本研一体贯通、高中低年级示范、校内外联动实践”的方式，整合各类资源、形成教育合力，推动“三全”育人内涵式发展，逐步打造“6+N”学生学业发展辅导模式和“六学”辅导体系。在学校党史学习教育和“三风”建设专项行动中，“小葵花”以“小课堂、大作为”的获得感和成长感引领学生“增信、明理、崇德、力行”，在成为未来“规划师、设计师、建筑师”的实践中用青春担当书写新时代青年的责任和使命。

一、做法成效

（一）以“小”见“大”学党史

一是选拔优秀学生党员担任“小葵花”骨干，设立“党员先锋岗”，通过党史学习教育，教育党员将个人的“小”我置身于民族伟大复兴的历史进程中，通过传、帮、带弘扬和践行使命和担当。二是“小葵花”引导学生“大”处着墨、“小”处建功，每期朋辈课、每次线上分享、每回线下辅导等都力求严谨、规范，杜绝小错误、重视小问题，防微杜渐。三是将学习党史与“小葵花”主题活动结合，在学科竞赛、志愿服务、社会实践中分享交流历史人物平凡“小”

我在中国革命、建设和改革过程中“大”的力量和奉献，将思政元素潜移默化植入学生心中。

（二）用“讲”督“学”强基础

一是“小葵花”已开展学业相关的线上云辅导12次、“每周朋辈课”60期（“学在北建大”和“北京建筑大学理学院”官微推送），各类线下辅导16次。“小葵花”小讲师们精心备课、录课和研讨、交流，通过深入浅出地“讲”来检验扎扎实实“学”的基础。二是“小葵花”以党史学习教育为契机，在提供学生交流学习平台的基础上，小讲师和学生“学然后知不足，教然后知困”，帮助学生自我教育、相互教育，促进教学相长、教研并进。三是教师以身作则、言传身教，党员小讲师模范带头在“学”中“讲”，研究生带动本科生，高年级带动低年级，在思想引领、学业辅导、能力提升、升学就业等方面朋辈互助，夯实成长成才基础。

（三）因“悟”谋“践”促笃行

一是通过在“小葵花”全体成员大会、理论学习中融入党史教育内容，教育引导学生悟初心、知使命、增信心，在理解和认同“小葵花”的宗旨和价值中，力所能及地以朋辈辅导和志愿服务实践体验增强获得感和成长感。二是“小葵花”引导小讲师和成员们发挥各自专业知识和技能特长，共同谋划“小葵花”的学习交流、朋辈辅导、专题实践及机制建设等，以主人翁意识自觉地为“小葵花”的发展做贡献。三是“小葵花”教育引导学生“知行合一、学以致用”，不仅在校内通过朋辈辅导发挥专业所学从事帮扶实践，而且将服务人民、国家和社会等党史学习教育成效通过学科竞赛、志愿服务、社会实践等方式转化为坚毅笃行、攻坚克难的实际行动。

二、创新之处

（一）围绕学生需求：搭平台

一是“小葵花”致力于搭建平台围绕学生学业发展和成长成才需求，发扬助人和自助精神，依靠党团组织、凝聚青年力量，立足于理学院、辐射至全校、延伸至校外。二是作为我校学生学业指导与发展辅导特色品牌，“小葵花”有效地将党史学习教育和“三风”建设专项行动有机结合，将学校的发展、教师的奉献和学生的需求融为一体，创新学校和师生、教师和学生、学生和学生、学生和校外有效交互平台。三是“小葵花”倡导的“青春向阳、‘理’应有你”感召象征葵花的那一抹努力向阳的朝气，使平台始终引领学生向阳而行，以蓬勃进取、默默奋进的力量凝聚和赋能青年大学生坚定理想，砥砺前行。

（二）贴近学生实际：建载体

一是在探索“6+N”学生学业发展辅导模式中，“小葵花”在调研学生学业发展、成长需要的基础上，始终贴近学生生活实际、学习实际、思想实际，解决学生实际困难，创建学生喜闻乐见的显性和隐性育人载体。二是在开展各项活动中，注重调动学生的积极性、主动性和创造性，共谋共商共建充满活力、可持续、可推广的专业教育和思政教育有效融合的活动载体。三是努力从学生的实际出发，贯彻落实学校的育人目标和要求，将学校“1+8+X学生学业指导与发展辅导”“党团支部及学生组织建设”“一学院一品牌”“1907Coffee”校园文化建设等融到“小葵花”管理、文化、活动载体的建设中。

（三）走进学生心里：优氛围

一是“小葵花”成立后，在理学院党委的领导下，协调学校楼宇教室资源，在学校大兴校区基C112、基C106进行“小葵花”文化墙装饰和学习设备升级改造，营造良好的学习氛围和环境。二是通过与学生工作部（处）共同开展“每周朋辈课”“补考云辅导”“线上晚自习”等针对全校学生的学业辅导活动，提升学生对学校人文关怀和同学榜样典型的认同和感知，有力推动学风建设。三是通过党史学习教育，“小葵花”成员在耳濡目染中真切感受到“中国共产党为什么能”“马克思主义为什么行”“中国特色社会主义为什么好”，在团结、感化和带动同学的行动中，坚定了一心一意跟党走的决心和信心，党史学习教育的成效在学生心中扎根。

三、经验启示

（一）“摸着石头过河”与“思政融入专业”

在2021年寒假期间，“小葵花”积极响应共青团号召，组织学生主动参与“青春爱运动、健康强中国、一起云支教、共同迎冬奥”返家乡支教活动。“小葵花”成员依托我校百团行动计划前往北京市昌平区流村镇白羊城村，经调查研究，初步以“魅力白羊城”为主题设计的APP、抖音、文化旅游导览册、3D电子文化景观导览图等媒介，将红色遗址、革命文化、红色故事等进行深度的时代价值挖掘和新媒体宣传推广。“小葵花”不断探索、总结和创新，积累经验、凝练成效、总结规律，通过发挥学生所学专业特长，在摸索中踏踏实实做事，引导学生学思践悟新时代初心和使命，培养宽广胸襟和树立远大理想，在增强专业本领和肩负时代使命中“受教育、长才干、做贡献”。学党史、强基础、促笃行绝非朝夕之举，需久久为功。

（二）“照着葫芦画瓢”与“理论结合实践”

“小葵花”结合北京建筑大学“数理文化节”（目前已连续举办七届），开展“一学院一品牌”实践活动，组织学生走进建大附属中学，通过数理知识的传播弘扬和实践体验活动，帮助中学生感悟理学之美，提升其实践创新能力。“小葵花”开展题为“基于‘互联网+’背景的高校大学生数学学习教育平台研究”项目荣获2021年北京建筑大学“鲁班杯”大学生创新创业大赛一等奖。“小葵花”不断对标、务实和发展，积累实践、凝练特色、总结机制，通过理论和实践的结合强化学生认知和行为的改变，以实践教育引导学生感知知识的力量和学习的重要性，自觉自主地增强实践本领和能力。搭平台、建载体、优氛围绝非流于形式，需守正创新。

作者信息：

代云，理学院，本科生党支部书记，1988年6月，讲师，理学院团委书记

以党史教育铸魂育人　推动发展党员全程培养

郑环环

在中国共产党成立100周年之际，理学院党委以党史学习教育为契机，不断推进本院学生的思想政治教育，紧紧围绕党和国家发展党员的“十六字方针”，着力将党史这本最生动、最有说服力的教科书，作为学生发展党员培养的“必读本”。教育引导学生明大理、识大势、知大任、养大德，源源不断为党输送新鲜血液、培养堪当时代大任的青年人才。

一、做法成效

根据培养成熟度，学院将学生分为群众、入党申请人、入党积极分子、发展对象、预备党员、正式党员、毕业生七个阶段，以党史教育为重点，开启了“引航—启航—导航—助航—领航—续航—送航”七个航的育人模块，让学生从入学到毕业都能受到党组织的培养和教育，提升党员发展的质量，发挥党员先锋作用。

（一）为新生“引航”——启蒙教育

一是讲好新生“入学第一课”。专职组织员以党史国情、校史校训为主要内容，在每年9月入学后为新生开展启蒙教育，将爱国爱党爱校的种子埋进学生心里，启蒙学生自觉向党组织靠拢。二是设立“宿舍领航员”，以新生宿舍为单位，由党性觉悟高的学生党员担任“宿舍领航员”，从“朋辈”的角度宣传党的思想、讲述党的故事，引领学生提高党性觉悟，追求政治进步。当年学院提交入党申请书的比例达77.89%。

（二）为入党申请人“启航”——端正动机

学院在以往传统理论授课的基础上丰富了教育形式。一是以党建带团建，依托党团日活动、定期班会、文明宿舍建设等进行初步教育引导，端正入党动机。二是把握新生特点，丰富教育形式，组织看红色影片、参观革命基地、开展党史知识答题等，进行基本的爱党教育与共产主义情感教育。三是为入党申请人建立《发展党员档案》，明确身份，开展一对一谈话，坚定其听党话、跟党走，加入中国共产党的决心。

（三）为入党积极分子“导航”——筑牢根基

此阶段的培养至少需要一年时间，学院以坚决建好筑牢党员发展“蓄水池”为目标，制定了“学—研—践—凝—考”五步培育工程，即通过学习理论、交流研讨、参与实践、反思凝练、组织考验五步进行培养教育、考察考验，筑牢入党积极分子理论根基，进一步端正入党动机。其间学院创新了一些好的做法：一是在“参与实践”环节，组织入党积极分子参加参观纪念馆、拜谒烈士故居等，凌晨2点出发到天安门广场亲临实境向国旗敬礼、向纪念碑默哀，接受直观生动的党史学习教育，增强其信念感和使命感。二是在“反思凝练”环节，开放思路，创新学习成果总结形式，以小组为单位，自由选择通过舞台剧、诗歌朗诵、歌曲、电影解析等可视化形式来向党组织汇报学习成果。这一举措深掘学生潜能，激发了入党积极分子的创新意识、参与意识，直接有效加深了对党史国情的理解。三是在“组织考验”环节，学院采用360度测评方式，全面考察表现，避免唯成绩，唯班干部的现象；完善评委会成员，将与入党积极分子有关的人员全部纳入评委会，严格、客观、全面对其进行考验，保障了“蓄水池”的质量。

（四）为发展对象“助航”——坚定信念

发展对象是近期准备发展为党员的同志，是学院严把关口的重中之重，也是重点培养教育的对象。一方面学院形成了“五步审查法”，通过听汇报、看表现、审材料、找问题、查个人信息登记表和档案，将党委把关落到实处。另一方面建立《实践考察登记表》制度，坚持理论和实践并重，引导发展对象主动参与学院建设，培养奉献精神，让党史学习走深走实。

（五）为预备党员“领航”——委以重担

提高预备党员“进了党的门，做好党的人!”身份转变的意识，摒弃“坐等转正”的思想，坚定共产主义理想。一是宣誓会上送“党委寄语”提高入党庄严感，使预备党员进一步明确党员的责任和义务，明确参加组织生活的要求，树立党员身份意识和责任意识。二是与正式党员“结对子”。挑选综合素质高、沟通能力强的正式党员与预备党员结对子，在思想上“引导”、行为上“示范”、生活上“帮扶”，引领预备党员持续保持入党激情、不断锤炼政治品质。三是压任务，牢记为人民服务宗旨。通过党支部给预备党员压任务，加强实践锻炼。承担“宿舍领航员”、参加“疫情防控志愿服务”、帮老师阅卷、承担小葵花课堂讲师、一对一帮扶本科学生提高学业等。系列培养让预备党员真正把个人理想追求融入党和国家事业，在锤炼品格时牢记为人民服务宗旨。

（六）为正式党员“续航”——使命担当

为正式党员重点开展纪律教育和使命教育，依托“五个一学习制度”即“讲一次党课、读一本红色家书、分享一个党史故事、撰写一份学习心得、开展一次学习交流”，将党史蕴含的丰富内涵与爱国精神、航天精神、“抗疫”精神等结合，转化为学生党员为实现中华民族伟大复兴中国梦奋斗的力量。

（七）为毕业生“送航”——寄予厚望

毕业前，党组织书记为学生党员讲好“最后一次党课”，明晰其自身成长的使命和责任，鼓励其坚定理想信念，培养“敢想敢做，敢冲敢当”的精神。同时对入党积极分子开展“离别谈话”，鼓励其继续向党组织靠拢，做到了组织培养不断档。

二、创新之处

（一）全过程培养与重点环节考察并重

发展党员培养教育的重点在“源头”，关键点在“入口”，要点在保持党员的“先进性”。学院立足高校立德树人这一根本任务，将党的先进思想、宝贵经验融入学生从入学到毕业的全过程。因材施教、因阶段施教：对新生“广撒网”，重点在启蒙教育，多角度传播党的思想；对入党申请人“多敛鱼”，重点在端正入党动机，建立“党员发展档案”吸纳其参加丰富党建活动，坚定其入党决心；对入党积极分子“择优而从之”，从源头上筑牢根基，通过“学—研—践—凝—考”五步培育工程，全面培育；对发展对象“优中选优”，通过“五步审查法”把好入口关，培养奉献精神、坚定理想信念；对预备党员要树立党员身份意识，为其送“党委寄语”，强化担当和使命；教育正式党员发挥模范先锋作用，通过“五个一学习制度”保持党员先进性，强化榜样意识；鼓励毕业党员和积极分子不忘初心、砥砺前行。

（二）实践锻炼与理论学习并重

在全过程培养教育中，注重学生实践锻炼，将知识内化为个人的信仰、理想，外化为个人的认知和习惯。

一是在培养的过程中，使党员从观众到主讲。其一，开展“我来讲党课”，每位党员走到台前，同步进行视频录制，通过 PPT 展示讲述党的故事；其二，开展“我来做分享”，关注党员关注话题，建党百年庆祝大会志愿者分享现场感受，毕业生分享学习和找工作经验，预备党员分享入党故事；其三，开展“我来读家书”系列活动，联合教师党支部，通过学家书、读家书、悟家书、谈心得，并将家书语音和心得体会上传至公众号，影响更多学生守正创新、勇担使命。

二是在理论学习基础上，加强实践锻炼。其一，锻炼党员策划和组织活动能力，在“寻红色足迹，向国旗敬礼；不忘抗战英雄，向纪念碑默哀”主题活动中从酝酿到复盘全部由学生党员组织；其二，锻炼学生党的基本知识运用能力，设立“宿舍领航员”定期到新生宿舍开展启蒙教育，考验其党的知识掌握程度、表达沟通能力、知识转换能力；其三，锻炼学生的专业知识运用能力，通过为本科学生辅导功课，为“红色 1+1”共建对象传授专业知识，巩固了专业知识，提高了教学教艺。

三、经验启示

（一）到位的培养教育是党员发展质量的有效保障

始终围绕“为党育人”这个核心，在发展党员过程中高度重视培养教育的重要性，才能培养出“讲政治、有信念；讲规矩、有纪律；讲道德、有品行；讲奉献、有作为”的合格党员。针对高校普遍存在培训形式单一、授课内容缺少吸引力、实践锻炼较少导致培训效果不佳现象，我们将继续守正创新，丰富培训内容，加强实践锻炼，提高党员发展培养效果。

（二）角色翻转，学习效果翻倍

只有激发学生的主观能动性，才能将教育注入学生内心。在党员发展培养全过程，学院注重角色翻转，学院使用“开放性”命题，学生通过自主选择舞台剧、诗词、歌曲等自编自演的形式来展演结业成果；开展“我来+”系列活动，激发学生思考和深入探究的欲望。后期我们将继续引导学生走到讲台前、指挥台前、话筒前，用他们的话语传播党的声音。

（三）因时而进，因势而新

因时而进，紧贴当前社会实际，把培养教育融到当前的热点问题上来，如通过疫情让学生看到社会主义制度的优越性、看到中国共产党领导的正确性。因势而新，顺应时代变革带来的网络新常态，在线下培训的同时走上网络，用“网络语言”“学生语言”宣传党的思想和基本知识。

作者信息：

郑环环，理学院，研究生第二党支部，1982 年 4 月，政工师，专职组织员

学党史　强教风
夯实基础教学　促进教师成长

郑　娇

理学院深入学习贯彻习近平总书记在党史学习教育动员大会的重要讲话，扎实开展党史学习教育，将党史学习教育扎根于教师成长当中，切实提高教师教学能力，夯实教师教学基本功，将党史学习教育融入课程，打造全新课程思政案例，将党史学习教育做深做实。

一、做法成效

（一）夯基础，强教学，教师教学能力稳步提升

学院坚持“教学型”办学定位，确定“夯实基础教学是立院之本，学科交叉融合是强院之路”的发展思路，着力提高教师教学能力。一是学院高度重视青年教师导师聘任工作，择优配强青年教师导师，为青年教师成长成才奠定基础，在基础教学、科研、教研全方位指导青年教师，帮助青年教师站稳课堂、融入教科研团队。二是举办优秀青年教师教学主题分享会、期中教学座谈会、新入职教师培训等活动，切实提高青年教师教学基本功，强化教师站好三尺讲台意识，提升课堂教学经验，增强教师教书育人的责任感和使命感。三是开展“强师德　优教风　促学绩　严学风”模范之星选树活动。从考勤、答疑、板书三方面提高教师基础能力，提升教师专业素养。经过图文并茂的榜样征集与评委会的筛选，评选出24位模范教师，以“百变考勤”“用心答疑”“精彩板书”三个模块陆续推送宣传。其中学校公众号推送“百变考勤，让你的学习充满乐趣”，教师工作部公众号推送黎芳老师、张蒙老师、白会娟老师、卢崇煜老师等教师的先进事迹。在第六届全国高等学校教师图学与机械课程示范教学与创新教学法观摩竞赛中获得图学类二等奖；在首届北京高校大学数学课程教学创新示范交流活动中2人获一等奖，1人获二等奖；《普通物理》获批2021年北京高

校“优质本科教材课件”建设项目，获批2021年北京高等教育“本科教学改革创新项目”重点项目1项；获批2021年中国建设教育协会教育教学科研立项课题3项；19门课程通过校混合式课程建设验收；在第十三届校级教学优秀奖评选中，各有1人获一等奖、二等奖和三等奖；6位新入职教师教学能力考核合格，优秀3人。

（二）搭平台，重培养，教师教学质量显著提高

一是充分发挥学院教学督导组作用，定期进行教学检查，及时进行课堂反馈，有效提高教学质量。二是学院注重教师教学能力的培养，聘请退休教师指导青年教师，提高教师的教学能力。三是学院定期开展青年教师基本功比赛，为青年教师提供平台，帮助其更好地展示自己的教学方法，为青年教师参加学校及北京市青教赛奠定了基础。四是积极指导学生科技竞赛，成绩稳步提升。党员教师崔慧娟代表学校参加北京高校第十二届（2021年）青年教师教学基本功比赛，获得理科类B组一等奖第二名，包揽最佳教案、最受学生欢迎、最佳教学反思、最佳现场展示和优秀指导教师等全部5项单项奖；在第十三届校青年教师教学基本功比赛中3人获得一等奖。教学质量评价稳步提高。教师面向全校指导学生获得学科竞赛国际二等奖3项，国家一等奖2项，二等奖10项，北京市一等奖7项，二等奖8项。

（三）学党史，入课堂，打造全新课程思政案例

一是依托理学院课程思政教学研究中心，聘请马克思主义学院肖建杰教授和汪琼枝教授为指导教师，做到了课程思政全覆盖。一方面，在面向全校的数学、物理、力学、图学等公共基础课教学中融入“四史”教育；另一方面，在信息与计算科学（大数据应用）、电子信息科学与技术两个专业课的教学过程中挖掘长征精神和“四史”教育元素，打造课程思政优秀案例。二是与北京建筑大学附属中学以“物理教学课程思政研讨与交流”为主题开展党支部共建活动。通过这次共建活动，大家对物理课程中的课程思政教学有了进一步的认识与思考，双方就大学物理和中学物理中的课程思政元素进行了共同挖掘，探讨了课堂育人的有效途径，有信心通过努力建成可复制、可推广的课程思政教学。获批2021年北京建筑大学课程思政重点培育项目2项。

二、创新之处

学院通过“榜样”引导、“名师”指导、“朋辈”督导，促进教师发展，全

方位提高教师的综合能力。

（一）“榜样”引导

一是通过学“四史”、树模范，将学习教育成果进行转化；通过展现“我心中的好老师”良好的风貌，感染和引领师生学习榜样、传承学院文化，提升干事创业的积极性，形成学院积极向上的教与学氛围。以“百变考勤”“用心答疑”“精彩板书”三个模块陆续推送宣传。此项活动已经掀起对标学习、争当先进、担当作为、创新实干的热潮。二是开展“榜样展风采·引领促成长”青年教师沙龙，邀请北京市第十二届青年教师教学基本功理科类B组一等奖获得者、学校青年督导委员做经验交流，加强教风建设，提升青年教师教学技能。三是为实现思政课程和课程思政的有机统一，学院公众号连续推送2021年度课程思政示范教学案例，推进我院课程思政建设。

（二）“名师”指导

一是择优配强青年教师导师，对青年教师进行全方位指导，帮助青年教师快速融入教科研团队，提升青年教师的教科研能力。二是聘请退休教师，对青年教师进行教学指导，提升教师教学能力。三是聘请专家教授进行对国基金等申报的指导，提升教师科研能力。四是依托理学院课程思政教学研究中心，聘请马克思主义学院教授为指导教师，做到了课程思政全覆盖。

（三）“朋辈”督导

一是学院开展教学基本功比赛、教学创新大赛，为教师提供交流学习平台，有助于推动一流本科课程建设，切实提升教师教学创新能力，提高教师教学基本功能力，提高人才培养质量。二是学院定期开展青年教师座谈会、教学座谈会、新教工座谈会等，“朋辈”之间相互沟通交流，相互分享经验，碰撞思想火花，促进教师全面发展，提升教师综合能力。

三、经验启示

一是扎实开展党史学习教育，建立长效机制，推进党史学习教育走深走实，将党史学习教育制度化、常态化，不断巩固拓展党史学习教育成果。进一步做到学史明理、学史增信、学史崇德、学史力行，达到学党史、悟思想、办实事、开新局的目的。

二是发挥“榜样”引领作用，党员教师充分发挥带头作用，在各方面做出表率，积极参与学院各项活动，在教学方面取得优异成绩，促进事业发展，指导青年教师成长。

三是将党史学习教育同学院办学定位相结合，将党史学习教育融入基础教学当中，扎实推进基础教学，切实提高教师教学能力。

作者信息：

郑娇，理学院，本科生党支部，1989 年 2 月，讲师，理学院党政办公室主任

凝心聚力办实事，党史学习谋发展

唐道莹

按照学校党委党史学习教育工作统一部署要求，机关党委（分工会）始终坚持以习近平新时代中国特色社会主义思想为指导，严格按照上级党组织和学校党委有关部署，深入贯彻落实“学党史、悟思想、办实事、开新局”总体要求，结合学校党委“学党史·优教风·严学风·强作风”专项行动，努力把开展党史学习教育的成果服务于学校中心工作。

一、做法成效

机关党委（分工会）创新学习形式，活用红色资源、扎根基层办实事，推动党史学习教育深入教职工、深入基层、深入人心，推动机关工作高质量发展，做到学史明理、学史增信、学史崇德、学史力行。

（一）创新学习形式，学党史悟思想

1. 积极开展线上、线下学习活动和微党课

机关党委（分工会）以北京市委防疫政策为指导，积极开展线上、线下学习活动。进行线上“凝心聚力”运动打卡活动，组织线上观看《中国战“疫”纪》《同心“战”疫》等抗疫纪录片，学习抗疫精神。组织党员干部学习“首都百万师生同上一堂党史课”系列网络公开课，并组织专题研讨，深化党史学习教育。

2. 通过大事热议的形式学党史悟思想

组织机关教职工分两校区集体观看“七一”中国共产党成立100周年庆祝大会，教职工学习并热议习近平总书记在会议上的讲话，取得热烈的反响。

3. 为教职工发放党史学习书籍报刊

党史学习教育以来，发放《习近平新时代中国特色社会主义思想学习问答》《文献中的百年党史》《中国共产党简史》《为什么是中国》等党史学习书籍，

并支持在党支部活动及部门活动中进行学习体会的交流分享；预订并发放《北京支部生活》《工会工作》等刊物。

4. 开展丰富多彩的活动

组织教职工参加“北京市教育系统管理岗位青年教职工职业能力竞赛”，获得好成绩（B 组一等奖）；参加市教工委举办的“永远跟党走”合唱比赛；通过开展“弘扬冬奥精神，展示巾帼风采”机关党委（分工会）凝心聚力三八妇女节活动，把凝聚着冬奥精神、冬奥历史故事的吉祥物带给教职工；开展健步走活动，在金秋校园中感受伟大建党精神。

（二）用活红色资源，突出机关工作特色

机关党委（分工会）党史学习教育注重运用革命纪念馆、红色教育基地等红色资源，组织党员干部感悟历史故事，重温入党誓词，开展特色活动。积极组织参观“没有共产党就没有新中国”展览馆、“中国共产党党史”展览馆和香山双清别墅等革命纪念地。

（三）扎根基层，为教职工办实事

1. 党建引领，筑牢三风建设

机关党委（分工会）开展“学党史·优教风·严学风·强作风”专项行动，以良好的作风抓好学校各项工作的推进落实。开展“我为群众办实事”实践活动，大力推行“亮牌上岗”，落实“接诉即办”要求，机关部门共收到有效诉件 472 件，响应率 100%，办结率 97.89%，满意率 96.61%。

2. 凝心聚力，服务机关教工

不断增强机关干部职工凝聚力和向心力，丰富机关教职工的文化生活。2021 年，机关党委（分工会）被北京市教育工委评为“先进教职工小家”，保卫部（处）工会小组被评为“北京工会职工暖心驿站”。

3. 关心关爱，温暖学生教工

组织机关教职工为毕业生进行行李打包和行李转运工作，切实做到服务学生。机关送温暖工作关爱困难教职工，关心退休教职工。

二、创新之处

习近平总书记强调，抓创新就是抓发展，谋创新就是谋未来。机关党委（分工会）以党史学习教育为内生动力，以凝心聚力为抓手，积极创新方式方法谋发展，努力建设“六型”机关。

（一）党建引领，凝心聚力

凝聚力是集体综合实力的一种表现形式，可以帮助集体在和谐的道路上健康发展。通过打造机关党委（分工会）“凝心聚力”活动品牌，形成上下一心，团结一致的力量，有利于机关强作风建设。

（二）深入基层，关心关爱

机关党委（分工会）积极开展多种形式的基层调研活动，了解分工会会员的切实困难，深入基层，开展机关送温暖工作，关心关爱每位有困难的职工。同时，基层调研活动的开展对于突发事件的处理也起到了积极作用。

三、经验启示

以党史学习引领思想建设，有利于机关党委（分工会）工作的有序开展。要切实加强干部的党史学习教育，不断提高自身素质。不断探索发展思路，加强工作实践，实现凝心聚力办实事，党史学习谋发展。

作者信息：

唐道莹，机关党委，机关党委和校工会党支部，1989 年 5 月，助理研究员，机关党委办公室主任

配强组织委员队伍　创新党务干部培训
不断提升基层党建工作质量

陈　威

北京建筑大学机关党委高度重视党务干部配备和培训工作，2021年以来，我们以党史学习教育为契机，不断规范机关党支部组织设置，选优配强支部委员，特别是组织委员。同时，定期举办“学党史、提能力、促规范”党务工作创新沙龙，搭建交流党建工作心得、分享党建工作经验、提高党建工作能力的平台，进一步推进了机关党建和学校事业的融合发展。

一、做法成效

（一）在“选”上下功夫，确保组织委员队伍质量

组织委员是负责党员发展教育管理的党务工作者，是党员发展的“守门员”、党员教育的“领航员”、党员管理的“监督员”。机关党委借鉴学校组织员队伍建设的经验，加强支部组织委员队伍的专业化建设，在支部换届选举之初，就对组织委员的选配提出要求，严格按照“政治强、业务精、纪律严、作风正”的标准，选配支部组织委员。目前，机关新选举的17名在职组织委员中，副处级2人，正科级8人，职员7人，其中有过党务工作经历的13人，占比76.5%。组织委员队伍的专业化程度不断提升，成为一支有活力、有经验、有战斗力的生力军。

（二）在“责”上定方向，明确职责和工作重点

机关党委将组织委员能力培养和作用发挥作为严制度、促规范、抓党建的重要抓手，明确了组织委员在支部党建中的工作职责，强调组织委员要围绕“严格坚持标准，提高机关党员发展质量”“加强组织建设，切实做好党员管理工作”的目标。在党员教育、管理、监督、服务四项职能中重点突出教育和管理两项职能，扎实抓好党员发展计划制定、发展环节落实、党员教育培养三个

重点环节，做好党费收缴、民主评议党员、表彰奖励和党内统计等工作。

（三）在“育”上花力气，不断提升履职能力

机关党委将组织委员的培养纳入机关党务工作队伍和青年管理干部队伍培养的计划，抓好组织委员党务工作能力的提升。针对基层党建工作中面临的新情况、新问题，逐步建立健全培训制度，探索采取集中培训和一对一指导等方式，通过专题讲座、网络学习、实践教学、线下自学等方式，将培训内容和实际工作结合起来，强化组织委员理论和业务知识的学习。两年来，机关党委为组织委员购置配发党务工作实用书籍 2 册，专题开展组织委员业务培训 9 次，组织规范化业务学习 2 次，邀请二级学院组织员交流 1 次，主题党课、入党宣誓等重要的党日活动适时邀请组织委员列席，提升了组织委员的专业工作能力，保证工作质量。

（四）在“用”上显成效，夯实机关党建基础

这两年以来，组织委员在推进机关党支部建设、夯实基层基础工作中发挥了重要作用。在党员发展培养上，按照党员 E 先锋系统“发展党员全程纪实”要求，对发展党员五个环节 29 项内容严格填写上传写实性记录，梳理总结了党员发展“三把关四审核”机制（三把关：培养联系人、组织委员、入党谈话人三类把关主体在积极分子培养、发展对象确定、预备党员接收及转正等环节上进行三重指导和把关。四审核：组织委员、支部书记、党委专职党建人员、党委书记四类审核主体在入党申请人提交入党申请书、支部研究确定积极分子、支部确定发展对象、支部接收预备党员、预备党员转正等工作流程前对相关材料进行四重审核，核查无误后再提交会议讨论研究），切实规范发展程序，提升党员质量；在党员教育管理上，党费收缴、组织关系转接、发掘先进事迹等党务工作开展顺利。2022 年 4 月，北京突发新冠疫情，在这关键时期，组织委员队伍积极响应党委号召，冲锋在前，带领支部广大党员群众积极投身抗疫斗争，化身“大白”和“小蓝”，服务两校区和家属区的核酸检测志愿服务工作。目前，机关先后有 100 余名党员参加志愿服务 190 余次，充分发挥了党员的先锋模范作用，党支部的战斗力、凝聚力、向心力进一步增强。

二、创新之处

（一）党委高度重视，深入指导帮带

机关党委坚持每月召开党支部书记例会制度，当例会有党员发展、代表选举、民主评议党员、组织生活会等重要党建工作部署时，要求组织委员列席会议，并在会上进行业务培训，以此促进基层党建工作展开。同时，学校党委常委白莽、纪委副书记牛磊、机关党委书记赵晓红多次与组织委员们进行面对面交流，从坚定理想信念、增进对党的感情着手，开展党性教育，分析党建工作形势，对年轻的组织委员进行思想上的引领，经验上的传授，方法上的带教。

（二）领导带头参训，增强业务本领

党务工作培训坚持领学机制，采取“组工领学，手把手教”的培训方法，机关党委先学一步，再在支部书记和组织委员培训时领学文件精神。面向党支部书记队伍，领学《中国共产党支部工作条例（试行）》，面向支部组织委员，讲解发展党员工作有关文件精神等。坚持需求导向，精准培训。组织支部委员通过云课堂参加党员发展、党建述职考核、组织生活会、支部换届选举、党费收缴使用管理等党支部标准化、规范化建设课程。同时，结合岗位需求和形势任务，根据不同的培训主题邀请不同的党务工作者群体参加，着力在课程设置上下功夫，激活党务工作者学习培训的内生动力。目前，机关党委邀请组织部副部长张莉、经管学院组织员曾祥渭开展了培训和经验交流会，帮助党务工作人员提高工作水平，获得党务干部的一致好评。

（三）加强分类指导，强化党建业务融合

机关党委建立党委委员联系党支部工作制度，要求党委委员定期到联系支部参加支部活动，进行“一对一”调研指导，帮助支部梳理党建和业务共建共促、融合发展的办法措施。注重引导广大党务工作者将理论学习和实际运用相结合，不断推动机关党建和学校事业融合发展。同时，利用校内巡察督导、年度基层党建工作述职考核和迎接市工委党建评估等时机，在机关内部开展“互查互学互建”工作，以查促学、以查促改、互学共建，进一步提高了基层党组织决策的民主化、科学化和工作的制度化、规范化。

三、经验启示

（一）配强组织委员队伍是做好党建工作的关键

党支部组织委员队伍建设对于加强机关党建工作，加强对党员的教育管理，提高党员队伍素质，起到了重要的作用，尤其是新时代基层党建工作，需要有一支精干的党务工作者队伍。对于高校机关的党组织而言，建好组织委员队伍，使其成为党委和支部沟通的桥梁，在汇报请示、活动开展、党内统计等工作上发挥了重要作用。机关党委加强工作统筹和帮带指导，帮助组织委员开展好发展党员工作，严把党员入口关，开展党员教育管理工作，做好发展党员工作的监督者，当好发展党员队伍的管理者，提升基层党组织服务职能。

（二）加强学习培训是提升服务本领的重要举措

有基础才能有创新，党务工作者要有效履职、发挥作用，学懂弄通党的基本知识、做实党的创新理论很关键。开展党务工作创新沙龙培训培育活动，坚持紧贴当前国家新政、时事热点，紧贴党建工作业务，坚持每月讨论一个主题，通过线上线下相衔接、灵活多样的学习培训活动，机关的党务工作者掌握了党务基本知识，通过交流互动和开展活动，不断增加党建实践经验，提高解决实际问题的能力，提升服务群众本领，进一步夯实了基层党建基础。

作者信息：

陈威，机关党委，机关党委和校工会党支部，1983 年 6 月，助教专职党建岗

学史悟思笃践行·产教互融启新章

武　全

2018年5月11日召开的中央全面深化改革委员会第二次会议上审议通过了《高等学校所属企业体制改革的指导意见》。会议指出，高等学校所属企业体制改革，要坚持国有资产管理体制改革方向，尊重教育规律和市场经济规律，对高校所属企业进行全面清理规范，理清产权和责任关系，分类实施改革工作，促进高校集中精力办学、实现“内涵式”发展。

根据党中央的指示精神，北京市教委于2019年陆续开展了北京市属高校的校办企业体制改革工作。北建大校办企业作为市属高校校办企业深化改革的试点单位，在改革之中先行先试，为北京市属高校校企改革起到了非常好的示范作用。在所有的深化改革措施之中，支部建在基层企业的做法，成为校企体制改革中的关键一环、点睛之笔。随着各企业基层党组织的建立健全，校办企业的整体改革和发展正朝着党中央提出的权责明晰、尊重市场、服务教研、内涵发展的方向大步前进。

北建大规划院党支部就是在这个改革的大环境中新组建的基层党支部。支部建立之初就紧紧围绕着“校办企业”这个核心内涵，开展各项党建工作——“校办”是本色，就是必须以服务学校教学科研为己任，以产学研人才培养为目标开展工作；“企业”是本质，就是要把实现国有资产保值增值作为企业生存的命脉，把服务社会发展、服务首都建设作为企业发展的抓手。

2021年是伟大的中国共产党建党100周年的重要时刻，规划院党支部根据上级党委提出的“学党史、悟思想、办实事、开新局”的要求，结合规划院党支部的工作实际和特色发展，在党史学习的整体指导和带动下，积极创新、全年统筹、分步落实，取得了良好效果和优异成绩。

一、做法成效

（一）学有得笃践行

2021年，规划院党支部在年初就把在党史学习教育中“学有得笃践行”作为本年所有工作的核心内容。

1. 编列主题。规划院支部党员和规划院的主要员工大部分都是刚离开校园不久的青年同志，他们一方面对党的历史、党的发展具有强烈的求知欲，另一方面又没有充足的时间去系统学习和领悟。针对这个情况，支部在年初召开大会，集思广益共同编列了全年党史教学学习的整体计划。这个计划基本上按照时间顺序为党员和青年员工梳理了党的发展历程中关键及重要节点。学习计划贯穿全年，成为规划院2021年党史学习教育的主线，在此主线之上，支部还融入了《建党100周年大会讲话》《党史学习教育动员大会》等重要会议和讲话的学习，使规划院党支部党史学习教育成为紧扣中央精神、立足工作实际、引领党员青年的学习体系。

2. 创新方法。在布置学习任务前，支部认真听取了党员和青年员工的意见和建议。针对大家提出的希望学习党史不流于“走过场、听故事”的关切和期望，规划院党支部对全年党史党课学习作出了如下要求：首先是“主讲主问”的形式，积极调动全体党员和青年骨干的学习积极性，改变被动听课的形式，每一讲都安排主讲和主问，做到课前有预习，课上有思考；其次是“撰写心得”的要求，改变学完就放的习惯，每次学习都专门选择了相关的历史文件，学习之后都要针对历史文件进行再学习，并写出学习心得，加深学习效果；最后是“以点带面”的范围，改变只在党员小范围内学习的状态，根据学习的内容，结合工作，把党课学习扩大到党员、入党积极分子、青年骨干、中层以上管理人员，使党史党课学习，不仅仅是党内的活动，也要成为党员和群众共同学习、提高和互动的课堂。

（二）融两规强共建

通过党史学习教育，规划院党支部更加明确了企业要服务学校，积极参与人才培养的使命和担当，为此规划院党支部围绕学校工作的重点：“培养三师、服务三规”，与建筑与规划学院规划系党支部共同开展了以“产教融合的规划师培养”为主题的“两规共建，红色1+1”合作。

“未来规划师培养”和“青年规划师提升”是共建两条相互交融的主线。

一方面，在“未来规划师培养”的共建中，规划院党支部承担了规划专业本科生职业生涯规划课程和职业认知的实践教学环节，规划院设立勤工助学和实践实习岗位，为规划专业学生参与真实规划项目提供条件，力求以工作实践，对未来规划师进行专业、行业的认知教育。另一方面，在“青年规划师提升”的共建中，规划系支部为规划院的青年骨干提供研究生课程的开放课堂，并定期开展了聚焦科研前沿的“青年规划师沙龙”，以提升规划院青年规划师的理论和科研水平。达到了青年规划师继续教育、继续提升的职业发展助力。

（三）建制度筑堤坝

2017年年底成立的规划院各项事业都处于蓬勃发展的状态中。为了给规划院筑牢制度的堤坝，为防范经营风险、提升管理水平，本年规划院党支部牵头开展了管理制度整体的起草修订工作，并根据业务发展和廉政建设的工作要求编列了基本管理制度的修订日程。到年底，分别起草和修订了《财务管理办法》《合同管理办法》《资产管理办法》等一系列重要的基础管理制度，基本形成了优服务、强管理、防风险的制度体系。

（四）育青年带队伍

党支部把对青年员工的精神引领、业务培养和梯队建设作为支部重要工作。在2021年支部组织青年员工外出党日活动2次，开办青年骨干沙龙6次，并在与规划系党支部开展的共建活动中为青年员工开通了到大学课堂旁听的提升通道。此外对于青年骨干中的突出分子，支部还制定了一对一的分类指导方案，针对不同特长的青年骨干，给予深入的交心谈话和指导。

二、创新之处

回顾北建大规划院党支部过去一年的党史教育，通过支部的开拓创新，在上级党委和规划院全体员工的鼎力支持和积极参与下，确实达到了中央党史教育大会提出的“学党史、悟思想、办实事、开新局”的要求，对规划院各项工作起到了引领提振作用。与以往相比，过去一年规划院党支部的党史党课学习有以下创新之处：

（一）内容与形式的创新融合

相较以往的党史党课学习，过去一年规划院的党史党课学习令全体党员和青年员工都眼前一亮。很多党员和员工都表示，忽然感觉自己回到了大学的课堂，每次上党课都是怀着极大的求知欲、积极性参加到学习活动中，学习不再是枯燥的罗列和说教。这种内容和形式的创新融合主要体现在以下几点。

第一，从党的基本理论说起，以党的发展的关键历史节点为重点，将党的百年奋斗史在一年的时间里为全体党员和青年员工次序展开，配合年内党中央的重要会议精神，在党百年华诞之际，全体党员和青年员工接受了一次真正的精神洗礼。

第二，学习不仅仅是听听而已，还必须认真阅读相关历史文件。这些历史文件，记录了每次学习的历史节点中党的领导人不断发展的理论论述和对历史事件的分析。通过对这些历史文件的自学和思考，不但加深了课上的学习，更是令全体党员和青年员工深入感悟领会到在党的发展历程中每个生死攸关、重大转折中的奋争与蜕变。当每位党员和青年员工，认真写下学习心得时，哪怕只是不到百字的学习心得，艰苦卓绝的探索、伟大的建党精神就已经逐渐内化为他们工作与学习的源源不竭的动力了。

第三，党史学习不能仅限于党员和青年员工，党的百年历史是中华民族百年抗争探索历史的写照，同时也可以成为一个企业、一个组织、一个个人发展进步的经验指引。所以规划院党支部的党史党课学习，从来不限制学习范围，而是更加开放地把所有企业员工、中层以上管理干部接纳进来。让他们在党史学习中，在企业发展的过程中，尤其是在当下的困难期、瓶颈期去思考该如何团结奋发，以伟大的建党精神为指引，排除万难、力争上游。

（二）本色与本质的创新共荣

北建大规划院是北建大校办企业，其本色是校办，其本质是企业。规划院党支部自成立之日起就把本色与本质的共融发展作为支部建设和企业发展的终极目标。

一是充分融入学校的重点工作，为学校的教学科研、人才培养贡献力量。其中最为突出的就是与规划系党支部共同打造的支部共建“红色 1+1”平台，把“培养三师”的学校重点工作落到实处，既为未来的规划师提供实践实习的平台，又为青年规划师构建继续提升的机制。

二是大力服务社会发展和首都建设，为经济建设贡献企业力量。由于规划院的主要业务就是对各级政府、乡镇的国土空间规划编制的咨询，规划院的工作必须以党的各项方针政策为指南、以法律法规为规范、以提升人民生活幸福为目标开展，党支部和全体党员已经把党建引领下的“服务三规”作为企业发展的核心要义。

（三）学习与实践的创新连接

与学校院部的党课学习指导教学科研工作不同，企业的党史党课学习必须与企业工作紧密结合，成为指导企业工作的精神指引和理论武器。

规划院党支部党史党课学习的成果，集中体现在支部以百年建党精神为引领，将制度和队伍建设作为各项工作开展的抓手，“两手抓两手硬”地将学习与实践创新连接。

一是全面的制度建设，为规划院发展筑牢风险防范的坚实堤坝。规划院是一个成立时间较短的企业，在创设之初，各项工作都围绕项目竞争、市场开拓开展。简化的办事流程，虽然满足了以效率为先的阶段要求，但也为各种风险埋下隐患。在党史教育学习过程中，支部将企业制度建设、防范风险作为重要工作，建立健全了规划院企业制度体系，为企业发展筑牢制度基础。

二是有序的梯队建设，为规划院发展教育培养一支年轻有为、信念坚定、忠实可靠的青年人才梯队。年轻的员工队伍组成了“年轻”的规划院，这支主要由青年人组成的队伍，充满活力，也略显稚嫩，面对这样的队伍，支部通过党史学习教育，对所有青年员工进行了谈话谈心，并制定了技术和管理个性发展的分类指导办法，基本形成了一支业务精、能力强的规划院核心技术管理团队。

三、经验启示

经过一年的党史学习教育和实践活动，规划院党支部对理论学习与生产实践的创新结合有了一些经验，在年底支部的总结大会上，各位党员也对这年的学习心得和成果进行了充分交流。规划院党支部总结出以下经验启示。

（一）仰望星空和脚踏实地

通过对党的理论方针、指导思想的学习，尤其是具体年份里对伟大建党精神的学习，中国共产党的初心和使命都深深扎根于每位党员的心中，大家更加坚定和明确了共产主义信念和理想。中华民族的伟大复兴、共产主义理想，如同每位党员心中的“星辰大海”，那是每位党员打算为之奋斗终生的理想。但使命的完成、理想的实现绝不仅仅是仰望星空就可以得到的，必须结合点滴的日常工作，不断脚踏实地的积累才可能实现，必须要抱着“功成不必在我，成功必定有我”的信念。因此，所有的理论学习，都必须真实地和日常工作相结合，必须真实地指导日常工作才能发挥其巨大的精神力量。在规划院党支部全年的学习中，我们从未偏离这个方向，无论是党史党课的选题、党课学习的形式和范围，都本着“学有所悟、学有所得、学有所用”的原则开展。事实也证明了，正是这样的党史学习，才能调动起党员和群众的积极性，才能让大家深刻体会“学而时习之，不亦说乎”的学习真谛。

（二）当下困境和诗与远方

2020年年初开始的全球新冠疫情，到今天已经肆虐近三年。疫情常态化之下，生活生产、经营活动都不可避免地受到其冲击和影响。这三年来，规划院虽继续发展壮大，取得了不少优异成绩，如城乡规划甲级资质的获得、北京市级奖项数翻番等，但其面临的困难也是不言而喻的。如果不能突破当下的困境，又何谈期待之中的诗和远方呢？

过去一年的党史学习教育中，“党的百年奋斗史”“伟大建党精神”为所有在困境中奋争的北建大规划人以强大的精神鼓舞，也为所有在探索发展道路的北建大规划人以最真实的成功案例。通过党史学习，全体党员体会到，我们今天在发展道路上遇到的困难、困惑在党的百年奋斗史上都可以汲取到精神力量，都可以发掘出经验总结，都可以寻找到成功指引。当每位党员真正完成达到党中央提出的“学党史、悟思想、办实事、开新局”的要求后，当下的困境便已经不再是企业发展道路上的绊脚石，而会成为所有北建大规划人的不断奋进提高的锻炼场，所有北建大规划人正在伟大建党精神的指引下，迈向企业做强做大、回馈学校、服务社会的“诗与远方”。

作者信息：

武全，资产公司党委规划院党支部，1976年7月，副教授，资产公司总经理助理、北建大城市规划设计研究院党支部书记兼副院长

学好百年党史　建好书香校园
走好新时代长征路

吴　卓　芦玉海

在学校党委的坚强领导下，图书馆在“网上重走长征路”暨推动“四史”学习教育中不断推进支部规范化建设，充分发挥支部的引领作用，通过举办“开卷”读书系列活动、利用“互联网+”技术手段推荐馆藏图书、举办馆藏党史图书专题展、红色经典诵读大赛、党史知识大赛、馆藏精品文献展等系列活动不断将党史学习教育推向纵深，为学好百年党史，建好书香校园，走好新时代长征路奠定了坚实基础。

一、做法成效

（一）读书系列活动丰富多彩，主题鲜明

自2007年举办“开卷”系列读书活动后，到目前为止，学校图书馆已连续15年举办“开卷”系列读书活动。每次活动的主题均由图书馆直属党支部确定。2021年“开卷”系列读书活动的主题为“开卷·百年征途”。读书活动紧紧围绕党史学习教育，开展党史知识大赛、美文征选、图书漂流等主题鲜明丰富多彩的活动，取得了积极成效。

另外，由学校学工部、校工会和校团委联合主办，图书馆分工会和教职工半亩方塘读书会承办的建党100周年“诵党史红色经典，记初心砥砺前行”主题诵读大赛成功举办。本次诵读大赛共计64位师生参与，共评出最佳表演奖、最佳团队奖等5部出色作品和多部优秀奖作品。同时，由图书馆组织推荐的5部参赛视频在2021年北京市中华经典诵读工程系列活动暨第三届中华经典诵写讲活动中，分别获得二等奖1项，三等奖2项，优秀奖2项。

（二）“互联网+”技术助力馆藏党史图书推荐

图书馆依托“北京建筑大学图书馆”微信公众号，于2021年全年分五个不同的时段向全校广大师生分别推荐六类馆藏党史图书，阅读效果显著。

（三）党建带团建，赋能学生社团

图书馆直属党支部高度重视学生社团工作，指导图书馆学生馆员工作委员会充分发挥其职能作用，积极推进阅读推广工作和党史学习教育。由于工作成效显著，北京建筑大学图书馆学生馆员工作委员会被评为2021年度书香中国·北京阅读季·大学生读书节“最受欢迎的阅读推广组织”。

二、创新之处

（一）紧扣党史学习教育主题，积极发挥读书活动品牌优势

“开卷”是我校图书馆读书活动特色品牌，自2007年开始已连续开展15年，在书香校园建设中发挥了积极作用，取得了明显成效。2021年，“开卷”读书活动主题定为“开卷·百年征途”，通过举办“开卷·百年征途”系列活动，充分发挥了“开卷”读书活动品牌优势，精心打造党史学习教育新阵地，对书香校园建设起到了积极的推动作用。

（二）图书推荐采用“互联网+”技术，分时分类推荐，特色鲜明

图书馆自2020年起利用现代信息技术，依托各类社交平台如微信公众号等开展每月两期的图书推荐活动。分时分类地推荐各类主题图书，阅读推广效果极佳，馆藏图书种类被师生熟知，图书借阅量逐步增长。2021年，图书馆共计推出6类党史相关馆藏图书，助力学校党史教育的开展，为师生学习四史提供有力的文献支撑。

中国共产党立志于中华民族千秋伟业，承担起中华民族复兴的历史任务。从党的一大宣告中国共产党成立，到党的七大确立“放手发动群众，壮大人民力量，在我党的领导下，打败日本侵略者，解放全国人民，建立一个新民主主义的中国”。这条政治路线，中国共产党领导全国人民经过28年浴血奋战，建立了中华人民共和国，中华民族从此开启了伟大复兴之路。为此，2021年3月，图书馆将图书推荐主题定为“百年恰是风华正茂”。并为广大读者推荐《中国共产党简史》《红船映初心》《红军长征史》《改革开放口述史》《新中国发展面对

面》《道路自信：中国共产党与中国特色社会主义道路》《中国共产党人的理想信念》等馆藏图书。

学习党史，可以提高历史思维能力、树立正确的党史观，以宏阔的视野从历史长河、时代大潮、全球风云中去理解历史表象背后深层次的内在机理，能够更好实现历史与现实的贯通、理论与实践的结合。为此，2021 年 4 月，图书馆将图书推荐主题定为“阅最新党史书籍，赏百年大党风范”，特推出《论中国共产党历史》《中国共产党历史通识课》《毛泽东邓小平江泽民胡锦涛关于中国共产党历史论述摘编》《文献中的百年党史》等党史系列新书。

在建党 100 周年的峥嵘岁月中，无数优秀共产党员在实现中华民族伟大复兴的历史过程中燃烧青春、努力拼搏，舍生取义，为的是守住入党时的那颗初心。为此，2021 年 6 月，图书推荐主题定为“建党 100 周年：革命领袖人物传记”，本次推荐《毛泽东传》《周恩来传》《刘少奇交往纪实》《朱德人生纪实》《邓小平传》《李大钊 · 北京十年》《陈独秀全传》等馆藏部分革命领袖人物事迹系列图书。

以史育人，以文化人，我们可以在革命遗址中感受中国共产党在实现中华民族伟大复兴的进程中艰苦卓绝的革命历程和奋斗足迹。为此，2021 年 7 月，图书推荐主题定为“建党 100 周年：革命遗址专题”，图书馆本次推荐《全国革命遗址普查成果丛书：全国重要革命遗址通览（中央卷）》《革命根据地史话》《北京红色遗存》《井冈山的红色旧址》《初心之旅　红色盱眙：盱眙革命遗址遗迹巡礼》《华池红色遗址遗迹》《红色印记：庆阳革命遗址遗迹》《红色留踪：广西革命遗址遗迹览胜》等馆藏图书。

习近平总书记指出，加强党对高校的领导，加强和改进高校党的建设是办好中国特色社会主义大学的根本保证。提高党的建设质量是习近平总书记着眼于永葆党的先进性和纯洁性，顺应新时代党的建设总要求提出的重大课题。高校作为党建工作的重要组成部分和阵地，必须把培养社会主义建设者和接班人作为根本任务，培养一代又一代拥护中国共产党领导和社会主义制度、立志为中国特色社会主义新时代奋斗终生的有用人才。为此，2021 年 7 月，图书推荐主题定为“建党 100 周年：高校党建研究专题”。本次推荐《高校党的领导体制建设研究》《高校党的组织建设研究》《高校党的作风建设研究》《高校党的思想建设研究》《高校学习型党组织建设研究》《北京高校党建研究会文集》等馆藏图书。

2021 年 10 月 1 日是新中国成立 72 周年，在国庆佳节、举国同庆之际，为更好弘扬爱国情怀，培养我校师生爱国意识，本次图书推荐的主题定为“我爱你，中国”，本次图书馆推荐《诞生：共和国孕育的十个月》《细节的力量：新中国的伟大实践》《大国新路：中国道路的历史和未来》《人民的选择》《中国共产党如何改变中国》《中国能力：抗疫背后的中国之治》《祖国的名称》等馆藏图书。力求从历史、思想等多个维度向大家展现一幅壮阔雄伟的中华画卷。

（三）凝聚学生力量，深入开展党史学习教育

通过建立我校图书馆学生馆员工作委员会，使图书馆全体教职工更加了解学生需求，利用学生熟知、喜欢的方式进行党史学习教育类阅读推广，凝聚学生力量，全方位推动党史学习教育走深走实，持续增强师生的爱国意识。

三、经验启示

高校图书馆作为重要的文献资源中心与知识交流中心，在高校文化建设中有着不可替代的地位，在党史学习教育中起到非常重要的促进作用。2021 年我校图书馆紧扣党史学习教育主题，开展了主题鲜明、丰富多彩的活动，通过红色经典诵读大赛、党史知识大赛、馆藏精品文献展等系列活动不断创新、拓展阅读推广方式，搭建起师生学习党史的“活化课堂”，对全校师生产生了持续的影响力。

另外，我校图书馆紧跟时代步伐，将现代信息技术融入图书馆各项工作中，为其高效率运行提供了先进的技术手段。在 2021 年党史学习教育中，图书馆充分利用“互联网+”技术，在馆藏图书推荐方面做了积极探索，效果显著。

作者信息：

吴卓，图书馆直属党支部，1994 年 5 月，助理馆员

芦玉海，图书馆直属党支部，1964 年 8 月，馆员，文化工作室主任

第四部分 04

媒体报道

人民日报：弘扬红船精神与中国精神《中国有了一条船》发布

近日，北京建筑大学建筑学院设计学学科负责人、现代剪纸艺术研究院院长赵希岗教授参与创作的新书《中国有了一条船》在京正式发布。本书文字采用长篇诗歌形式，由中国著名作家董宏猷撰写。作为本书的一大亮点，书中使用了20幅精美新剪纸艺术插画，形象生动地展现了中国历史长河中多个经典文化故事，阐述了红船精神和中国精神。书中插画全部由赵希岗教授创作完成。

据介绍，《中国有了一条船》是国内首部写给儿童的，以歌颂“红船”精神、构筑美好中国梦为主题的长篇励志原创诗歌。赵希岗教授的新剪纸将中国传统造型语汇及写意精神与现代设计相结合，是将中国传统文化、当代艺术精神、现代设计理念融合发展的成果。作为本书插画作者，赵希岗教授运用新剪纸艺术语言，采用直剪的剪纸技法，以红色为主色调，搭配高级灰和明亮的色彩，灵活的曲线造型将中华传统文化故事生动地叙述出来，用韵味十足的剪纸艺术语言阐释红船精神的源远流长。本书图文并茂的方式更有利于青少年接受，为中国儿童打造了诗歌世界之中的中国梦，颂扬红船文化深处的中国精神。

“董宏猷老师的这部著作是一部讲述中华民族从困顿走向振兴的壮丽史诗，其内容让我振奋，我的新剪纸创作与其产生强烈共鸣。”“诗中字里行间流露着个人梦想、家庭梦想与国家梦想的统一，其对国家和民族的担当精神令我感动，激发了我的创作热情。”回忆本书新剪纸艺术作品的创作过程时赵希岗教授讲到，“剪纸艺术与诗歌是相通的，在创作过程中，我通过查阅大量史料，将其中体现中国精神和红色文化的建筑元素与文化符号进行提炼，并进行视觉化、艺术化的转换，整个创作过程非常顺利，不到一个月的时间就完成了《中国有了一条船》的所有插画创作。”

“作为一名新剪纸艺术家，用新剪纸作品展现红色文化、传递中国精神是我的使命。”为了庆祝建党100周年，赵希岗教授设计创作了30余幅红色文化主题的新剪纸艺术作品，并希望通过艺术展览、文化讲座、文创产品等形式对红色文化和中国精神进行传播和推广。同时，作为一名高校教师，他致力于将新剪纸艺术带入课堂，“在课程中传授传统手工艺，传承优秀传统文化，将红色文化和中国精神融入课堂教学和人才培养是我的职责。”

（作者 李小虎 滕学荣）

北京日报：走深走实党史学习教育
北建大出台 20 项举措强教风学风作风

教学质量整改报告定期上报，开展学风建设大讨论，搭建学校接诉即办服务平台……北京建筑大学日前正式启动“学党史·优教风·严学风·强作风”专项行动，学校出台专项行动方案，将通过 20 项有针对性的配套举措，力促党史学习教育走深走实。

北京建筑大学日前举行“学党史·优教风·严学风·强作风”专项行动推进会，深入学习贯彻习近平总书记在清华大学考察时的重要讲话精神。该校党委书记姜泽廷要求，深入开展党史学习教育，针对突出问题，狠抓“教风、学风、作风”建设，为高水平特色型大学建设提供坚强保障。

《北京建筑大学“学党史·优教风·严学风·强作风”专项行动工作方案》已经出台。该方案从“优教风、严学风、强作风”三个方面提出了要达到的具体目标，制定 20 项工作举措，其中包括强化教师课堂管理意识，提高课堂教学效果；开展“教风专项督查行动月”活动；完善课堂教学评价体系和学生评教系统，注重教师授课的过程性评价与反馈；增加“回头看”环节，加强对课堂教学改进效果的检验，形成学院教学质量整改报告定期上报制度；选树一批爱岗敬业从严执教优秀教师典型；选树学风建设标兵典型，发挥榜样示范引领作用；打造学业发展辅导品牌，提升学风建设实效；以师生为中心，搭建学校接诉即办服务平台等。

据悉，北建大将深入开展教学、学风、作风建设大讨论，让教师认识到“为谁教、教什么、怎么教”、让学生认识到“为谁学、学什么、怎么学”、让干部认识到“从党史学习中汲取智慧和力量，转化为攻坚克难、干事创业的责任担当”，致力于在全校形成“严谨治学、从严执教”的良好教风、“严于律己、勤奋好学”的优良学风、“求真务实、担当作为”的良好作风。

（作者 任敏）

北京晚报："复刻"红色建筑

融新剪纸艺术和数码绘画风格于一体的技法，让嘉兴南湖红船与上海的中共一大会址"同框"；简练的蓝色钢笔线条，精准勾勒中西合璧风格的中共二大会址外观；用马克笔、淡彩和钢笔画叠加的创作方式，以浓郁的色彩、细致的线条描摹出庄严肃穆的人民大会堂建筑外观……

4月底，北京建筑大学隆重召开青年"学党史　见行动"主题教育活动暨五四表彰大会。会场旁，9幅记录中共一大至十九大会址建筑的手绘作品惊艳亮相，专业的线条叠加丰富的色彩，组合出一幅幅令人惊叹的画面。

这些作品均由北建大建筑与城市规划学院学子创作。今年，为了更好地将"四史"学习与专业特色结合，该学院组建"手绘红色建筑"团队，13名大学生经严格筛选后入选，他们的目标是以手绘方式呈现中国共产党历史上的经典红色建筑，通过生动鲜活的方式，讲述党史故事，传承红色基因。

创作之前，大家围绕目标建筑，开展专题党史学习。3个多月来，团队查阅整理了5万余字与红色建筑相关的文字记录，并查找了大量实物图片。

从草长莺飞的春日，到繁花盛放的初夏，北建大打造行走的课堂，同学们相继探访香山双清别墅、天安门广场、人民大会堂、毛主席纪念堂、全国政协礼堂等在京重要党史红色地标建筑。每到一处，他们都会从不同角度仔细观察建筑本体以及周边景物，寻找独特的造型和构图，部分特殊的局部细节等也被画纸和手机记录下来。

"手绘红色建筑"负责人、北建大研究生李叶子谈到在实际创作时，建筑本身的艺术感、历史感、红色感是同学们共同聚焦的关键词，"我们通过素描、钢笔画、水彩、马克笔画、剪纸等多种艺术形式，对红色历史场景进行复刻，每个人都有独特的风格。"

放眼望去，一张张精美的画稿既保留了历史建筑本身的真实轮廓，又融汇了创作者党史学习的收获和对建筑的审美体验。

目前，团队已创作出党代会会址、五四之路、长征之路、首都红色遗迹五个系列、30余幅红色建筑手绘作品，不久这些作品将通过线上推送、线下展览与宣讲的方式，向师生们露脸，成为学校党史学习教育的鲜活素材之一。团队成员徐大辉说："我们希望通过这样的活动，表达党史学习感悟，并厚植新时代青年大学生爱党、爱国、爱社会主义的情感，让红色基因、革命薪火代代相传。"

（作者 任敏）

人民网：北京建筑大学启动“百团行动计划”上百支团队、千余名师生将以实践深入服务首都“四个中心”功能建设

5月19日，北京建筑大学启动师生服务首都“四个中心”功能建设“百团行动计划”。围绕行动计划，北建大已组建上百支实践服务团队，汇集千余名师生，未来半年，他们将针对老城整体保护与更新、城市公共空间品质提升、城市老旧小区改造与更新等十大方向，深入京华大地，开展理论宣讲、社会调查、志愿服务、科研应用、创新创业实践等，以实际行动服务首都高质量发展，扎实推动党史学习教育走深走实。

北京建筑大学师生服务首都“四个中心”功能建设“百团行动计划”是学校党史学习教育的重要内容，是学校“永远跟党走”主题教育活动“做起来”的示范引领活动，引领师生走进社区、走进街道、走进乡村，到社会大熔炉中增长才干，坚定永远跟党走的理想信念，以聪明才智贡献国家，以开拓进取服务社会。行动计划旨在引导师生围绕北京“三规”落地、筹办好北京冬奥会和冬残奥会等重要战略任务，发挥专业特长开展调研实践和科技服务活动，提供精准管用的师生方案，为首都“四个中心”建设增光添彩。

按照该校公布的《北京建筑大学服务首都功能定位行动方案（2021—2025）》，行动计划将聚焦文化遗产保护与传承、老城整体保护与更新、城市公共空间品质提升、韧性城市与防灾减灾、城市老旧小区改造与更新、绿色建筑与现代装配式结构、地下空间开发与应用、城市大数据与智慧城市、城市体检与精细化管理和城乡融合发展与美丽乡村建设十大服务方向。

经前期申报，北建大共组建101支实践服务团队，汇集1000余名师生，学校为每支实践团队配备思政课教师、专业教师和学工教师，按照“党性实践+社会实践+专业实践”的“三位一体”模式，师生联手建立协同育人共同体。

行动计划自5月初启动，将于11月底结束，未来半年，这些实践团队将利用周末和节假日时间，深入开展理论宣讲、社会调查、志愿服务、科研应用、

创新创业实践等，帮助解决环境治理整体规划、区域地理测绘、古建文化保护、建筑工艺传承、水资源利用与开发、防灾减灾、节能改造等城乡建设核心问题，服务足迹遍布北京市16个区，百余个街道、乡镇。

（作者 任敏）

北京日报：北建大百幅作品追寻红色建筑印记，礼赞建党百年辉煌

凝练的蓝色钢笔线条，精准勾勒中西合璧风格的中共二大会址外观；由木材、纸张、木棍等组装而成的模型，精巧复原香山革命纪念馆及其展陈内容；透明玻璃展柜中，标注经典建筑的篆刻逐一呈现；灰色展墙上，以新剪纸艺术语言创作的艺术品明亮夺目……为了庆祝建党百年，6 月 11 日上午，北京建筑大学“红色建筑印迹——致敬中国共产党百年华诞艺术作品展”正式开幕。

该展览围绕红色建筑，共展出北建大师生创作的剪纸、篆刻、建筑模型、手绘图、文创、VR 等作品百余幅，全方位地呈现学校将党史学习教育与课程思政、艺术与专业、科技与人文融合的育人理念和实践成果。

24 幅手绘复刻红色建筑印记

本次展览共展示 24 幅建筑手绘，它们均由北建大建筑与城市规划学院“手绘红色建筑”团队创作。

团队中共有 13 名大学生，自年初以来，他们系统研究和学习了国内外建筑，并选定历次党代会会址、京内外蕴含红色故事的建筑、校园建筑等进行主题创作。

本次集体创作将党史学习教育与专业特色结合。4 个多月来，团队查阅整理了 5 万余字与红色建筑相关的文字记录，并查找了大量实物图片。通过学校打造的行走的课堂，他们相继探访香山双清别墅、天安门广场、人民大会堂等在京重要党史红色地标建筑。每到一处，他们都会从不同角度仔细观察建筑本体以及周边景物，寻找独特的造型和构图，部分特殊的局部细节等也被画纸和手机记录下来。

手绘过程中，大家借助铅笔、钢笔、水彩笔、马克笔、剪刀、数位板等专

业工具，通过素描、钢笔画、水彩、马克笔画、剪纸、数字绘画等多种艺术形式，对历史红色场景进行绘制，对红色历史建筑进行艺术化加工，最终完成30余幅手绘作品。

在展览现场，放眼望去，一张张精美的画稿既保留了历史建筑本身的真实轮廓，又融汇了创作者党史学习的收获和对建筑的审美体验。

《小小红船载万钧》采用剪纸和版画结合的艺术语言，以数码绘画的手法创作而成，作者李叶子让中共一大会址与嘉兴南湖红船“同框”，两个具有重要标志意义的中国革命原点，见证了红色历史的开篇。

对于中共二大会址，吴怡然则以简洁的钢笔线条，精准勾勒这幢历经百年风雨的石库门老建筑的整体造型及细部，透过老建筑仿佛让人又看到当时理想信念觉醒的黎明曙光。

15个模型重现党史经典场景

15组红色建筑模型也构成了一道亮丽的风景，其中包括人民大会堂、天安门城楼、双清别墅、香山革命纪念馆等著名历史经典红色建筑。

今年4月，北建大土木与交通工程学院启动“重塑红色经典建筑”项目，45名大一学生加入项目团队，历时两个月，分组完成模型搭建。

对于北京女孩周雨清和姚悦而言，气势恢宏的人民大会堂是儿时的经典记忆之一。为了复原这组“山”字形建筑，她俩和同学孙瑜组队，利用软件搭建建筑模型，在保留原结构的基础之上，调整了部分尺寸和比例，以便在长宽各60厘米的底板上，尽可能展现建筑本身的宏伟壮丽。

巍峨肃穆的天安门城楼曾举办了盛大的开国大典，也历经无数次阅兵活动。负责团队为完美复刻建筑原型，先画出手绘图，再据此组建模型。天安门经典的重檐歇山顶在他们手中被惟妙惟肖地还原了。香山革命纪念馆模型的制作团队在网上搜集到十多张高清图之后，张洪和团队成员多次观看香山革命纪念馆的虚拟展馆，记录建筑的细节特征，最后通过建模还原建筑轮廓。他们不仅手工制作出建筑外观本体，还原了真实建筑中部分展览场景，包括著名的“进京赶考”等展览内容。

北建大土木学院辅导员刘梦瑶是“重塑红色经典建筑”项目负责人。她介绍，今年，土木学院将传统的“课程实践活动”与建党百年主题结合，组织同学们制作红色建筑模型，这是课程思政的有益探索，大家既要进行党史学习教育，又要提升专业知识和本领。学生们通过制作模型，表达对党的深厚感情。未来，他们还会结合自己的制作过程，向更多人讲述这些红色建筑背后的辉煌党史。

一大会址智慧模型可变光识音

展览中，一栋旧式石库门老建筑模型尤为引人瞩目。

这是位于上海市兴业路 76 号的中共一大会址，它是中国共产党的诞生地，也是中国共产党人的初心之地。北建大电气与信息工程学院 7 位学生联手，运用 3DMax 软件进行建模，真实还原建筑的结构外观，并为它打造了一套智慧照明声光电系统。他们运用计算机 AI 编程控制的相关知识，将 APP 软件与建筑中的电路系统结合，实现利用软件远程控制灯光颜色和亮度。

手拿一个平板电脑，柳程杰边介绍边演示："在 APP 中，指尖滑动色带，选定颜色，建筑中的室内光、室外光都可以随之变色。滑动另一个按钮，灯光的亮度也能调整。"

让人大开眼界的是，这个模型还能"闻歌起舞"。"我们的系统很聪明!"他说，"它能够声纹识别，将外部音乐的旋律、节奏以及起承转合等，匹配灯光颜色、亮度和变化速度，看起来就像灯光跟着音乐一起跳舞。"

他随机播放了两首红色经典歌曲，《唱支山歌给党听》的旋律响起后，变幻的灯光演绎出舒缓悠扬的氛围；切换成《没有共产党就没有新中国》时，灯光节奏则变得激昂慷慨。

柳程杰表示，他们会继续完善作品，在建筑模型四周铺装行车道，让同学们自主设计的循迹智能车进行表演，并计划在模型外墙加装动画投影，播放党史视频等，以求更加写实地呈现与建筑相关的党史场景。

北建大教授、新剪纸艺术家赵希岗带来的 12 幅新剪纸作品格外亮眼。他以"红色印迹"为线索，将视觉艺术表达与红色文化相融合，采用直剪的剪纸技法，以红色为主色调，搭配明亮色彩，生动呈现"南湖曙光""南昌起义""延安圣地"等场景。

北建大教授张庆春创作的近 40 幅篆刻也集体亮相。一枚枚精美的作品不仅展现了中国篆刻艺术的方寸神韵，也讲述了红色建筑背后的历史故事。

此外，北建大科技公司以数字化形式展示了其承担的"遵义会议纪念馆数字化保护"和"井冈山革命博物馆红色基因库建设"两个项目。

在展览开幕式上，北京建筑大学党委书记姜泽廷说，作为一所拥有红色基因的百年老校，北京建筑大学要充分发挥学校学科人才优势，把更多的美术元素、艺术元素应用到城乡规划建设中，将党史学习教育与专业教育紧密结合，在"三风"专项行动中进一步激发师生爱国热情和推动学校事业发展的激情，切实为师生解难题、办实事，做出北建大人应有的贡献。

本次展览在该校大兴校区艺术馆展出，将持续展出至 10 月 11 日。

（作者 张航、任敏）